2024年主题出版重点出版物
“十四五”时期国家重点出版物出版专项规划项目
中国特色养老服务体系研究丛书
丛书主编　陈功

Active Ageing

大国养老

中国特色养老服务体系论纲

陈功◎等著

A C T I V E
A G E I N G

華東理工大學出版社
EAST CHINA UNIVERSITY OF SCIENCE AND TECHNOLOGY PRESS

图书在版编目(CIP)数据

大国养老：中国特色养老服务体系论纲 / 陈功等著.
上海：华东理工大学出版社，2024. 12. -- ISBN 978-7-5628-7671-7

Ⅰ. D669.6

中国国家版本馆 CIP 数据核字第 2024QK4858 号

内 容 提 要

本书作为“中国特色养老服务体系研究丛书”的总论性著作，是国内养老服务体系研究领域内的一份系统、全面的学术成果，是第一本在系统阐述习近平总书记关于积极应对人口老龄化的重要思想的基础上，论述应促进养老服务体系建设与国家治理体系和治理能力现代化的系统衔接，全面阐释中国特色养老服务体系的内涵以及提出支撑养老服务体系建设的核心要素，探索共建共治共享的老龄社会治理路径的专业图书。

本书共有十章。在理论层面，系统总结了中国特色养老服务体系的优势，在治理体系和治理能力现代化框架下提出加快构建中国特色养老服务体系的顶层设计思路。在实践层面，从治理体系视角，论述了政府、市场、社会、家庭在中国特色养老服务体系中的权责利分工；从治理能力视角，明确了人、财、物、科技在中国特色养老服务体系中的资源配置问题，为加快构建中国特色养老服务体系提供了实践指导，增强了养老服务供给的精准性、灵活性、有效性。本书对普及和宣传“养老服务体系”概念，推动养老服务供给不平衡不充分问题的解决，增强人民群众的获得感、幸福感、安全感具有重要价值。

项目统筹 / 刘　军　藕　园
责任编辑 / 章斯纯　秦静良　藕　园　孟媛利　刘　军
责任校对 / 王雪飞
装帧设计 / 居慧娜
出版发行 / 华东理工大学出版社有限公司
地址：上海市梅陇路 130 号，200237
电话：021-64250306
网址：www.ecustpress.cn
邮箱：zongbianban@ecustpress.cn
印　　刷 / 上海盛通时代印刷有限公司
开　　本 / 710 mm×1000 mm　1/16
印　　张 / 25.5
字　　数 / 296 千字
版　　次 / 2024 年 12 月第 1 版
印　　次 / 2024 年 12 月第 1 次
定　　价 / 98.00 元

国家社会科学基金重大项目
“中国特色养老服务体系建设研究”(20ZDA076)结项成果

中国特色养老服务体系研究丛书

大国养老:中国特色养老服务体系论纲

编辑委员会

丛书序

我国自2000年进入老龄化社会以来，人口老龄化及其应对问题一直是党和政府关心、社会关切、百姓关注的社会热点议题。我国拥有世界上规模最庞大的老年人口，老龄化具有总量大、增速快、地区发展及城乡发展不平衡、未富先老等特点。从总体上看，人口老龄化水平超前于经济社会发展程度，需要超常规思路来应对。截至2023年年底，我国60岁及以上老年人口达2.97亿，占总人口比重达21.1%。预计至2035年前后，我国60岁及以上人口将达到4.3亿人，到21世纪中叶，将突破5亿人，占总人口比重为40%左右。党和政府高度关注积极应对人口老龄化工作，习近平总书记指出："满足数量庞大的老年群众多方面需求、妥善解决人口老龄化带来的社会问题，事关国家发展全局，事关百姓福祉，需要我们下大气力来应对。"但我国积极应对人口老龄化应该说机遇大于挑战，制度优势较为明显，重在以现代化应对人口老龄化，从加强和创新社会治理的角度综合施策，守正创新。

总体上看，积极应对人口老龄化是坚持和完善中国特色社会主义制度的必然要求，是我国国家制度优势的重要体现。构建养老服务体系是积极应对人口老龄化的重要手段，是国家治理体系和治理能力现代化的内容之一。党的十九届四中全会首次提出，“积极应对人口老龄化，加快建设居家社区机构相协调、医养康养相结合的养老服务体系”。与以往不同的是，此次会议强调居家、社区、机构“三位一体”协调发展，将医养结合扩大为医养康养相结合，不仅丰富了养老服务的具体内容，而且涵盖了健康中国战略和产业融合发展新理念。为研究阐释党的十九届四中全会精神，落实《国家积极应对人口老龄化中长期规划》，我作为首席专家承担了国家社科基金重大项目“中国特色养老服务体系建设研究”，集结了国内政产学研用各界专家，从治理体系和治理能力现代化角度，共同梳理“中国式养老”的新方案和新机制。本丛书的选题也正是基于我承担的这一社科重大项目成果，在我和华东理工大学出版社刘军副编审的共同策划下，酝酿而生的。

在组织重大项目研究之初，我们希望从理论和实践结合出发系统回答“在国家治理体系和治理能力现代化的框架下，为积极应对人口老龄化，构建什么样的中国特色养老服务体系，怎样加快构建中国特色养老服务体系”这一问题。一方面，我们希望全面把握中国特色养老服务体系的内涵，科学认识“居家社区机构相协调、医养康养相结合”这一理论问题；另一方面，通过厘清政府、市场、社会、家庭的权责利分工和优化人、财、物、科技等资源配置，从治理体系和治理能力两个维度研究中国特色养老服务体系的实践创新问题，为积极应对人口老龄化提供有决策参考价值和实践意义的研究成果，助力国家治理体系和治理能力现代化。

为此，我策划了五个子课题，分别从中国特色养老服务体系的主要内容和保障支撑两个方面具体回答构建什么样的中国特色养老服务体系和怎样加快构建中国特色养老服务体系。一是张帅一老师负责的“居家社区机构相协调”发展研究。二是郝晓宁研究员负责的“医养康养相结合”养老服务研究，这对应了我们要构建的中国特色养老服务体系的基本内涵。三是李璐研究员主持的养老服务和产品供给研究，希望通过政策和市场双向发力扩大养老服务和产品供给，不断满足老龄社会多层次、多样化的需求。四是梁春晓老师负责的社会组织参与养老服务供给研究，研究梳理社会组织及多种第三部门参与养老服务供给的典型案例，提出社会组织参与构建中国特色养老服务体系建议以及相关政策建议。五是刘岚副教授主持的养老服务科技支撑研究，明确科技化手段在完善养老产品和养老服务，以及支撑养老服务体系方面所面临的问题，探讨在养老服务领域实现科技服务现代化的途径。后面三个子课题对应了养老服务治理能力现代化中的人、财、物、科技配置方面的短板和体系化建设路径。总体课题是从顶层设计视角系统回答构建什么样的中国特色养老服务体系和怎样加快构建中国特色养老服务体系，五个子课题是从分层细化视角具体回答中国特色养老服务体系的治理体系和治理能力问题，深入研究中国特色养老服务体系的主要内容和保障支撑。以上六个主题构成了本丛书的基石。本丛书希望通过国家社科基金重大项目的相关研究成果的出版、发表，为构建“中国特色养老服务体系”的研究与实践贡献智慧。

在课题研究进展过程中，老龄领域的政策也在不断创新，实践领域也得到了较大的探索突破。在战略和目标方向上，党的十九届五中全会将积极应对人口老龄化上升为国家战略，提出：“健全多层次社会保障体系，全面推进健康中国建设，实施积极应对人口老龄化国家战略，加强和创新社会治理。”党的二十大报告进一步明确提出实施积极应对人口老龄化国家战略，发展养老事业和养老产业，优化孤寡老人服务，推动实现全体老年人享有基本养老服务。同时，政策领域涌现出许多新提法和新探索。2021 年，《中共中央 国务院关于加强新时代老龄工作的意见》明确提出，“把积极老龄观、健康老龄化理念融入经济社会发展全过程，促进老年人社会参与，鼓励老年人继续发挥作用，把老有所为同老有所养结合起来，完善就业、志愿服务、社区治理等政策措施，充分发挥低龄老年人作用”。2023 年 9 月，《中华人民共和国无障碍环境建设法》颁布实施，该法重点在加强无障碍环境建设，保障残疾人、老年人平等、充分、便捷地参与和融入社会生活，促进社会全体人员共享经济社会发展成果。2024 年 1 月，国务院办公厅印发我国首个以“银发经济”命名的政策文件《关于发展银发经济增进老年人福祉的意见》，提出四个方面 26 项举措，加快银发经济发展，培育高精尖产品和高品质服务模式。面对少子老龄化基本国情，2024 年 3 月，国家发展改革委等三部门修订印发了《“十四五”积极应对人口老龄化工程和托育建设实施方案》，提出各地要统一规划养老、托育服务体系建设，制定城市“一老一小”等整体解决方案。

应该说，养老服务领域的四梁八柱已经基本建立，且正在朝着系统集成、纵深推进方向发展。我和研究团队认为，以现代化有效应对人口老龄化，应该以国家治理体系和治理能力现代化为统领推进养老服务体系高质量发展。

从应对人口老龄化的理念角度，要坚持以为促养和为养结合，要注重发挥老年人的作用，探索老年人发挥作用的渠道和创新机制。在这方面，我们坚持探索时间银行机制。我和团队围绕中国特色时间银行发展已进行了长达 20 年的研究，前期与华东理工大学出版社也合作出版了《中国时间银行发展研究报告——论积极应对人口老龄化的第三条道路》。在本丛书中，我们聚焦时间银行互助养老模式，在总结国际经验和本土化探索基础上，略加修订后再次出版这本书。该书主要工作由索浩宇博士协助负责统筹，王英英博士予以配合并进行了统稿。

从城乡融合发展角度，中国人口老龄化长期处于城乡倒置局面，农村老年人口占比高，养老服务供给较为薄弱，是积极应对人口老龄化的重点和短板，需要特别关注和有效应对，因此本丛书纳入《中国农村老年人养老现状及模式研究》，希望对构建“中国式养老”过程中的农村养老问题进行回应。该书主要由赵洁研究员负责组织和编写，蔡玉梅老师协助编写。

从人和环境角度，不仅有服务体系的搭建，还有老年友好的社会环境建设。我本人担任了全国人大无障碍环境建设法立法委员会专家，也牵头进行了立法前期参阅课题“无障碍建设中的适老化研究”，有关成果通过中国残联无障碍专班递送立法部分，获采纳与批示。在本丛书中，我们特别引入了《适老化与无障碍环境支持体系研究》，希望对前期关于无障碍环境建设及老年友好社会评价与评估体系等系列研究的思考进行归纳总结，并出版成书。该书主要由康宁博士协助统筹，得到了前期无障碍研究合作团队的支持。

从人群的角度，要坚持将“一老一小”统筹起来，以系统观念统筹考虑少子老龄化背景下的养老托育事业发展。我承接了东莞市“一老一小”统筹发展的研究课题，在课题组前期调研和成果梳理的基础上，我们策划了《“一老一小”公共服务的统筹发展研究》，由郭彬和蔡玉梅老师负责协助统筹，得到了国家信息中心胡祖铨老师等的帮助和支持。同时，我和张蕾老师共同承担了深圳深业健康幸福产业集团的相关养老托育建设研究课题任务，形成了《“一老一小”医养托模式的幸福社区建设研究》一书，该书主要由蔡玉梅老师协助统筹，得到了前期“一老一小”三个子课题负责人孙晶晶、张雅璐和郭超老师的支持。

最后，从提升支付能力的角度，我本人的观点是长期护理保险制度，越早建越好，越早普及越有利。我和团队中相关社保和护理背景的老师和同学长期关注和追踪全国长期照护保障制度和长期护理保险的研究与实践工作，因而本丛书还特别纳入了《中国长期照护服务体系的建立健全》一书，由王黎副教授和冉晓醒老师协助统筹。

综上所述，本系列丛书共计11本，涵盖了进一步全面深化改革、推进中国式现代化过程中，从治理体系和治理能力现代化视野下，如何认识中国特色养老服务体系，如何建设这一体系的重大理论问题。这些书围绕积极应对人口老龄化中养老服务体系建设和治理能力提升的制度框架展开研究，同时聚焦当前国家政策扶持和社会普遍关注的重点、难点话题，围绕创新老年人发挥作用机制、老年友好环境建设、"一老一小"融合发展和长期照护服务体系进行了针对性的研究。

本丛书也是当前养老服务领域较早进行系统全面、综合分析的一套书，是涵盖养老服务体系建设全过程，从全生命周期、全生命健康视角进行系统研究的综合性出版物。在整套书编写和出版的过程中，多位专家学者提供了帮助和鼎力支持，提出了宝贵意见和建议。对杜鹏教授、郝福庆司长、刘维林会长、吴玉韶教授、张恺悌研究员、姚远教授等表示感谢，衷心感谢华东理工大学出版社刘军副编审、藕园等编辑的付出，他们为丛书出版付出了大量心血。衷心感谢李璐老师、刘岚老师、梁春晓老师、甄炳亮书记、赵洁主任、张帅一老师、张蕾老师、郭超老师、张雅璐老师、赵钊的合作与帮助。还要特别感谢北京大学人口研究所团队的各位老师和同学，蔡玉梅老师协助我进行了丛书的组织和联络工作，刘尚君、康宁、索浩宇、王黎、郭彬、李玥、冉晓醒、刘敏、熊伊伊、刘丰睿、莫腾飞、张承蒙等在丛书审校和出版过程中发挥了积极作用。

最后，衷心希望本丛书能够为养老服务领域的政产学研用各方人士提供一定的帮助，为实施积极应对人口老龄化国家战略，走出一条中国特色积极应对人口老龄化道路提供参考和借鉴。由于养老服务体系涉及多学科、各方面的议题，作者能力有限，本丛书在写作和编纂方面难免还存在一些不足，欢迎大家提出宝贵的修改意见。我们诚挚期待与各位就养老事业和产业发展的有关话题进行对话和交流。

是为序。

北京大学人口研究所教授

陈　功

2024 年 7 月

本书序

本书作为《中国特色养老服务体系研究丛书》的总论性著作，是本人作为国家社科基金重大项目“中国特色养老服务体系建设研究”的首席专家，领衔成果转化，形成的国内养老服务体系研究领域内的一份系统、全面的学术成果。本书论述了在国家治理体系和治理能力现代化的框架中，为积极应对人口老龄化，构建什么样的中国特色养老服务体系，怎样加快构建中国特色养老服务体系，并结合国际经验，论述中国特色养老服务体系的理论体系建设、制度体系建设、资源配置能力建设和行动主体建设。本书共有十章，分为五个部分。

第一部分基于国内外养老服务的理论成果和实践基础，论述中国特色养老服务体系建设的理论基础。习近平总书记关于积极应对人口老龄化的重要论述，是中国特色养老服务体系建设的理论基础；中国“积极应对人口老龄化思想”是对国际“积极老龄化”和“健康老龄化”等理论范式的继承、发展和创新，是我国“积极老龄观”理念的具体体现和发展。党的十九届四中全会着重研究了坚持和完善中国特色社会主义制度、推进国家治理体系和治理能力现代化的若干重大问题。

第二部分介绍居家社区机构相协调、医养康养相结合体系框架。本书提出，应建设完善以居家养老为主体和核心、社区养老为平台和链接、机构养老为专业支撑的中国特色居家社区机构协调一体化发展的养老服务体系。

“医养康养相结合”不仅应该在微观层面注重对不同类型老人提供的从疾病预防、全周期监测与健康管理、健康教育，到健康政策等内容的全周期服务，更应该重点考虑如何将其放在居家社区机构的场域内，融入国家治理体系和治理能力现代化进程之中。在医养康养相结合的养老服务体系中，首先需要多元主体的参与；其次在构建行动路径时，应以老年人医养康养服务需求为导向，注重医养康养服务资源的存量整合、增量开发利用，构建强大的医养康养服务支撑体系，针对不同养老场域中的老年人，构建医养康养服务体系；最后，在对老人健康综合评估分级的基础上，应考虑高龄、慢病、失能等不同层次老人的医疗与养老的多重需求，设计医养康养相结合的养老服务体系构建路径。

第三部分为关于养老服务和产品供给、科技支撑、社会力量参与的工具和手段的论述与分析。我国当前养老服务和产品供给应该努力打造以“供给主体多元、供给数量丰富、供给品质优质、供给城乡均衡、供需调控模式精准智慧”五大特色引领的高质量养老服务和产品供给体系。政府、市场、社会、家庭和个人联动，齐力扩大养老服务和产品的供给，并将供给体系融入中国特色养老服务体系之中。

科技支撑是国家治理体系和治理能力现代化的重要手段。基于科技支撑的智慧养老服务是养老服务的一种创新方式，便捷性高，未来前景广阔。科技支撑养老服务发展应该基于以下四点：实现多元养老主体的协同、实现多类养老资源的整合、实现多种养老方式的融合和满足养老的多样化需求。以社会治理视角看待科技支撑的养老服务体系发展，可以在“互联网＋”养老服务智能化建设基础条件上，解决“互联网＋”养老服务智能化建设研究问题，为现已投入和预备实施的“互联网＋”养老服务智能研究进行前瞻管理和逻辑支持。

我国社会力量参与养老服务供给的形态在不断变化，具备了时代的特征。在我国古代和近代史籍中，养老服务与宗教、宗族、行会、慈善等社会力量联系紧密；在计划经济体制下，我国实行由国家负责、政府包办的救济型福利制度；随着改革开放，人民生活水平逐渐提高，我国的社会保障制度开始转向探索“社会化供给”，政府兜揽的一些社会保障、社会服务事业转向由国家、集体、个人协同参与。

第四部分为国际养老服务体系建构的理念、模式及启示。国际应对人口老龄化的主要理念是健康老龄化和积极老龄化。典型的养老服务体系模式有西方国家的福利国家模式，如瑞典的社会民主主义模式、德国和法国的保守主义模式、英美的自由主义模式；东亚国家有日本和新加坡的福利体制的养老服务体系；债务危机下的欧洲国家有破产型养老服务体系，例如希腊和波兰等。本书在此基础上，论述了对我国养老服务体系建设的四个启示：基本观点、责任划分、要素主体和层级分工。

第五部分为中国特色养老服务体系的构建，以及总结展望部分。中国养老服务体系的构建应该充分发挥中国特色社会主义制度优势、孝老敬老的文化优势、区域和城乡发展多样性的大国优势、汲取发达国家经验教训的后发优势，构建的体系包含理论建设、制度建设、资源配置能力建设和行动主体建设四个方面。在理论建设方面，我国应该坚持党和国家关于养老服务体系构建嵌入国家治理体系和治理能力现代化建设的政策定位；坚持中国特色养老服务理论与文化的传承与发展的基本原则；坚持中国特色社会主义道路，贯彻中国共产党的领导与统筹的指导思想。在制度构建方面，应该完善老年人权益保障制度、老年人社会保障制度和养老服务体系供给保障制度。在资源配置能力建设方面，在厘清政府、市场、社会、家庭的权责利关系的基础上，优化人、财、物、科技等养老服务资源配置。在行动主体建设方面，应该建设一个包含养老服务供给、医养康养相结合、养老服务监管与评价、资源配置和科技支持的服务体系。

本书在理论层面诠释了积极应对人口老龄化、推进国家治理体系与治理能力现代化、构建中国特色养老服务体系三者之间的关系，系统总结了中国特色养老服务体系的优势；在治理体系和治理能力现代化框架中提出加快构建中国特色养老服务体系的顶层设计思路；在实践应用层面，能为加快构建中国特色养老服务体系提供实践指导，增强养老服务供给的精准性、灵活性、有效性，为满足人民个性化、多样化、动态化甚至定制化的养老服务需要提供经验参考，以此助力解决养老服务供给不平衡不充分问题，统筹解决增强人民群众的获得感、幸福感、安全感的问题；在服务决策上，能为制定积极应对人口老龄化的相关政策提供理论依据、设计思路和实施路径。

本书作为“十四五”时期国家重点出版物出版专项规划项目的总论性著作，在本人统筹下，历时四年之久，完成了项目的研究工作。本书的写作和出版，得益于课题组全体成员蔡玉梅、刘尚君、康宁、索浩宇、孙晶晶、王黎、郭彬、李玥、冉晓醒、刘敏、熊伊伊、刘丰睿、莫腾飞、汪洋、孙计领、周山东、张雅璐、马璐岩、张新辉、吴振东、郑研辉、赵钊等老师，胡新悦、谭楚妤、刘姜涛、吴怡杰、陆晓敏、王英英、高融畅、徐晨等同学的辛勤投入和众多专家学者的鼎力支持，以及案例所在地区有关部门领导与案例单位的积极参与，衷心感谢！

在本书编写过程中，华东理工大学出版社的大力支持是本书得以顺利出版的关键，社科事业部主任刘军、藕园等编辑为本书做了细致的编辑工作，提出了许多宝贵意见，使得本书能够以尽可能精美的形式与读者见面。另外，本书得以最终成稿，也离不开杜鹏教授、郝福庆司长、刘维林会长、吴玉韶教授、张恺悌研究员、姚远教授等的大力支持，在此一并表示感谢。值此书付梓之际，向全体课题组成员以及为书稿顺利完成提供支持和帮助的所有单位和个人表示诚挚的感谢！

北京大学人口研究所教授

陈　功

2024 年 7 月

目录

第一章
绪论

习近平总书记指出，一个社会幸福不幸福，很重要的是看老年人幸福不幸福。养老服务体系是老年人在生活中获得的全方位服务支持的系统，在实现老有所养中发挥重要作用。当前养老服务体系的建设已成为涉及每一位老年人、每一个家庭、每一个国家的社会热点和焦点，也是实施积极应对人口老龄化国家战略的重要任务之一。建设中国特色养老服务体系是党中央高度重视的民生课题，本书将聚焦党中央提出的到 2035 年建立成熟定型的中国特色养老服务体系、确保全体老年人享有基本养老服务的战略目标，通过对我国养老服务体系当前发展分析和未来发展建议的研究，希望推动我国的养老服务系统性、前瞻性、整体性改革，形成具有中国特色的模式。本章将首先对研究背景进行概述，其次对与国内外养老服务体系的理论和实践相关的文献进行综述，为后续章节提供背景和前期研究支撑。

一、研究背景

党的十八大后，我党对基本养老服务体系的理解进一步深入，从法律法规和政策层面上作出了全面战略部署。习近平总书记在党的二十大报告中指出："实施积极应对人口老龄化国家战略，发展养老事业和养老产业，优化孤寡老人服务，推动实现全体老年人享有基本养老服务。"统筹推进养老服务体系建设，是国家积极应对人口老龄化的重要途径和内容。随着我国生育水平逐渐走低、人口老龄化持续加深和家庭结构不断调整，养老问题已从老年人问题转变为覆盖全人群的复杂社会问题，养老方式已由传统家庭养老走向社会化养老，养老服务需求已从简单生活照料转为多层次的个性化需求。面对养老问题越来越复杂、养老服务需求越来越多样化、养老服务范围越来越大和地区发展不平衡不充分等问题，如何积极应对并加快构建中国特色养老服务体系是"十四五"时期的重要议题。

当前我国养老服务业迈入以高质量发展为主题的新阶段，现代化治理为养老服务体系优化提供了新的路径。我国养老服务从单一集中供养模式转变为与各项民生服务统筹发展的模式，从以机构建设为重点转变为多层次均衡发展，在实践中探索出一系列优化发展方式和结构、增加发展动力的经验。这些实践启示我们，应把握新时期的机遇和发展趋势，找准"积极应对人口老龄化"的落脚点，探索养老服务高质量发展的新路径，提升现代化治理效能，统筹多元主体参与，释放老龄服务有效需求，营造服务发展良好氛围，推动服务均衡协调发展。①

当下我国"未富先老"与"慢备快老"共存：前者意味着中国在迈入老龄社会时才整体步入小康，但是"人口红利"的弱化、老龄化程度的加深已经开始发生；后者意味着我国虽然早在20世纪90年代(步入老龄社会之前)就已

---

① 陈功，赵新阳，索浩宇．"十四五"时期养老服务高质量发展的机遇和挑战[J]．行政管理改革，2021(3)：27－35．

经开始制定老龄工作规划、成立中国老龄问题全国委员会，但是老龄化速度远远快于老龄政策制定速度和显效速度。“未富先老”与“慢备快老”共存造成了养老服务需求与供给的结构性矛盾，这决定了我国必须构建符合现实国情、顺应新时代发展的中国特色养老服务体系。在中国特色社会主义进入新时代的历史方位和全面开启社会主义现代化国家建设新征程的伟大时刻，为积极应对人口老龄化，应构建什么样的中国特色养老服务体系，如何加快构建中国特色养老服务体系，完善中国特色社会主义制度，助推国家治理体系和治理能力现代化，是亟待解决的理论和现实问题。

二、国内外养老服务体系相关研究综述

（一）国际养老服务体系的理论与实践

伴随着人口老龄化进程的加深，全球养老服务的压力增加。发达国家较早进入老龄化进程，较早着手建立养老服务体系，在不同经济社会发展阶段探索不同的养老服务举措，为我国建设和完善养老服务体系提供了宝贵的借鉴。

1. 逐渐完善的法律法规政策体系

为应对人口老龄化和高龄化，发达国家积极推出和完善相关法律和政策。以日本为例，日本的养老服务体系为家庭福利与护理保险相结合型。①20 世纪 50 年代末，日本就开始构建养老服务体系，到目前已建立了较为完善的政策法律体系。1959 年颁布的《国民年金法》旨在解决老年人的经济来

① 姬媛媛，鞠长龙. 养老服务体系建设：国际经验与中国特色[J]. 现代商贸工业，2016，37(8)：135－136.

源问题①；1963年和1982年分别颁布的《老人福利法》和《老人保健法》旨在解决老年人医疗保健问题，并确定了居家养老的方向②；1989年制定的《推进老龄者保健福利十年战略计划》，以及后续颁布的《新金色计划》和《金色计划21》均旨在逐步规范养老服务体系；2000年实施的《护理保险法》旨在减轻老年人护理照料负担，引导社会参与家庭养老体系，并基于此形成了全方位的老年人福利体系。此外，1987年颁发的《社会福利士及看护福利士法》③、1992年制定的《福利人才确保法》，从法律上保障了护理人员的培养和社会经济地位；2000年《介护保险法》的出台更是将日本老年护理服务供给从行政措施式向契约合同式过渡，建立了养老护理保险机制。诸多法律法规构建了日本相对完善的养老服务法律体系，涵盖养老服务体系的资金来源、服务对象的等级划分、机构和从业者的资格认证，以及市场监管等方面，规范了养老机构的服务行为，保障了养老对象权益。④⑤

美国的养老服务体系是国家社区型，其优点是国家为老年人提供多种类的社会保险。自1965年起，美国政府颁布了诸多养老服务体系法律政策，如《多目标老人中心法案》《老年人志愿工作方案》《老年法》《老年人个人健康教育和培训方案》《老年人营养方案》《禁止歧视老年就业法案》《雇员退休

① 付瑞智，韦平美.国外养老服务体系建设借鉴与思考[J].改革与开放，2014(11)：40－41.

② 陈玉光.社区养老服务体系建设：国际经验与基本路径[J].新视野，2013(2)：76－78.

③ 吴慧英.借鉴国外经验探索以标准化推进养老服务体系建设[C].第十四届中国标准化论坛论文集，2017.

④ 史娜，张茂刚.日本养老服务体系对我国养老服务体系建设的启示：以日本三重县津市为例[J].无锡商业职业技术学院学报，2018，91(1)：35－38.

⑤ 李丽君.养老服务体系建设的国际经验及其启示[J].中国社会工作，2018，356(32)：52－53.

收入保障法》等，从政策法规上保障了老年人群体在医疗保健、经济收入等各个方面的权益，为养老服务提供了法律保障和政策指引。

英国的养老服务体系为社区照顾型。20 世纪 90 年代初期，英国陆续颁布了诸多法律政策，例如《照顾白皮书》《国家健康服务与社区照顾法令》等，强调社区照料要在“自己的家或‘像家似的’环境中供养人们”①，并对其基本原则、服务对象、服务内容、服务机构、服务标准、从业人员资质认定等作出了详细的规定；此外，还界定了各级政府的权责和职能。②

2. 相对成熟的养老服务的理论支撑

国外对于养老服务的理论探讨主要集中于两种关系的处理：一是处理政府与其他服务供给方关系；二是处理老年人与社会环境关系。

首先，关于处理政府与其他服务供给方关系，“多中心治理理论”认为公共福利不应全部由政府提供③，社会、家庭也可以参与提供公共服务，政府可以通过购买、外包等方式让多种主体参与公共服务供给。④“多元福利理论”与“多中心治理理论”具有类似的观点，也强调政府不是唯一的福利提供者，而是主张政府、市场、社区和家庭等主体提供，提倡多元主体之间协同合作、互相补充，共同发挥作用。

其次，关于处理老年人与社会环境关系，涉及的理论相当广泛，可从微

① 陈玉光. 社区养老服务体系建设：国际经验与基本路径[J]. 新视野，2013(2)：78－80.

② 陈海钰. 英国、日本社会养老服务体系研究及其经验借鉴[J]. 湖北经济学院学报(人文社会科学版)，2017(6)：74－76.

③ Ostrom V，Ostrom E. Public goods and public choices[M]//Savas E S. Alternatives for delivering public services：toward improved performance. Boulder，Colo：Westview Press，1977：7－49.

④ 王浦劬，莱斯特·M. 萨拉蒙. 政府向社会组织购买公共服务研究：中国与全球经验分析[M]. 北京：北京大学出版社，2010.

观个人、中观社区和宏观国家三个方面进行概括。

(1) 微观个人层面的相关理论主要包括社会资本理论、接触理论、相互作用理论、活动理论、社会嵌入理论和埃里克森生命历程发展理论等。微观层面的理论具有相似的观点，即追求适度社会化，强调通过社会参与实现个人价值，需要提供有利于老年人社会参与的条件和营造良好的环境，减少其在特定社会环境中形成的孤独感和失落感。

(2) 中观社区层面的相关理论主要包括社区理论、社区能力框架等。社区的发展与生活在社区的老年人息息相关，社区不仅提供了老年人的基本生活和活动场所，还提供了社区服务设施和服务人员等资源，以满足老年人的养老需求。因此，应促使老年人参与社区建设，为社区能力的提升贡献自身力量。

(3) 宏观国家层面的理论主要是赋权理论。社区赋权理论的应用将养老服务上升到社会治理的高度，即通过社区赋权实现老年人的有效参与，从而改变其在社会中的不利地位。赋权理论通过培育社区社会组织，激发社区内生发展动力，实现政府行政管理和社会自我调节、基层民主自治的良性互动。

3. 倡导政府主导与多元化社会参与并重

从国外发展经验来看，政府的支持是养老服务发展的必要因素。养老服务供给主体包括家庭、社区、机构以及政府等，而政府主要负责养老服务体系构建与完善、基础设施的建设与维护、质量监管等，因此政府居于主导地位。[①] 但在服务提供主体方面，则主要是社会力量，老年服务机构由营业

① 王桂云. 多元化社会养老服务体系建设对策研究[J]. 中国人口资源与环境，2015，25(12)：166 - 170.

性或非营利性的非政府组织为主来建立。不过,政府主导的形式也存在一定缺陷。因此,各国政府以完善养老服务体系为导向,针对本身的职能缺失进行了相应改革,融入各类社会力量,建设多层次、多类型的养老服务设施。①

英国社区养老服务是典型的政府主导、多元参与的模式,主要有"由社区照顾"和"社区内照顾"两种形式。"由社区照顾"依赖于家庭、亲友和邻里关系提供养老服务,而"社区内照顾"在社区内依靠政府和社会组织提供专业的养老服务。此外,私营的、具有营利性质的养老服务机构的发展,在英国也得到了政府的支持,以期满足不同需求的老年人。②③

澳大利亚作为最早设立养老服务专职部门的国家之一,政府主要发挥资金补贴和监督管理等作用,虽然表明了对养老服务高度支持的态度,但并不承担或直接参与养老工作。日本积极推进养老主体多元化,建立了"公助、互助与自助"相结合的养老服务体系。④ 美国的养老服务是由国家和个人共同解决,政府机构不再直接提供服务,而是由民间团体、慈善机构等提供。⑤

4. 以培养高素质养老服务专业队伍为重点

许多国家都采取了一系列措施以加强养老服务专业化建设。澳大利亚

---

① 汪国华,张登国. 健全养老社会服务体系与机制:基于中外比较视角[J]. 现代经济探讨,2014(9):83-87.

② 吴慧英. 借鉴国外经验探索以标准化推进养老服务体系建设[C]. 第十四届中国标准化论坛论文集,2017.

③ 李萌. 养老服务体系中政府责任的国际借鉴[J]. 老龄科学研究,2013(5):74-80.

④ 孙作文. 老龄化背景下日本居家养老服务体系的构建及启示[J]. 当代经济,2019(3):156-157.

⑤ 姬媛媛,鞠长龙. 养老服务体系建设:国际经验与中国特色[J]. 现代商贸工业,2016,37(8):135-136.

严格把控养老服务专业人才的准入机制，专人监督检查从选人到培训再到上岗全过程，如护理员需要有三级以上老年人护理证并提供无犯罪证明，护士需要取得专业机构的证明。①

法国根据不同养老服务岗位制定了多元周密的培训计划，设置了5个水平等级和14个专业文凭，此外还会定期调整培训大纲；由政府和企业共同为参加培训的人员提供补贴。此外，为改变社会公众对养老服务事业工种的歧视，法国还积极促进培训与大学教育接轨，学员完成职业培训后其学历将得到大学承认，并可转入大学继续深造，提高社会认可度。同时，政府为养老服务行业设置更高层次的管理人员和高级职员文凭，大幅提升了行业吸引力。各级政府投入大量资金建设培训基地，并鼓励民间资本投资养老服务行业人员培训，民间机构开展培训工作须先获得资质认定。②③

日本是较早启动养老服务人才培养工作的国家，并且已经建成了相对完善的教育培训、资格认定体系和养老介护服务的专业人才体系。④ 20世纪70年代起，日本大力支持养老服务产业的发展，于1987年建立了养老人才资格考试制度。⑤ 日本政府通过提高工资待遇、改善工资环境、充实员工的福利制度与培训制度等举措确保了养老服务人力资源的数量和质量。配备“理学疗法师”“保健师”“看护师”等通过专业资格考试认证的人才是各类

---

① 周媛也，周德．国外社会养老服务体系对我国的启示[J]．湖南城市学院学报，2013(5)：52-56．

② 付瑞智，韦平美．国外养老服务体系建设借鉴与思考[J]．改革与开放，2014(11)：40-41．

③ 陈玉光．社区养老服务体系建设：国际经验与基本路径[J]．新视野，2013(2)：78-80．

④ 孙作文．老龄化背景下日本居家养老服务体系的构建及启示[J]．当代经济，2019(3)：156-157．

⑤ 史娜，张茂刚．日本养老服务体系对我国养老服务体系建设的启示：以日本三重县津市为例[J]．无锡商业职业技术学院学报，2018，91(1)：35-38．

养老机构及居家养老支援中心的必要条件。

5. 以壮大志愿者队伍为补充

英国的养老服务体系为“社区照顾”模式。在社区,从青少年到老人,从普通居民到议员,各阶层群众都主动参与社区义工工作。据统计,英国参加社区养老志愿服务活动的民众,每年占到志愿者总数的48%。① 美国也拥有庞大的志愿者力量。统计数据显示,每周至少参加一次志愿活动的群体包括50%的社会人士和70%以上的大学生,服务内容涵盖了养老、助残、济贫、环保等方面。在岗的政府官员、专业技术人员,热心公益的低龄退休人员,大学生和中学生,均积极参与志愿服务活动。

美国政府采取志愿活动与青少年升学、奖学金、学费等硬性指标相挂钩,大学录取的必要条件就是满200个小时的志愿服务,企业招聘员工的标准之一就是应聘者的社会志愿服务记录。② 德国建立了“储存时间”制度,旨在解决养老护理人员匮乏的问题,18周岁及以上的公民利用休闲时间对需要帮助的老年人进行义务看护,这些服务的时间可以兑换成自身迈入老年后享受他人服务的时间。

6. 实行严格的监督管理评估机制

全程监管评估是实现养老服务精准化管理的有效途径。芬兰在中央设立了国家福利与健康监管局,并在各区域内设立了监管机构,以监管养老服务。③ 监管涵盖机构资质审查、服务对象权利保障和养老服务实施等养老服

---

① 李丽君. 养老服务体系建设的国际经验及其启示[J]. 中国社会工作,2018(32): 52-53.

② 付瑞智,韦平美. 国外养老服务体系建设借鉴与思考[J]. 改革与开放,2014(11): 40-41.

③ 睢党臣,曹献雨. 芬兰精准化养老服务体系建设的经验及启示[J]. 经济纵横,2018,391(6): 122-129.

务的各个环节。在机构审查方面,国家福利与健康监管局负责从服务质量、人员资质、机构运营等方面对服务机构进行评估。在服务对象权利保障方面,对机构进行按时提供服务的水平、及时全面评估老年人状况的情况、把老年人及其家人的建议考虑进服务环节等进行评估;在服务实施方面,监管养老服务按计划进行的情况,充分尊重老年人意见,详细记录养老服务内容。

标准化运行养老服务业得到了澳大利亚政府的高度重视。2008 年,澳大利亚依据《老年人护理法案》出台了养老机构认证标准、老年人护理标准以及老年人能力评估标准①,在养老机构的认证申请、资格审查、连续完善的服务以及服务的完整记录等方面均提出了相关要求。此外,澳大利亚政府还大大加强了对养老机构的监管,对行业准入门槛、准入制度均提出了严格的审查要求,对政府出资的照护机构和社区照护服务供应商也进行了严格的资格审查。

法国政府将养老服务质量视为发展养老服务业的关键。养老服务机构设立的资质审核有严格规范的标准流程,须得到法国家庭服务管理局的审核认可。此外,法国医疗福利机构评估署对养老机构的服务进行监督管理和评估,吊销不达标企业的营业执照。②

7. 智慧科技助力养老服务体系建设

“智慧养老”也被称为“全智能化老年系统”,即依托先进的信息技术手段,远程监控和服务于老年人的日常生活,使老年人可以不受时空约束地享受高质量、高科技的生活方式。以英国政府“虚拟伴侣”项目为例,该项目凭

---

① 吴慧英. 借鉴国外经验探索以标准化推进养老服务体系建设[C]. 第十四届中国标准化论坛论文集. 2017.

② 陈玉光. 社区养老服务体系建设：国际经验与基本路径[J]. 新视野,2013(2)：78－80.

借智能电脑可以完成检测老年人的血压和心率等健康数据，判断老年人的情绪并做出相应的回应，融合智能居家设备提供健康护理、安全监护服务，并在出现意外时及时通知医疗机构等不同类型的工作。①

芬兰政府为所有老年公民配备了电话座机安全报警装置。老年人只需按下表上的红色按钮，监控中心就会接到报警信号，并且与健康中心立即取得联系。如果出现联系不上的情况就会立即启动急救程序。此外，芬兰通过数据共享机制对各类养老服务资源进行整合，对接医院、社会、家庭三个方面的资源信息和需求，融合了居家康复、居家急诊和居家照料服务三种方式。②

德国政府计划在2050年之前全面推广环境辅助生活系统。该系统虽然非常昂贵，但它的性能还是吸引了不少客户，其中最为突出的就是整体性，能够将居住环境中的所有设备进行有效整合并统一调配，能够和老年人的居住环境完美地融为一体。③ 此外，为应对居家和社区养老，德国还致力于专业护理人员的培养以更好地适应智慧养老的发展，此外护理机器人的研发也在积极推进。④ 德国Infineon技术公司研发了用于养老的智能服装，只要在织物中固定封装在特殊包装中的芯片和微小传感器，医生或管理中心可以利用它监控心跳、体温和脉搏等，实现远程人体健康指标的监控分析。

从智能家居产品来看，国外主要专注远程管理和防护预警的研究。一

---

① 谢虔.国外智慧养老的经验与启示[J].北京经济管理职业学院学报，2018，33(3)：5-9.

② 睢党臣，曹献雨.芬兰精准化养老服务体系建设的经验及启示[J].经济纵横，2018，391(6)：122-129.

③ 刘伟祎.国外智慧养老的发展现状及对我国的启示[J].中国集体经济，2019，591(7)：170-172.

④ 张程，李洁.国内外智慧养老现状及标准化研究[J].中国标准化，2018，532(20)：201-203.

是智能平台建设和系统研发。马里兰大学建立了系统的时间管理银行信息管理系统,通过服务时间的积累换取年老时所需服务的时间。① 二是智能家居研究。Tabar 专注于研究和应用无线传感器网络,当老年人摔倒时可以进行语音报警。② Sarela 运用一些智能化、信息化的技术和设备等,为老年人提供防护预警。③ 三是智慧养老机器人。Takahashi 研究开发了具有行动辅助功能的机器人,Tanya Minyong 研制了带按摩功能的机器人,为老年人提供协助性的服务。④

(二) 中国养老服务体系的理论与实践

1. 我国养老服务政策体系演变

为应对人口老龄化带来的需求变化,党和政府不断增强对老龄化的认知,不断优化养老服务体系建设。以政府的角色定位为划分标准,我国养老服务政策大致经历了五个发展阶段。

第一,政府和家庭承担主要养老服务阶段(1949—1992 年)。中华人民共和国成立后,我国实行统购统销和配给制度：城市实行单位制,农村实行人民公社制,由家庭和单位/集体互助为老年人提供养老服务;对于农村“五保”老年人与城市“三无”老年人,国家提供救济型的养老服务。此时,我国

① 孙梦楚. 基于杭州萧山的智慧养老产业园区规划研究[D]. 杭州：浙江农林大学, 2016：7.

② Keshavarz A, Tabar A M, Aghajan H. Distributed vision-based reasoning for smart home care[C]. ACM SenSys Workshop on Distributed Smart Cameras, 2006.

③ Sarela A, Korhonen I, Lotjonen J, et al. IST Vivago - an intelligent social and remote wellness monitoring system for the elderly[C]. International IEEE Embs Special Topic Conference on Information Technology Applications in Biomedicine, 2003.

④ 孙梦楚. 基于杭州萧山的智慧养老产业园区规划研究[D]. 杭州：浙江农林大学, 2016：7.

的养老服务政策体系作为社会福利制度的一部分，嵌入整个经济体制中。政府对养老服务资源的供给和分配具有较强控制力。

第二，政府养老服务责任收缩的早期探索阶段(1993—1999 年)。改革开放后，随着单位制解体和计划生育政策的推行，原先由家庭和单位承担的养老服务责任逐渐转向社会。政府自身无法应对养老服务需求，启动了社会福利改革和试点工作。但在社会尚未形成有效供给时，政府就过早地让渡责任，使得养老服务提供落到了家庭和个人头上。为此，政策提出了家庭养老与社会养老相结合的原则，扩大老年人社会化养老服务。

第三，政府主导养老服务体系化建设阶段(2000—2012 年)。进入 21 世纪以后，我国迈入老龄社会，养老需求量的快速增长有目共睹。此阶段科学规划、引导发展是政府制定养老服务政策的首要目标。“以居家养老为基础、社区养老为依托、机构养老为支撑”的养老服务机制的提出，明确了国家福利制度外的养老服务的制度定位，标志着我国在养老服务体系化上迈出了重要一步。

第四，政府创新养老服务供给方式、提高养老服务质量阶段(2013—2020 年)。党的十八大以来，国家高度重视人口老龄化问题并作出应对人口老龄化的战略部署，明确提出“要积极应对人口老龄化，大力发展老龄服务事业和产业”，把养老服务上升到国家重大政策层面。在这一思想指导下，我国初步确立了以法律为纲领、以中央政策为基础、以专项政策和标准为支撑的养老服务制度体系。此阶段养老服务政策主要围绕老年人吃、穿、住、用、医等方面的基本养老服务需求，并通过服务供给方式创新、养老服务质量提升、养老服务标准建立，促进养老服务体系化、社会化建设的进一步延伸。

第五，政府全面统筹养老服务发展阶段(2021 年至今)。随着我国老龄化程度的加深和居民生活水平的提升，老年群体的需求持续增加，养老服务亟须高质量转型。同时，各年龄段的公民都开始注重老年时期的生活质量。此阶段，养老服务政策和民生服务系统发展紧密联系，以社会治理现代化为主线，加强政府、社会、市场、家庭和个人的多元主体合作，促进全面统筹养老服务体系建立。为此，政府政策层面对养老服务的统筹力度不断加大。2021 年 12 月，国务院印发的《"十四五"国家老龄事业发展和养老服务体系规划》明确提出，"十四五"时期，老龄事业和产业要有效协同、高质量发展，要加快健全居家社区机构相协调、医养康养相结合的养老服务体系和健康支撑体系。2024 年 1 月印发的《国务院办公厅关于发展银发经济增进老年人福祉的意见》提出，加快银发经济规模化、标准化、集群化、品牌化发展，培育高精尖产品和高品质服务模式。统筹政策的不断完善，为未来养老服务的高质量发展打下了基础。

由此可见，在党委领导、政府主导的大力支持下，中国的养老服务体系经历了 5 次重大修改，展现出高质量发展的趋势：(1) 从家庭养老到社会养老，即从依赖家庭养老到家庭、社区、社会养老共存，逐步理清了居家、社区、机构、医养、康养等领域的关系；(2) 从传统养老到现代养老，意味着"孝道"理念与家庭养老相结合的传统模式转变为社会化服务支持的多主体供给体系；(3) 从重点建设机构养老到居家社区机构多层次发展，政策初期聚焦建设和发展养老机构，逐步过渡到以机构为中心带动社区和居家的社会化方案；(4) 从托养服务到医养服务，政策从关于托养类基础照料，发展到满足老年人多样化的养老服务需求；(5) 从分割发展到统筹发展。① 在治理现代化

① 陈功，赵新阳，索浩宇."十四五"时期养老服务高质量发展的机遇和挑战[J].行政管理改革，2021(3)：27－35.

新路径的指导下，养老服务体系从补缺型、碎片化向体系化、多元化转变。

2. 国内关于我国养老服务体系内容的研究

围绕“居家社区机构相协调”的养老服务体系，专家学者们主要从以下几个方面展开讨论。

第一，居家、社区、机构三种养老方式的定义和发展现状。居家养老是应对我国人口老龄化问题的战略选择，也是推动老龄社会经济发展、资源整合的重要举措。① 居家养老服务，即在老年人居住在家庭的情况下，上门提供包括家政服务、生活照料、康复医疗和精神慰藉等多种形式在内的服务。不同于家庭养老，居家养老的服务既可以由子女等亲属提供，也可以由受雇护工、社区提供。② 总体来看，我国社区养老服务业目前正处于起步阶段，但发展速度快、前景良好。③ 此外，机构养老服务也是社会化养老服务的重要形式，在我国养老服务体系中起到了重要的“支撑”作用。④

第二，基于当前我国社会化养老服务需求，居家养老和社区养老应有机结合。我国的社区居家养老服务和英国的社区照顾相似，其突出的功能就是能够满足高龄、生活自理能力弱、失能/半失能老人的照料需求，使其在自己家里就可享受到基本的养老服务。因此，完善与健全养老服务体系不仅需要巩固家庭养老服务的基础地位，也需要促进社区养老服务的可持续发展。⑤ 有学者进一步提出，发展“互助养老服务”是提高社区居家养老服务可

① 穆光宗，姚远. 探索中国特色的综合解决老龄问题的未来之路：“全国家庭养老与社会化养老服务研讨会”纪要[J]. 人口与经济，1999(2)：58-64，17.
② 龚静怡. 居家养老—社区养老服务：符合中国国情的城镇养老模式[J]. 河海大学学报(哲学社会科学版)，2004，6(4)：72-74.
③ 王海燕. 发展城市社区养老 应对人口老龄化[J]. 理论学刊，2002(3)：67-69.
④ 穆光宗. 我国机构养老发展的困境与对策[J]. 华中师范大学学报(人文社会科学版)，2012，51(2)：31-38.
⑤ 陈德君. 人口老龄化与养老服务保障体系[J]. 人口研究，2001(6)：35-38.

持续性的有效途径。例如，以时间银行为代表的互助养老模式，提出利用“储蓄和兑换服务”的形式，鼓励低龄健康的老人为高龄及失能老人提供服务。[①]

第三，为满足照护需求，传统居家、社区和机构养老应该进一步融合与协作。这三种养老模式存在交叉和融合的发展趋势。具体而言，医疗保健和康复护理的专业性更为突出，社区服务医养康养的功能增强，有效联结居家养老和机构养老，最终形成“日常在居家和社区，病后/术后回社区；失能失智住机构，护理到位后回社区”的服务模式。[②] 但研究针对具体模式以及机构服务向居家延伸的文献仍然较少。

此外，党和政府也越来越重视将医养、康养纳入养老服务体系中。围绕“医养康养相结合的养老服务体系”，专家学者将关注点放在体系建设的内容、健康与康养的需求中。

医养结合是我国社会养老服务体系建设的重要内容。医养结合整合了传统养老服务和医疗服务，能够更好满足社区居家养老人群的健康养老的需求，提高了老年人生活质量，也充分体现了我国养老政策的宗旨和关怀。[③] 当前我国医养结合服务形式主要包括“机构内医养服务整合”“联合体医养服务衔接”“居家医养服务延伸”三种。受我国国情和传统养老文化的影响，医养结合的养老服务今后仍主要是以居家为基础、以社区为依托的模式。

健康以及产业层面的“康养”逐渐被纳入养老服务体系建设。发展老年

---

① 孙泽宇. 关于我国城市社区居家养老服务问题与对策的思考[J]. 中国劳动关系学院学报，2007(1)：98 - 101.

② 李璐. 我国养老服务业发展的重点领域[J]. 中国经贸导刊，2014(18)：56 - 59.

③ 郝晓宁，薄涛，塔娜，等. 我国医养结合的展望和思考[J]. 卫生经济研究，2016(11)：3 - 6.

健康服务产业,可以提高老年人生活质量,增强福祉。[①] 有学者提出,我国应发展完善整合型的基础性老年健康服务体系,老年健康服务应覆盖老年全生命期、面向基层、综合有效。[②] 此外,也有学者提出,我国应建立包括生活服务、健康服务和精神服务三位一体的居家养老服务体系。[③] 进一步而言,发展康养产业,有利于满足老年群体的健康需求,有助于响应"健康中国"国家战略,更有助于推动中国大健康产业发展。[④]

3. 国内关于养老服务体系供给主体的相关研究

"谁来提供服务",即家庭、社会、市场、政府等几个服务提供主体如何合理分担养老职责,是养老服务体系建设绕不开的问题。国内学者围绕该问题进行了丰富的探讨,既关注单一主体的主次地位,也着眼于多元主体如何参与构建整体的养老服务体系。

在以家庭为养老主题的研讨中,部分学者认为由于我国自古有孝悌文化,加上"未富先老"的人口形势,家庭养老仍将长期作为最主要的养老模式而存在。[⑤] 这部分学者强调家庭养老的核心作用,主张发挥家庭固有的经济供养和生活照料功能,从而尽量减少政府财政的压力。但是,也有学者指出,随着市场化的推进和家庭价值观的变动,社会养老模式的替代作用会使得家庭作为主要养老主体的地位被削弱。[⑥]

---

① 郝晓宁,胡鞍钢.中国人口老龄化:健康不安全及应对政策[J].中国人口·资源与环境,2010,20(3):6.

② 石松,纪竞垚.深化养老服务供给侧结构性改革[J].前线,2019(7):44-47.

③ 杨宜勇,张本波,李璐,等.及时、科学、综合应对我国人口老龄化研究[J].宏观经济研究,2016(09):3-19,99.

④ 韩秋,王欢欢,沈山.康养产业发展路径研究[J].经济师,2019(7):15-16.

⑤ 曹宪忠,杜江先.家庭养老:我国现阶段养老制度的必然选择[J].山东大学学报(哲学社会科学版),1998(4):102-105,89.

⑥ 王丽.人口老龄化背景下我国养老模式的思考[J].当代经济管理,2012,34(4):52-55.

在对养老主体的探讨中，政府与社会谁应当成为养老公共服务的提供主体引起了研究人员的关注。一些学者认为，政府应该作为养老公共服务的提供主体，营造良好的养老服务供给环境，以最高效的方式整合和配置养老资源。① 而反对者则指出了现阶段老年人数量激增，政府主导养老服务会带来巨大财政负担，在“小政府大社会”的社会福利社会化理念下，社会应发挥更大的作用。

以社会为主要养老主体的观点同样具有争议。所谓“社会提供福利”实质上意味着家庭和政府之外的社区、市场和非政府组织是养老福利的主要提供者。② 无论是社区、市场还是民间组织，在提供养老服务的过程中都存在各自难以克服的缺陷，主要症结在于养老服务具有投入大、回报周期长、回报率低的特点，企业和个人投资面临较大的风险，因此民间资本投资养老事业的热情不大。③ 而在当前的社会体制下，社区本质上仍然在相当程度上作为政府的触手和代理人而存在，单纯的社区公益组织较少，社区提供服务在本质上与政府提供差别不大。④

现如今，社会化养老日益成为必然选择。学者们发现养老主体责任也出现动态变化，养老服务向多元主体模式发展。⑤ 改革开放以来，我国养老服务供给主体从“国家—家庭”转变为“国家—家庭—社区—市场—社会组

---

① 张丽. 国外倒按揭养老模式给我国的启示[J]. 产业与科技论坛，2006(9)：127－128.
② 邬沧萍. 老年社会学[M]. 北京：中国人民大学出版社，1999.
③ 张乃仁. 社会化养老服务体系建设研究综述[J]. 南阳师范学院学报，2013，12(4)：6－12.
④ 李学斌. 我国社区养老服务研究综述[J]. 宁夏社会科学，2008(1)：42－46.
⑤ 穆光宗，姚远. 探索中国特色的综合解决老龄问题的未来之路：“全国家庭养老与社会化养老服务研讨会”纪要[J]. 人口与经济，1999(2)：58－64，17.

织”的多元协作模式[①]，逐渐形成家庭、政府、市场机构和非营利社会组织并存的局面[②]，形成了区域养老服务联合体等多元联合模式[③]，走向多元主体整合及协作的道路。在养老服务多元主体整合协作的模式下，学者们围绕如何构建养老服务体系，做出以下几个方面的论述。

第一，政府、市场、社会和家庭四个方面的主体需要协同合作。邬沧萍提出，我国社区养老服务的主要形式是由社会力量提供养老服务资源，即市场、社会组织和社区的多主体协作。[④] 刘迟等主张构建家庭、社区、市场相结合的居家养老多元服务体系。[⑤] 董红亚提出，我国要构建政府主导、社会参与、全民关怀的社会养老服务体系，该体系要以居家为基础、机构为支撑、社区为平台、社会服务为依托，制度、设施、标准、补贴、队伍等要素要相互支持。[⑥] 辜胜阻提出，要整合信息资源，也要整合老年个体、家庭、社区和社会资源，建立智慧养老服务体系，满足居家老人专业化、多样化的健康养老需求。[⑦]

第二，养老服务主体多元协作应充分凸显家庭主体责任。各地探索均印证了居家养老仍是我国老年人最普遍的养老方式，也是构筑养老服务体系的现实选择，家庭照顾在老年人精神慰藉方面的作用很难被社区或机构

---

① 王争亚，吕学静. 福利多元主义视角下我国养老服务供给主体问题解析[J]. 中国劳动，2015(4)：73－78.
② 邓国胜. 一部具有里程碑意义的纲领性文件[J]. 中国社会组织，2016(17)：22－23.
③ 蔡玉梅，陈功. 普惠型居家社区养老服务的模式创新：以北京市养老服务联合体为例[J]. 北京社会科学，2024(1)：118－128.
④ 邬沧萍. 老年社会学[M]. 北京：中国人民大学出版社，1999.
⑤ 刘迟，韩俊江. 社区居家养老服务的多元体系构建[J]. 税务与经济，2013(2)：48－51.
⑥ 董红亚. 我国社会养老服务体系的解析和重构[J]. 社会科学，2012(3)：68－75.
⑦ 辜胜阻，方浪，曹冬梅. 发展养老服务业应对人口老龄化的战略思考[J]. 经济纵横，2015(9)：1－7.

所替代。因此，养老服务其他供给主体应该给予家庭这一供给主体更多的支持与帮扶，让老年人实现在地安养。①

第三，养老服务主体多元协作应发挥社会的重要力量。一是更好发挥社区作用。社区养老服务发展应该通过政府购买服务方式加快推行②，并充分挖掘和利用社区志愿者组织在提供社区养老服务上的重要作用。③ 二是社会组织及公益与志愿服务应该更好、更快参与服务供给。国外居家养老服务模式的经验证明，本地非营利组织往往能直接提供养老服务。我国目前采用政府购买服务的形式，引导社会组织参与为老服务。同时，在医养结合方面，随着社会服务体系的不断完善，专业协会、医务护理义工队等社会组织也将提供健康养老服务。④ 但社区及公益组织层面提供的养老服务在供需匹配、需求挖掘和服务质量提升方面仍有较大改善空间。因此，如何处理好养老服务领域政府与社会的关系也有待考量。

4. 国内关于养老服务体系科技创新的研究

我国积极把科技融入养老服务和老年产品中，提高老年服务和老年产品科技化、信息化水平，以提高养老服务的效率和质量。国内文献对中国养老服务体系科技创新的研究主要集中在智慧养老、互联网＋医疗服务、老年产品等三个方面。

首先是智慧养老方面。相较于国外研究，国内的相关研究起步较晚。

---

① 王争亚，吕学静. 福利多元主义视角下我国养老服务供给主体问题解析[J]. 中国劳动，2015(4)：73－78.

② 李璐. 社区养老服务业发展的两个角度和五个判断[J]. 中国经贸导刊，2019(14)：65－66.

③ 张乃仁. 社会化养老服务体系建设研究综述[J]. 南阳师范学院学报，2013，12(4)：6－12.

④ 郝晓宁，薄涛，塔娜，等. 我国医养结合的展望和思考[J]. 卫生经济研究，2016(11)：3－6.

智慧养老的概念最早是由英国的生命信托基金会提出的，起初被称作“全智能化老年系统”，我国学者称之为“数字化养老”“信息化养老”“互联网＋养老”“智能养老”等。智慧养老是利用现代信息技术，实现现代信息技术与老年人的自主式、个性化智能交互，一方面可以提升老年人的生活质量，另一方面可以传递和分享老年人的经验智慧。① 也有学者认为，智慧养老这种模式尽管虚拟化程度较高，但仍是实体模式的一种延伸。智慧养老始终要以老年人现实需求为出发点，并实现实体和虚拟的结合，才能更好地为老人提供服务。②

在探索智慧养老服务体系建设的同时，学者也针对构建智慧养老服务体系面临的困境提出对策：加强顶层设计，完善相关政策执行标准，建立统一运营平台，推动技术开发与产品设计，引进和培养专业人才。③ 也有学者提出，应综合运用物联网、云计算、大数据等新一代信息技术设计智慧养老服务平台，构建智慧居家、智慧社区、智慧政府和智慧医疗四位一体的养老服务体系。④

在智慧养老方面，现有的研究大多从信息学单学科来分析智慧养老的信息技术应用、平台建设运营等，从社会学、老年学等学科分析智慧养老的优势、发展模式等，而对科技与养老服务的关系及如何介入养老服务理论研究不足，即对数据信息的采集共享、资源整合、运用等问题研究不足。此外，

---

① 左美云.智慧养老：内涵与模式[M].北京：清华大学出版社，2019：4.

② 史云桐.网络化居家养老：新时期养老模式创新探索[J].南京社会科学，2012(12)：59－64.

③ 丁文均，丁日佳，周幸窈，等.推进我国智慧养老体系建设[J].宏观经济管理，2019(5)：51－56.

④ 李彩宁，毕新华.智慧养老服务体系及平台构建研究[J].电子政务，2018(6)：105－113.

从多主体、多资源、多学科协同的角度进行的整体研究还比较欠缺。

其次是"互联网+医疗服务"方面。目前，国内学者对"互联网+医疗服务"的概念尚无统一的界定。一般而言，"互联网+医疗服务"是以互联网或移动互联网为载体，将云计算、物联网、移动通信、大数据等技术与传统医疗健康服务深度融合而形成的新型医疗健康服务业态的总称。① 在实践中，"互联网+"与医疗服务的融合被称为"智慧医疗"，"互联网+"与健康服务的融合应用被称为"智慧健康"。

"互联网+医疗服务"服务范围广泛，包括预约诊疗、智能导医、慢病管理、候诊提醒、费用结算、远程医疗、康复管理等服务内容。② "互联网+医疗服务"具有便利、精准和信息共享的特点，有助于提升我国医疗卫生服务的效率，整合碎片化的服务资源，提供覆盖全生命周期的健康服务③，满足多层次、个性化健康需求④，促进传统医疗治疗需求向保健型和健康促进型需求转变⑤，同时解决老龄社会带来的服务人员匮乏、劳动力供给不足等问题。⑥此外，"互联网+"的支撑保障体系也需要建立和完善，这涉及健康和医疗信息共享机制、共享信息的安全防护体系、法规政策体系和互联网医疗标准规范体系等的建立。

---

① 陈敏，牟海燕，秦健. 健康医疗大数据标准体系框架研究[J]. 中国数字医学，2018，13(4)：14-16，33.

② 陈敏. "互联网+医疗健康"：打造智慧医疗服务新模式[J]. 中国党政干部论坛，2018(10)：30-33.

③ 石龙，赵盘珍. 全民健康覆盖视角下"互联网+医疗健康"的机遇和挑战[J]. 医学与社会，2018，31(10)：8-10.

④ 栾云波，田珍都. 我国"互联网+医疗"存在问题及对策建议[J]. 行政管理改革，2017(3)：59-63.

⑤ 李颖，孙长学. "互联网+医疗"的创新发展[J]. 宏观经济管理，2016(3)：33-35.

⑥ 李璐. 面向基本现代化 创新社会建设的总体思路与建议：基于上海市公共服务和社会治理的调研[J]. 中国经贸导刊，2019(16)：65-67.

有学者指出，互联网医疗的发展在带来众多机遇的同时也面临众多问题，例如大医院虹吸效应扩大化、数据安全风险增加等。因此，互联网医疗与分级诊疗协同推进、建立网络卫生信息发布监管机制、提升基层医疗服务能力以及建立医疗健康数据安全防护机制是应对挑战的可能路径。①

2017 年，我国首部国家级智慧健康养老产业发展规划——《智慧健康养老产业发展行动计划(2017—2020 年)》出台，大幅度提升了智慧健康养老的重要性。2021 年，国务院出台了《智慧健康养老产业发展行动计划(2021—2025 年)》，进一步促进了智慧健康养老的可持续发展。部分专家学者关注当前智慧健康养老产业的发展，指出针对供给不足、供需错位等发展困境，应扩大供给量、调整供给结构、推动数据资源共享、督促政策落实、培养专业人才。②

在"互联网＋医疗服务"方面，目前的研究也有一定局限。现有的研究多从"互联网＋医疗服务"的技术支持、业务范围、优势意义和体系构建等方面展开研究，对健康大数据的建设及共享研究不足，在智慧健康产品开发及充分发展智慧银发经济方面也有待进一步研究。此外，现有的研究往往局限于单学科视角，多学科协同研究较欠缺。

最后是与老年产品相关的讨论。随着人口老龄化及家庭结构的小型化，加之经济发展和居民消费能力的提高，老年人对多样化、高质量的养老服务产品需求日益增多。学界对养老服务产品及其所属的银发产业研究也日益增加。

---

① 石龙，赵盘珍. 全民健康覆盖视角下"互联网＋医疗健康"的机遇和挑战[J]. 医学与社会，2018，31(10)：8 - 10.

② 张博，韩俊江. "互联网＋"下智慧健康养老服务研究[J]. 宏观经济管理，2018(12)：40 - 44.

参考国外发展路径，养老产业覆盖行业十分广阔。有学者将养老产业概括为以下10个行业：制药业和健康服务业、家庭服务业、日常生活用品业、人寿保险业、健康保险业和养老保险业、养老地产、旅游业和娱乐业、金融业、教育行业、咨询行业。鉴于我国老龄化不断加深的人口结构和尚未完善的老龄保障制度，各行业的养老产品具有潜在的巨大需求，养老产业具有强大的发展动力。[①] 此外，有学者指出，在全球范围养老产业市场中，中国在未来有望成为最具市场潜力的国家。[②]

现有研究充分讨论了养老产品及养老产业的现实困境和发展出路。有学者指出，目前我国没有形成大规模老年产品供给，尚无完善的服务市场，一方面表现为老年人的消费观念严重滞后，另一方面则表现为老年人日常生活所需的各种产品服务供给明显不足。[③] 此外，我国的辅助器具研发与产业和社会需求存在较大差距。[④] 首先，我国的智慧养老设备产品面临核心技术瓶颈、社会伦理问题、产品研发乏力、市场定位不准等问题，应从落实优惠政策、重视核心科技的投入、推进标准规范的制定、着力产品功能的提升、强化用户体验的精准性、促进跨界融合等方面促进整个智慧养老产业的提质增效。[⑤] 其次，我国养老产业仍处于起步培育阶段，供给侧产业薄弱，投资高而回报周期长，需求侧消费者支付能力弱、支付意愿低，导致养老服务供需失衡，以及面临低水平均衡的困境。因此，我国老龄产业发展应以老龄需求

① 杨博维，薛晓．我国养老产业发展的思考与对策[J]．天府新论，2013(1)：77－81.

② 王莉莉，吴子攀．英国社会养老服务建设与管理的经验与借鉴[J]．老龄科学研究，2014(7)：61－70.

③ 杨宜勇，张本波，李璐，等．及时、科学、综合应对我国人口老龄化研究[J]．宏观经济研究，2016(9)：3－19,99.

④ 张旭，陈功．老龄化背景下的康复辅助器具利用与需求研究进展[J]．中国康复理论与实践，2016,22(11)：1350－1353.

⑤ 朱勇．中国智能养老产业报告[M]．北京：社会科学出版社，2015：28－43.

为导向，大力支持老龄产品的设计研发和生产，精准匹配市场需求和产业供给，推进养老产业健康平衡发展。有学者从智慧养老产业入手，提出应优化老年人各类可穿戴设备的承载方式，设计便携、易操作、美观、精确且具有人性化的产品，提高市场的接受程度。[①] 也有学者指出，老年产品应该从适应老年生理和心理特点出发，在设计上充分纳入适老化方案，优化产品的交互机制，降低老年人使用产品的难度，提升产品的使用体验、安全性和健康性，以适应老年人的消费习惯和使用偏好。[②③]

（三）文献评述

1. 养老服务体系建设方面的研究尚存不足

围绕养老服务体系建设，现有研究充分讨论了“居家社区机构相协调、医养康养相结合”的必要性和发展现状，但仍存在以下三个问题。

一是缺少积极应对与社会治理的融合视角。福利国家的基础理念强调积极应对是基本态度，其主要体现在两个方面：一是积极看待老年人和老年生活；二是积极看待老龄社会。与此相对应，我国政策的制定同样强调积极应对。但需要强调的是，人口老龄化是社会人口年龄结构的变动，必然带来社会结构和社会关系的变化，应对这种变化带来的风险和挑战本质上是社会治理问题，须在治理体系和治理能力现代化框架中构建中国特色养老服务体系。

---

① 封冰，王丽晖. 基于智慧养老理念的可穿戴设备承载方式研究[J]. 艺术工作，2017(5)：76－78.

② 周明，李亚军. 面向中国特色养老服务的产品交互适老化设计研究[J]. 艺术百家，2017，33(1)：233－234.

③ 胡中艳，曹阳. 老年产品设计中的心理学因素[J]. 包装工程，2008(5)：133－135，143.

二是中国特色养老服务体系概念与内涵的界定尚不清楚。国外已形成了较为完善的法律依据，但不同国家养老服务的责任主体和养老服务的整合度有所区别。党的十九届四中全会首次提出，“积极应对人口老龄化，加快建设居家社区机构相协调、医养康养相结合的养老服务体系”。与过去的养老政策相比，党的十九届四中全会以来不再过度强调某一种养老服务形式，而是强调居家、社区、机构“三位一体”的协调发展，并且将医养结合扩大为医养康养相结合。所以，与国外相比，中国特色养老服务体系的理论内涵是什么？党的十八大以来中国特色养老服务体系的理论内涵发生了何种变化，为什么发生变化？以上问题需要全面、系统的解答。

三是还未将中国特色养老服务体系建设上升至社会治理的层面，为国家治理现代化提供支撑。一些发达国家综合利用管理学、社会学、教育学、心理学等学科构建养老服务理念，尤其是将服务理念上升至社区能力的中观层面和社会治理的宏观层面，为养老服务的实践提供微观、中观、宏观的全视角理论保障。因此，本书在国外微观、中观、宏观的与养老服务相关的理论研究基础上，充分结合积极应对人口老龄化国家战略、落实党的十九届四中全会会议精神，深入把握构建中国特色养老服务体系的理论认识问题。

2. 养老服务体系的核心要素方面的研究尚存不足

养老服务体系的核心要素是回答“如何加快构建中国特色养老服务体系”。现有的研究尚未清晰指出构建中国特色养老服务体系的路径，也缺乏具体有效的实践指导。社会治理现代化的理念、体制机制和方法手段为养老服务指明了方向，也开启了我国老龄治理现代化的新进程①，但在养老服

① 孙计领，刘尚君，索浩宇，等.社会治理视角下科技发展支撑养老服务的理论思考[J].人口与发展，2022，28(1)：50－58.

务体系的核心要素方面仍存在以下三个问题。

一是主体责任承担大小尚无统一界定。在养老服务体系建设中，明确各参与主体的主要责任也是题中应有之义。国内外对养老服务体系供给主体的研究表明，养老服务体系供给主体主要由政府、市场、社会、家庭四部分组成。四个主体在承担养老责任、提供养老服务上均具有不可替代的作用，其中关于以政府为主导、积极推动社会力量参与养老服务供给，已有研究基本达成共识。但是，现有文献对政府、市场、社会和家庭的责任承担大小尚无统一界定，国内文献也没有在社会治理体系现代化的角度下提出建设中国特色养老服务体系的切实有效的实践路径。

二是针对人、财、物、科技支撑要素尚未提出系统的、具体的解决对策。人、财、物、科技是优化中国特色养老服务体系的支撑要素。国外经验表明，多元化的资金来源、高素质的养老服务队伍、智慧化的养老服务是不断完善和优化养老服务体系的关键因素。国内的研究也指出，我国老龄产业和老龄事业面临供需失衡的问题，其发展的症结在于科技创新薄弱、专业人才缺乏、社会投资不足，但尚未提出系统的、具体的解决对策。在治理体系和治理能力现代化的背景下，如何优化中国特色养老服务体系中人、财、物、科技等资源配置，以满足人民个性化、多样化、动态化甚至定制化的养老服务需求，仍需要深入研究。

三是组织保障缺乏全面系统的视角。组织保障是构建中国特色养老服务体系的重要力量，涵盖体系制度、供给主体、体系内容、筹资途径、服务人员、科技支持、评估机制等方面的安排。现有研究梳理了国内外养老服务的相关法律法规，对养老服务主体间职责义务的分配进行了讨论，也关注了科技支持的重要作用，但都局限于单方面的组织保障，尚未关注到制度、资金、人员、督察机制的管理问题，缺乏全面系统的研究视角。如何考察并提出构建中国特色养老服务体系的组织保障，增强养老服务供给的精准性、灵活性、有效性和可持续性，仍有待进一步研究和分析。

三、本书简介

本书以习近平新时代中国特色社会主义思想为理论指导，以满足全体老年人的养老服务需求为根本取向，以坚持和完善中国特色社会主义制度和推进国家治理体系和治理能力现代化为目标导向，围绕"为积极应对人口老龄化，构建什么样的中国特色养老服务体系，怎样加快构建中国特色养老服务体系"这一中心问题展开研究与论述；重点阐释党的十九届四中全会关于养老服务体系的新提法，按照党的二十大精神，从养老服务体系的历史演变规律、当前现状分析和未来发展目标全面把握中国特色养老服务体系的理论认识问题，从治理体系和治理能力两个方面系统研究中国特色养老服务体系的实践创新问题。本书最终提出中国特色养老服务体系的理论体系、内容体系、供给体系、要素体系、制度体系和支撑体系，为我国积极应对人口老龄化提供有理论说服力、有实践指导意义、有决策参考价值的研究成果。

因此，在学术意义上，本书有助于全面贯彻习近平总书记关于积极应对人口老龄化的重要思想，推进国家治理体系和治理能力现代化，探索共建共治共享的老龄社会治理路径，深入把握中国特色养老服务体系的内涵。在实践意义上，本书有助于推进中国特色养老服务体系的顶层制度设计、补充养老服务体系建设科技支撑的系统性分析。在社会意义上，本书有助于通过优化养老服务体系促进保障民生,通过医养康养相结合服务体系的完善来提升中国老年人健康素养,维护社会和谐稳定,推进健康中国战略的实施,以高质量发展全面推进中国式人口规模巨大的现代化。

第二章
中国特色养老服务体系建设的理论基础

我国老龄化程度加深，养老服务需求增加、养老服务提供方式多变，对新时代养老服务体系提出了新的要求。党的十八大以来，习近平总书记提出将“积极老龄化”和“健康老龄化”融入中国特色社会主义建设的全过程，为中国特色养老服务体系的构建定下了基调。在中国特色社会主义新时代的背景下，厘清积极应对老龄化、国家治理体系及治理能力现代化理论与构建中国特色养老服务体系的关系，有助于体现我国制度优势。“积极应对人口老龄化”日益成为社会关注的焦点话题，“中国特色养老服务体系建设”也成为积极应对老龄化的重大举措。对中国特色养老服务体系建设的理论基础进行探讨，可以推动积极应对老龄化和我国社会治理体系和治理能力现代化，以及形成两种视角下中国特色养老服务体系的理论创新；为解决中国特色养老服务体系“是什么”和“怎么办”的问题提供客观科学的理论基础，开辟新形势下应对人口老龄化的中国特色现代化道路；通过阐释积极应对人口老龄化、推进国家治理体系与治理能力现代化、构建中国特色养老服务体系的理论基础以及三者之间的理论关系，为中国特色养老服务体系建设提供制度规范和效能保障，为多主体参与养老服务奠定理论基础。

第一节　全面、及时、综合应对：习近平关于积极应对人口老龄化的重要思想

《中华人民共和国老年人权益保障法》规定，年龄为60周岁以上的为老年人。截至2023年，我国60周岁以上老年人口在全国总人口中的比重达到21.1%，我国已经进入中度老龄化时代。有报告指出，预计到2050年，每3名中国人中就有1名超过65岁。①

目前我国正处于人口老龄化发展的高速时期，人口老龄化带来的个人、家庭、社会等多方面的问题使得全方位的积极应对人口老龄化、构建围绕全生命周期的中国特色养老服务体系刻不容缓。以"积极老龄观"为支撑，我们需要把"积极老龄化"和"健康老龄化"理念融入中国特色社会主义现代化建设的全过程，全面、及时、综合应对我国人口老龄化的问题，并提供强有力的理论指导。

一、积极老龄观

人口老龄化的应对思想包括消极和积极两种。消极老龄观将老年人视

① 党俊武.老龄蓝皮书：中国城乡老年人生活状况调查报告[M].北京：社会科学文献出版社，2018.

为一种供养对象，甚至是“负担”和“包袱”。[①] 积极老龄观是指社会和个人以积极乐观的态度应对人口老龄化问题以及人口老龄化带来的各类影响。[②] 科学技术的进步、人类思想的发展和劳动生产率的飞速提高带来了社会生产方式的巨大改变，也对人口老龄化观念的改变起了决定性的作用。有学者指出积极老龄观是老年人在生命周期下的主动衰老。也有学者指出，积极老龄观的理论依据是由马克思和恩格斯提出的“两种生产”理论，即经济社会发展的必要物质基础和前提条件是物质资料的生产和人类自身的生产这两种不同的社会生产方式。[③] 人口老龄化与社会生产方式的改变息息相关。

“积极老龄化”的理念最早是由世界卫生组织（WHO）在1996年发布的《健康与老龄化宣言》中提出的，后在2002年举行的第二届世界老龄大会上作为应对21世纪人口老龄化问题的理论而又被进一步强调。“积极老龄化”的理论思想主要是指老年人能够按照自身需求和能力参与社会，与此同时又能得到社会的保障和照顾。“健康老龄化”理念是由WHO在1987年召开的世界卫生大会上最先提出并进入国际视野的。复旦大学彭希哲教授提出，“健康老龄化”指的是老年人在行动功能和社会能力上的健康，而“积极老龄化”是为提高老年人生活质量，提高健康水平和参与及保障的机会。总体来说，“积极老龄化”和“健康老龄化”的理念包含了三重含义，分别是参与、保障和健康，其中健康是指健康、积极、高质量的老年生活，参与是指以

① 张志雄，孙建娥. 老龄政策价值观的反思及其发展路径研究：基于养老文化的历史演变视角[J]. 老龄科学研究，2015，3(11)：73-80.
② 邱丽玲. 积极老龄观下的人口老龄化策略研究[J]. 商场现代化，2011(22)：53-54.
③ 牟新渝，董彭滔. 新常态下的积极老龄观[J]. 中国老年学杂志，2017，37(7)：1812-1814.

积极的心态参与养老计划和行动，保障是指以科学化、人性化的社会性照顾帮助和扶持老年人群。①

"积极老龄观"作为新时代老龄工作的重要标识，是在我国的人口结构从少子老龄化向全新阶段生命周期转变过程中，对"积极老龄化"和"健康老龄化"理念的继承和发展。此新理念的核心是，养老不仅需要先进的硬件和良好的保障，更需要科学的生命历程、独立自强、终身学习的思想意识。2016年，习近平总书记在十八届中央政治局第三十二次集体学习时强调老年期是人生命的重要阶段，仍可以有作为、有进步、有快乐。其中，"有作为"是指老年人在参与社会发展过程中，能够发挥自身优势进行自我表现，实现社会价值；"有进步"是指老年人以生命周期全过程和自身发展需求的双重角度看待主动衰老；"有快乐"是指要引导老年人以乐观、开朗、愉悦的心态，以自尊、自立、自强的方式参与社会的行为。② 也有学者指出，"积极老龄观"是以健康、参与、生产和权益为核心的，是我国当下经济和人口新常态下积极应对人口老龄化的必然选择。③ 中国"未富先老、未备先老"的基本国情要求我们必须增加发展、和谐和共享这三块主要的社会基石。④

发展、保障、健康、参与实施有中国特色的"积极老龄化"战略是"十三五"之后我国积极应对人口老龄化的基调。"积极老龄观""健康老龄化"理念是其中亮点。中国"积极应对人口老龄化思想"是对国际"积极老龄化"和

① 胡湛，彭希哲．对人口老龄化的再认识及政策思考[J]．中国特色社会主义研究，2019，10(5)：60－67.

② 牟新渝，董彭滔．新常态下的积极老龄观[J]．中国老年学杂志，2017，37(7)：1812－1814.

③ 张映芹，冯亚江．人口新常态下的积极老龄观：健康、参与、生产和权益[J]．老龄科学研究，2019，7(4)：51－60.

④ 邬沧萍．积极应对人口老龄化理论诠释[J]．老龄科学研究，2013，1(1)：4－13.

“健康老龄化”等理论范式的继承、发展和创新，是我国“积极老龄观”理念的具体体现和发展。中国积极应对人口老龄化思想从国家战略层面出发，将“积极老龄化”和“健康老龄化”等理念融入其中。具体来说，在呈现特征上，与国际老龄化理念更侧重于个体权利不同，中国对于老龄化问题的认识和应对方式呈现出个体老龄化与群体老龄化相结合的特征。在发展趋势上，我国应对人口老龄化的思想和实践也进一步完善了国际应对人口老龄化的理论范式。

二、走出中国特色应对人口老龄化道路

习近平在党的十九大报告中提出，要积极应对人口老龄化，构建养老、孝老、敬老政策体系和社会环境，推进医养结合，加快老龄事业和产业发展。党的十九届三中全会通过的《中共中央关于深化党和国家机构改革的决定》提出，要推动养老等公共服务提供主体多元化、提供方式多样化。党的十九届四中全会指出，积极应对人口老龄化，加快建设居家社区机构相协调、医养康养相结合的养老服务体系。党的十九届五中全会提出了“实施积极应对人口老龄化国家战略”。党的十九届六中全会指出，积极应对人口老龄化，加快建设养老服务体系。

此外，在积极应对老龄化的进程中，我们更需结合中国国情，在认识层面上让国民正确认识人口老龄化，还要在政策和实践层面上积极干预人口老龄化，从而促进人口长期均衡发展和实现可持续发展的平衡。①

① 林宝. 积极应对人口老龄化：内涵、目标和任务[J]. 中国人口科学，2021(3)：42－55.

（一）认识层面：我国养老和老龄化思想的观念转变

在我国特有的传统养老思想、习俗与制度的影响下，我国主要的养老观念是以家庭养老、子女赡养为主，以满足老年人最基本的日常生活需求。但老龄化问题的日益严重和空巢家庭的逐渐增多，造成传统的养老观念不再适应社会的发展。

就国家角度而言，老龄化观念的转变在历年中央政府工作报告中得以体现。在1989年政府工作报告中，我国首次出现“人口老龄化”一词。之后，历次国务院政府工作报告中多次出现关于应对老龄化问题的内容，从1996年的“研究人口老龄化问题，并采取相应对策”，变成1999年“重视人口老龄化趋势，认真做好老龄人口的工作”，2007年更是提出了要“发展老龄事业，积极应对人口老龄化”。后来，2010年、2018年和2021年的政府工作报告又多次提出要积极应对人口老龄化。2020年，《中国共产党第十九届中央委员会第五次全体会议公报》将积极应对人口老龄化正式上升为国家战略。由此，我国应对老龄化的观念在政府层面实现了由研究到重视、应对到积极应对，再到国家战略的逐渐转变。

从个人角度而言，个人对于养老思想的转变也随着社会现代化水平的提高而发生改变。老年人经济能力的提升、健康状况的改善以及平均寿命的延长使得老年人的消费理念、养老需求及个人愿望也逐渐发生转变，老年人的养老思想也渐渐从久居在家、依靠子女的“被动接受式”向融入社会、独立自主的“主动选择式”倾斜。

（二）政策层面：我国应对人口老龄化的政策发展

我国步入老龄化时间较晚。1996年颁布并在之后多次修订的《中华人民共和国老年人权益保障法》、2014 年发布的《城乡养老保险制度衔接暂行办法》(人社部发〔2014〕17 号)、2015 年发布的《国务院关于机关事业单位工作人员养老保险制度改革的决定》(国发〔2015〕2 号)、2017 年发布的《人力资源社会保障部 财政部关于进一步完善企业职工基本养老保险省级统筹制度的通知》(人社部发〔2017〕72 号)和 2018 年发布的《国务院关于建立企业职工基本养老保险基金中央调剂制度的通知》(国发〔2018〕18 号)等一系列法规制度,是我国对养老法律保障的逐步探索和完善。除此之外,2011 年《国务院关于印发中国老龄事业发展“十二五”规划的通知》(国发〔2011〕28 号)(以下简称《“十二五”规划(2011)》)、《国务院办公厅关于印发社会养老服务体系建设规划(2011—2015 年)的通知》(国办发〔2011〕60 号)(以下简称《规划(2011—2015 年)》)、2013 年《国务院关于加快发展养老服务业的若干意见》(国发〔2013〕35 号)、2017 年《国务院关于印发“十三五”国家老龄事业发展和养老体系建设规划的通知》(国发〔2017〕13 号)和 2019 年《国家积极应对人口老龄化中长期规划》等的颁布,也是我国养老政策法规从被动变革到主动变革的演进。中国应对老龄化的政策体系逐渐趋于成熟、健全、广泛和全面。

(三) 实践层面：我国养老服务体系的建设转变

人口老龄化是我国在计划生育和人口压力影响下社会发展的趋势和不可避免的问题。我国城市农村人口流动下“空巢家庭”的出现、老年人赡养和子女抚养的双重压力、医疗负担和经济花费的不平衡、社会高速发展与老年人精神生活的脱节等现实问题对我国养老服务体系的建设提出了更高要求。《规划(2011—2015 年)》中提出:“我国的社会养老服务体系主要由居家养老、社区养老和机构养老等三个有机部分组成。”结合我国国情，《“十二五”规划(2011)》提出了创建“以居家为基础、社区为依托、机构为支撑”的中国特色的新型社会养老服务新模式。

陆杰华和郭冉指出，要从基本国策和国情的角度出发，确定积极应对人口老龄化的服务构想。[①] 近年来，中国学者们开展了有中国特色的养老服务建设研究，如提出基于“持续照顾”理念的“养老模式—养老服务体系—养老设施体系”的为老服务体系框架[②]、时间银行养老模式[③]、我国农村空巢老人“社会支持网”的养老模式[④]，还有北京大学人口研究所陈功教授为指导中国养老服务时间银行实践发展，将“时间银行”进行本土化创新后提出的“中国特色时间银行理论体系”[⑤]等。

梳理文献发现：在认识层面，政府观念逐步实现由关心到研究，从重视应对到积极重视应对，再到国家战略等不同阶段的转变，个人观念逐步由被动消极等待到主动积极选择转变，提供主体逐渐从家人、亲属等单一主体向家庭、社会、政府、市场等多重主体转变；在政策层面，各类政策法规涉及面加宽、涉及领域增多，逐渐从被动变革向主动变革演进；在实践层面，结合我国实际国情，贯彻积极老龄化思想，不仅在研究领域内收获了多样化的养老新思路和成果，而且在实用领域内的养老服务体系也更加全面和贴近百姓，逐渐从单一的家庭养老模式，向居家—社区—机构养老模式转变。

---

① 陆杰华，郭冉.从新国情到新国策：积极应对人口老龄化的战略思考[J].国家行政学院学报，2016(5)：27－34.

② 杨建军，汤婧婕，汤燕.基于“持续照顾”理念的养老模式和养老设施规划[J].城市规划，2012，36(5)：20－26.

③ 陈功，王笑寒.我国“时间银行”互助养老模式运行中的问题及对策研究[J].理论学刊，2020，(06)：132－140.

④ 许典利.农村空巢老人养老模式创新[J].人民论坛，2014(2)：160－162.

⑤ 陈功.“时间银行”助力构建老龄社会治理新格局[J].国家治理，2021(39)：29－34.

三、与现代化目标相同步：抓住现代化发展机遇

新时代背景下积极应对人口老龄化思想应与国家现代化发展目标一致，在整体社会发展格局下进行，其养老需求更鲜明、社会覆盖面更广、发展层次更高。

（一）智慧养老，紧贴当代养老民生，对人口老龄化问题进行重新审视

对人口老龄化问题进行重新认识和态度转变是中国社会现代化的重要方面。在新时代“两个十五年”的现代化强国战略周期背景下，要想快速度过人口老龄化的纵深发展期，应充分认识到老龄化问题的本质是发展，老年人问题的本质是民生。[①] 老年人是否能够安度晚年是社会福利体系和综合国力的体现。

老年人的民生问题是在积极应对老龄化工作中与现代化目标相同步的重要环节，涵盖了生活、就业、家庭、个人等多个方面。杨红燕、郭荣荣和陈鑫通过对中国家庭追踪调查(CFPS)的60周岁及以上老年人样本进行分析后，将老年人的民生问题归于医疗、环境、贫富差距、社会保障、就业、教育和住房等七大类。[②] 目前，养老需求多元化与供给模式单一化的结构式矛盾是中国养老工作开展时面临的突出问题。[③] 尤其是随着互联网的大面积普及

① 原新，刘志晓，金牛. 从追赶到超越：中国老龄社会的演进与发展之路[J]. 新疆师范大学学报(哲学社会科学版)，2020，41(2)：91－99.

② 杨红燕，郭荣荣，陈鑫. 老年人民生问题感知：现状、分类及影响因素：基于CFPS与统计数据的主客观考察[J]. 江淮论坛，2020(6)：121－130.

③ 李倩，梁立君. 智慧居家养老破解养老难题[J]. 人民论坛，2017(26)：80－81.

以及对科技产品的依赖程度加大，同时又伴随着中国人口老龄化形势的加剧，对于老年人，尤其是高龄老人、空巢老人、失能老人等老年群体，如何帮助他们适应数字化时代潮流、跨越数字鸿沟、在当代社会积极养老等问题需重新审视。

（二）以人为本，注重老年人的全面发展，实现人的现代化

现代社会，我国积极应对人口老龄化的最终目的包括了实现老年人的现代化。在注重老年人的全面发展的进程中，要以人为本：(1) 注重老年群体类别的特殊性、地域的差异性以及需求的个性化，要因地制宜、因人而异；(2) 注重发现数字化时代带给老年人的机遇，满足老年人精神文化生活；(3) 除了基本的社会保障和医疗卫生服务之外，还要让老年人有平等参与社会治理、接触社会并实现个人价值的机会；(4) 老年人享有独立自主和自由发展的权利，让老年人可以在自我发展中丰富自己的社会关系和养老生活。

（三）三位一体，政府、社会、家庭协同合作，打开现代化养老工作新局面

《中共中央 国务院关于加强新时代老龄工作的意见》强调各个部门在养老工作进程中密切协调合作的重要性，要根据职责分工，齐抓共管；重视居家、社区与机构养老之间的协调，医养和康养之间的结合。摆脱老龄化困境，需要依靠政府、机构、个人等多个方面和多个角度的共同努力，需要国家、社会和家庭三位一体的通力合作，这样才能打开积极应对人口老龄化新局面。

构建智慧居家养老和实现老年人的全面发展需要政府、社会、家庭、个人等多方面的通力合作和努力协调，如需要家庭和个人转变养老观念和思想、提高认识，需要政府和社会加大宣传力度、完善制度、提高资金扶持等，又如需要建立“绿色”办事通道、保留现金交易和线下办理渠道、进行家庭的适老化改造、加大医疗看护等多方面培训力度、注重老年人的心理疏导及投资理财教育等。

第二节　国家治理体系与治理能力现代化理论框架对中国特色养老服务体系建设的指导

“十三五”规划纲要指出，尽管国家治理体系和治理能力现代化取得重大进展，但应进一步提升政府治理能力和水平，在治理理念、治理方式、基层治理能力建设、治理考核等方面进行创新。党的十九大报告提出，要“打造共建共治共享的社会治理格局”，完善包含“社会协同、公众参与”的社会治理体制，提高社会治理社会化、法治化、智能化、专业化水平。十九届三中全会通过的《中共中央关于深化党和国家机构改革的决定》提出，要通过深化党和国家机构改革，构建系统完备、科学规范、运行高效的党和国家机构职能体系，与新时代国家治理需求相适应，提高国家治理体系和治理能力的现代化水平。

一、共建共治共享的社会治理格局

形成共建共治共享的社会治理格局，为多主体参与养老服务奠定了理论基础。“治理术”这一概念最早由福柯提出。他认为，国家应该从传统的行政控制、大包大揽的“硬治理”方式，转向通过制度完善和体系构建，建成法治化和理智化的“软治理”体系。此后，随着世界卫生组织等世界性组织对“治理”概念的应用与推广，世界各地都在进行治理现代化改革。

现代社会治理与传统模式相比，更强调合作、协商、共赢等目标，通过多元主体的协商合作，最大限度地避免政府中心主义带来的治理失效问题。只有政府、市场、社会三个主体各司其职，划定好各自的责任边界，才能形成良性的互动格局。养老是一个社会性问题，关系到整个国家和群众的生活水平。就养老服务而言，一个成熟可行的养老服务体系离不开多主体的参与，其中政府、市场、家庭、社区、社会组织等应该取长补短、良好合作，分别从不同方面完善养老服务体系。

从改革趋向来看，中国政府职能转变逻辑与西方国家基本上一致，国家治理的基本特征包括治理主体多元化、治理结构网络化、治理制度法治化和理性化，以及治理技术现代化。“国家治理现代化”可以被定义为：“从传统国家向现代国家转变过程中，多主体共同规范权力运行及维护社会公共秩序而形成和建构的一套制度规则、治理工具及执行能力。”①“现代化”体现在理念的创新上，从“统治”到“治理”，体现了政府执政理念的演进和角色的转变，政府从“掌舵者”逐渐变为“服务者”。“治理”强调包括政府外的企业、社会组织、居民组织的多元参与，实现“共治”，体现了民主性和协商性。养老服务体系的构建，也应该在保障政府的主导地位的同时，拓宽合作渠道，创新技术形式。

---

① 薛澜，李宇环．走向国家治理现代化的政府职能转变：系统思维与改革取向[J]．政治学研究，2014(5)：61－70.

“共建共治共享”社会治理格局强调的是实体上的共同建设、行动上的共同参与和成果上的共同享有。

“共建”强调多元参与，包含两个层面的含义。① 其一，主体多元性，即社会治理的主体不是政府、市场或社会单一中心，而是多主体参与，且相互合作与分工。其二，共建的核心是参与，“在党的领导下，让政府、企业、社会组织、群众等主体都广泛参与社会治理，畅通民情意见通道，做好监督反馈机制，尊重人民群众的知情权和参与权”。多元、参与为共治提供了基础，共建依赖共治机制。

“共治”是社会治理格局的核心，通俗理解为社会各主体通过合作、沟通、协商等“软性”的方法共同参与社会问题的治理，是各类主体的一种广泛的协作关系。在“共治”的解读上，必须强调公共参与的意义和价值。这种共治机制体现了“参与民主”的要义，强调了“人民当家作主”的理念，需广泛发动人民群众的力量参与到公共事务治理的过程中来，避免“一言堂”“一刀切”等现象。在中国特色社会治理体系中，共治的主体是国家、人民及社会组织。② 在“共治”的过程中，应明确各类主体的角色和作用，确定好权利和义务边界，营造良好的合作治理氛围。在养老服务的“共治”过程中，更应该明确好各类主体的责任和义务，预防在合作过程中出现权责分配不均或不清、监管不严等问题，影响养老服务的效率和效果。

“共享”要求坚持发展为了人民、发展依靠人民、发展成果由人民共享。在我国，社会治理的终极目标在于增进社会全体人民的福祉，让全体人民享

① 周红云. 全民共建共享的社会治理格局：理论基础与概念框架[J]. 经济社会体制比较，2016(2)：123－132.

② 江国华，刘文君. 习近平“共建共治共享”治理理念的理论释读[J]. 求索，2018(1)：32－38.

受社会治理的成果，促进社会的公平正义。共享也不是指绝对的成果平均，而是强调让所有的社会治理的参与者享有更多的获得感，实现公共利益。

二、社会治理体系现代化

社会治理体系现代化是中国特色养老服务体系现代化的改革依据。推进社会治理体系现代化，即改革不适用的、落后的体制机制及法律法规[①]，其核心是基于现代治理理念的公共权力重构、行政体系重组，直接目标是提升政府治理能力，为国家“善治”创造条件。[②] 理解社会治理体系的现代化，可以从制度体系、服务体系、环境体系、全球视角几个层面进行解读。

（一）制度体系：为中国特色养老体系建设提供制度保障

就治理主体而言，政府、市场、社会及个人等主体是参与社会治理的重要方面。在政府治理现代化方面，理念、体系和执行能力相互影响、缺一不可。就政府的主导地位而言，其在政策引领、制度构建、法律法规完善等方面应树立现代化的法律意识，明确科学民主的制定流程，拿出规范有序的实施方案，以及灵活创新的调适方式。在养老服务方面，构建现代化的完善的养老服务制度、科学有效的政策及可行的细则为推动养老服务的发展提供了基础保障。在市场治理方面，需关注市场体系、机制及制度的现代化。就市场化的养老服务而言，应刺激市场活力，并维持良好的市场竞争氛围，做

---

① 丁志刚. 论国家治理体系及其现代化[J]. 学习与探索，2014(11)：52－57.

② 魏治勋.“善治”视野中的国家治理能力及其现代化[J]. 法学论坛，2014，29(2)：32－45.

好市场监督管理，对违法行为严厉惩治。在社会治理现代化方面，涉及社会自治制度安排及运行方式的现代化，即社会组织各项选拔制度、行动决策、价值理念等与现代社会文化相适应的改革。时间银行是目前兴起的一种互助养老模式，其价值理念、兑换规则、服务内容、参与方式等也是依据现代社会文化的创新和发展，时间银行在本土化的过程中，也体现了与我国社会治理方式相适应的过程。在个人治理领域，涉及人的现代自觉，包括思想观念、素质能力、行为方式和社会交往的现代自觉。公民积极的健康养老观、互助养老的意识和行为，都属于现代自觉的范畴。

（二）服务体系：厘清养老服务体系多主体分工及资源配置

就养老服务体系而言，面对庞大的养老需求，政府的作用是有限的，企业、社会组织、社区、家庭、个人等多位一体的养老服务主体矩阵能够为满足养老需求、提高养老服务质量提供保障。当政府由直接的服务提供者，变为监督者、合作者，由市场决定的养老服务将进一步激发内容多样性、技术先进性和理念创新性，提高养老服务的效率和质量。同时，家庭、社区、社会组织的参与和联动能有效减轻政府的负担，直接解决部分养老需求，创造更多的养老服务模式。再者，鼓励老年个体的互助服务和公共事务参与，一方面有助于其积累社会资本、实现个人价值，另一方面也是国家治理体系中的重要环节，体现了国家治理现代化水平。

（三）环境体系：养老服务治理可持续发展的要求

环境体系的建设包括生态环境和社会环境建设。生态环境问题已经成为新的社会风险问题，环境社会治理体系建设不仅将多元主体引入，动员其参与环境保护，而且倡导多元主体的相互融合。政府应从全民福祉的角度考虑，制定环境保护及治理相关的法律法规体系和监督惩罚机制。企业应承担相应的社会责任，推进绿色改革，严格遵守法律法规，提供可持续的绿色产品。社会组织应督促政府推进环境治理，监督企业的污染行为，同时宣传环境保护的重要性和做法，唤起公民的环保意识。最后，应大力促进全民参与，保障公民行使对环境治理的监督权，检举有害于环境的社会现象。环境治理与养老治理息息相关，这种现代化环境治理体系对现代化养老服务体系的构建有较强的参考意义和价值。

在社会环境建设方面，全社会的尊老、敬老氛围，以及无障碍环境的建设都经历了长期的发展，且需维持可持续的成果。其中，无障碍环境建设，除了设施建设、系统准备外，更重要的是引导社会观念的转变，缓解老年人在生活中可能面临的物理或精神压力。无障碍环境建设惠及整个社会，代表了现代文明水平和国家治理水平，需引起较高重视。为保障无障碍环境建设的可持续性，政府应该继续加强立法、完善法律法规体系；做好宣传教育工作，提高群众无障碍意识；增加投入、加强监管、统筹协调，将无障碍环境建设落实到日常建设当中，尽快建成无障碍社会。

（四）全球视角：借鉴国际经验，推动无障碍环境建设，打造老龄友好社会

无障碍的概念是从西方兴起的，最初是一个关乎专门面向残疾人的特殊设计的概念。在我国建设中国特色养老服务体系的背景下，将西方经验中国化、特色化，能够为解决中国养老问题、满足养老需求提供好的建议。

老龄化问题是全球性问题，老年阶段面临的残损、失能风险是全人类都

会面临的问题。发达国家进入老龄化社会较早，在打造无障碍环境、建设老龄友好社会方面已经探索出较为成熟的模式，值得我们参考借鉴。具体来看，“平等、融合、共享”理念已经深入人心，在共同解决全球人口发展的重要问题上，人类也逐渐找到了合适的机制和方法，取得了良好的进展。中国在推进人类文明进步、促进社会现代化发展方面也应该承担世界大国的责任，在应对老龄人口养老问题上发挥主动作用。

三、社会治理能力现代化

促进社会治理能力现代化，保障中国特色养老体系效能。习近平总书记指出，国家治理能力是运用国家制度管理社会各方面事务的能力，包括改革发展稳定、内政外交国防、治党治国治军等各个方面，是“一个有机整体”，相辅相成。

治理能力的现代化提供了坚实的保障，而治理能力的现代化又反过来推进治理体系现代化的进程，这两者是一个双向促进的有机整体。国家治理能力可分为国家治理体系的制度形成能力、制度实施能力、制度调适能力、制度学习能力和制度创新能力五个方面。国家的制度形成能力是治理能力的基础和前提，养老服务的制度形成，取决于党中央对养老服务的重视程度、老龄化带来的社会问题严峻程度、专家学者的研究探讨和建言献策等综合因素。在现代化过程中，必须构建强大的国家体系以确保制度的执行能力。同样，养老制度的实施也需要确保法治保障、民意支持、过程公平、结果透明。国家的制度调适能力，也就是国家在面对社会问题挑战时，主动推动制度改革、适应内外环境和治理需求的能力。国家应充分发挥公务人员的主观能动性、充分考虑群众意见，敢于自我革命，及时精准地研判舆情并做出反应。国家的制度学习能力指向成熟、发达的治理体系、治理经验学习的能力。要依据国家的现实条件进行调整和改革，通过发展和调适推动治理能力的完善。正如我们在学习借鉴西方成熟的养老服务体系时，也应结合其社会发展程度和社会文化水平来考虑，在引进时更要和中国的文化、经验接轨。国家制度创新能力是治理能力建设的核心动力，在养老制度的创新上，可以依据国外的先进制度进行本土化创新，也可以依据国内取得良好效果的省份的经验进行因地制宜的政策迁移。在时间银行制度的引进和创新上，时间银行在我国兴起后，已经适应中国治理模式演变出多种运行制度，包括政府主导、机构嵌入、社会组织自发等，充分激发了其活力。

基于我国的社会发展现实，除了从职能角度分类外，也可以将国家治理能力从不同主体角度分析，包括党的执政能力建设、政府行政能力建设，以及公民和社会组织的“共治”及“自治”能力建设。在构建中国特色养老服务体系的过程中，党和国家在施政治理时，需要发展出团结群众、改造社会的制度建设现代化能力及政治组织手段。① “政府再造”成为国家治理能力现代化的主要任务，需推进全能政府向有效政府转变，从权力机关向服务型政府转变，从管控政府向民本政府转变，深化行政体制改革，建设法治型政府。例如，在建设养老服务体系时，政府应将管理和服务相结合，一方面通过行政手段、法治手段加强养老制度建设，另一方面加强与市场和公民的联系，购买养老服务，提供公共品。

总体来看，构建中国特色养老服务体系有理论依据、实践经验和目标指

① 吴汉东. 国家治理能力现代化与法治化问题研究[J]. 法学评论，2015，33(5)：1－9.

引。构建科学合理的中国特色养老服务体系，政府应做好顶层设计、履行监督职责、确定兜底机制，处理好与市场主体之间的关系。此外，政府也要重视以家庭为主的居家养老方式和依托社区的养老方式的改革，改善家庭和社区养老政策及环境，扩大社会化养老服务供给，创新养老科技支持环境。最后，也要因地制宜、循序渐进地推进养老服务体系改革，促进各主体参与共建、合作协商共治、全民享受养老服务福祉的中国特色养老服务体系的建立。

第三节　两种视角指导下构建中国特色养老服务体系的理论创新

就治理体系现代化而言，需要厘清中国特色养老服务体系中政府、市场、社会、家庭的权责利分工。这项工作的开展需要对落后的制度进行改革、对服务体系进行重建、对环境体系建设给予重视以及在全球治理中彰显中国的责任担当。就治理能力的现代化而言，需要探索如何优化中国养老服务体系中人、财、物、科技等资源配置路径。综合来看，养老服务体系的构建包括体系制度、供给主体、体系内容、筹资途径、服务人员、科技支持、评估机制等内容。

一、在积极应对老龄化视角指导下界定中国特色养老服务体系的内涵要义

习近平总书记在关于老年人及老年期的论述中指出了老年期在生命历

程中的重要性，从积极利用、开发老年人力资本的视角，提出了积极老龄观。未富先老、老年人口规模大、城乡差异大、失能老人不断增加的特点决定了我国必须从传统的家庭养老向构建一个适合我国国情的养老服务体系发展。

积极应对人口老龄化视角下的中国特色养老服务体系建设需要从认识、政策和实践等层面积极推进。一是观念转变，从国家和个体两个角度出发，提出中国特色养老服务体系的理念内核；二是政策保障，结合我国应对老龄问题的政策演进历程，提出建构中国特色养老服务体系的政策和制度保障方向；三是实践创新，通过案例分析，深入挖掘我国各地在养老服务模式上的创新性尝试。系统研究这些案例（或举措）对积极应对人口老龄化国家战略的落实问题，争取形成具有示范效应的地方模式。

二、在国家治理体系和能力现代化框架下构建中国特色养老服务体系

本书首先通过理论分析和文献研究回答何为"治理体系""治理能力"等重大理论问题；然后，对如何建构具有中国本土特色的养老服务体系进行理论分析。

第一，以形成"共建共治共享的社会治理格局"为目标，为多主体参与养老服务供给奠定理论基础。共建共治共享的社会治理格局是国家治理现代化的表现形式。具体来看，"共建"强调养老服务的多元主体参与，将家庭、市场、社会组织等纳入养老服务的举办主体，老有所为，为建设"家庭社区机构"养老服务体系奠定了基础；"共治"是各主体通过合作、沟通、协商形成的

一种协作关系，坚持老有所为，并且为养老服务各主体明晰责权、通力合作指出了方向。

第二，从治理体系来看，国家和社会治理体系的现代化是中国特色养老服务体系现代化的改革依据。国家治理体系在理论上主要包括制度体系、服务体系、环境体系和全球视角等。其中，制度体系为建设中国特色养老体系提供制度保障，分别从政府、市场、社会、个人和老年群体治理等方面为中国特色养老服务体系的制度建设提供了理论指导。从服务体系来看，治理理论厘清了政府、市场、社会、家庭的权责利分工，有助于深入分析中国特色养老服务体系的治理体系问题。从环境体系来看，它是养老服务治理可持续发展的要求。环境社会治理体系建设是政府、企业、社会组织、个人等多元主体实现责任分担、合作共治和监督制衡的环境保障，为养老服务体系外部环境建设提供了参考。从全球视角来看，中国的养老服务体系建设既需要梳理和借鉴国外在老龄社会治理、养老服务发展等方面的经验，也应该主动作为，积极寻求与国际社会的协商合作，形成中国智慧和中国经验，为世界各国解决老龄化问题提供借鉴。

第三，从治理能力来看，构建国家、社会治理能力现代化的相关理论，有助于保障中国特色养老服务体系的高效能。治理体系现代化是治理能力现代化的有效制度保障，而后者的现代化反过来促使治理体系的改进和完善。治理能力包括治理体系的制度形成、制度实施、制度调适、制度学习和制度创新五个方面。因此，要保障养老服务体系的高效能需要从深入分析中国养老服务体系中存在的治理能力问题，综合回答如何建构中国特色养老服务体系，并从制度体系、供给主体、要素体系、保障体系等方面做出回答。

三、凸显两种理论视角下中国养老服务体系的中国特色

与我国人口老龄化相伴随的是少子化、劳动力规模和比例下降等涉及全人口结构的变化，必然带来社会结构和社会关系的变化。应对这种变化带来的风险和挑战本质上是社会治理问题，必须在这一框架下构建养老服务体系，即在积极视角下，从社会治理角度对中国养老服务体系进行创新。

中国特色养老服务体系的特色之一是坚持中国共产党的领导。本书探索在党建引领下家庭、社会、市场、政府等多元主体共同参与建设中国特色养老服务体系，要把党的领导贯彻到建设中国特色养老服务体系全过程，把党的理论优势、政治优势、制度优势、密切联系群众优势转化为老龄社会治理的强大效能。

中国特色养老服务体系的特色之二是与现代化目标相同步，抓住现代化发展机遇。要在深刻理解现代化目标内涵的基础上明确中国特色养老服务体系的现代化特征及其对于推进现代化治理的意义。因此，本书建构的养老服务体系具备以下现代性：首先，在以人为本理念的指导下，将弱势、边缘群体也作为养老服务关注的重点；其次，养老服务体系的现代性体现为主体多元、协同合作、效能最大化等特色；再次，注重现代智慧科技的使用，通过科技的适老化发展，体现养老服务的现代性；最后，在形成本土化特色的同时，体现国际性，向世界传播中国养老智慧。

中国特色养老服务体系的特色之三是在积极老龄观和健康老龄观指导下进行建构。积极老龄观对中国养老服务体系建设的指导意义并不局限于

"健康、参与、保障"，其在中国化的过程中实现了向"积极应对老龄化的转变"，体现的是中国尊老敬老文化传统和当前"老有所为、以为促养"政策目标的统一。另外，中国特色养老服务体系还在政策话语中增加了"全龄健康""多元主体""精准匹配"等独具中国特色的"中国方案"，有助于营造"尊老敬老"的社会氛围、实现"老有所养、老有所医、老有所为、老有所学、老有所乐"的社会建设目标，彰显了体系建设的科学性。

第四节　本章小结

本章在积极应对人口老龄化思想和国家治理体系与治理能力现代化的框架下，系统分析和阐释了积极应对人口老龄化重要思想的主要目标及实现方式，国家治理体系与治理能力现代化的理论基础和实践路径，以及积极应对老龄化、推进国家治理体系与治理能力现代化和构建中国特色养老服务体系之间的理论关系。

本章为本书的总体研究提供中国特色养老服务体系建设的理论支撑和指导。此外，本章明确积极应对人口老龄化的理论基础是习近平积极应对人口老龄化的重要思想，为解决中国特色养老服务体系"是什么"和"怎么办"的问题提供客观科学的理论基础，并指导新形势下中国特色应对人口老龄化的现代化道路。最后，本章为国家治理体系与治理能力现代化建设的推动和发展提供理论支撑，为多主体参与养老服务奠定理论基础。

综上所述，本章为我国建设特色养老服务体系提供了理论经验和发展建议（如图 2-1 所示）。

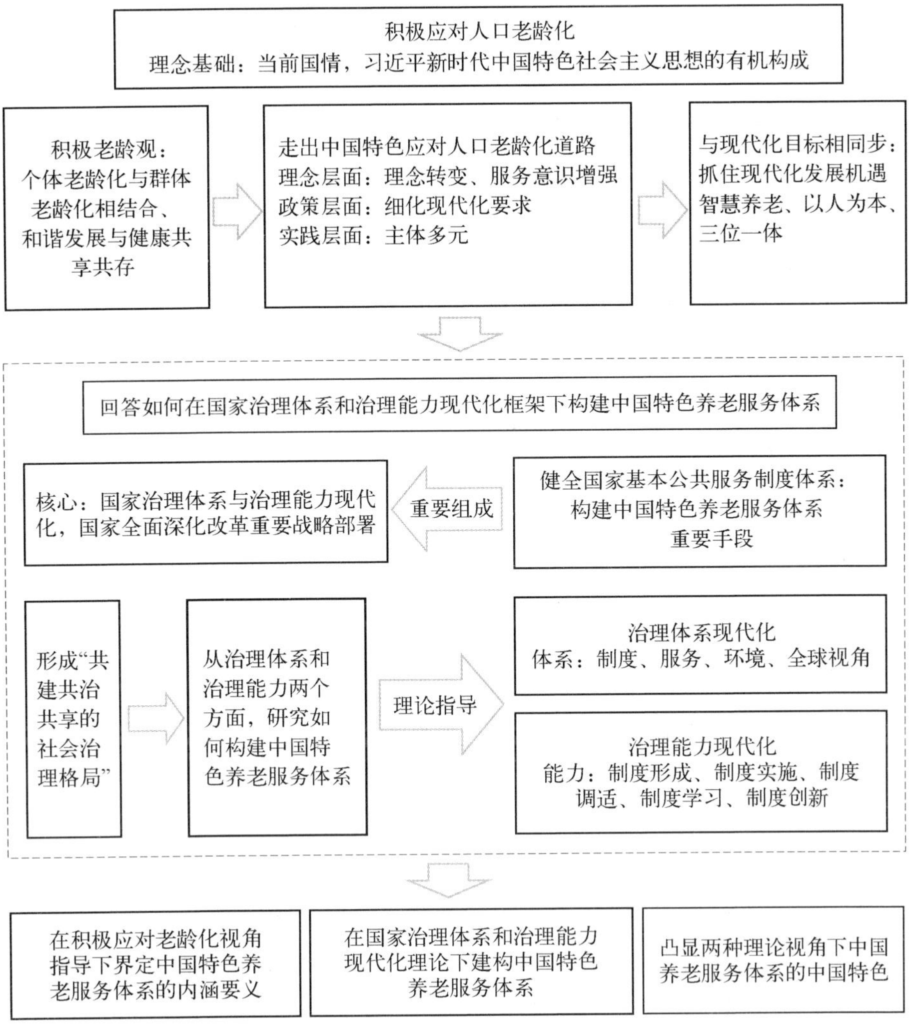

图 2-1　中国特色养老服务体系建设理论框架图

第一，中国特色养老服务体系建设需以习近平积极应对人口老龄化的重要思想为指导思想。以“积极老龄观”为基础的中国特色“积极应对人口老龄化思想”是国际上“积极老龄化”和“健康老龄化”等理论的发展与创新，呈现出个体老龄化与群体老龄化相结合的特征以及和谐发展与健康共享的新思路。在贯彻积极应对老龄化思想时，认识是前提，政策是保障，实践是手段。认识层面上，个人观念从被动接受转为主动选择，政府态度从关心提升到战略高度；政策层面上，法律法规及政策制度从被动变革演进到主动变革；实践层面上，养老模式从以家庭养老为单一模式转变为居家—社区—机构多样化养老模式。中国积极应对人口老龄化研究是国家在社会经济发展新形势下，全面深化改革、推进治理体系和治理能力现代化进程中加快积极应对老龄化的迫切需要。

第二，国家治理体系和治理能力现代化为中国特色养老体系的建设提供制度和效能保障。我国一直在通过法律法规不断细化整体布局、建设目标和相关要求，从传统国家管理到现代国家治理的转变，包括治理主体多元化、结构扁平化、制度法制化、技术现代化、理念人本化等转向。国家治理现代化的目标是打造共建共治共享的社会治理格局。其中，共建强调建设主体的多元参与，共治强调各主体的合作协商治理过程，而共享则是要实现的目标。共建共治共享的治理格局指明了多主体参与养老服务的合理性。社会治理体系和治理能力现代化理论是中国特色养老体系建设的制度和效能支撑。社会治理体系的现代化包括对落后制度的改革、对服务体系的重建、对环境体系的重视以及在全球治理中的责任担当。社会治理能力现代化则从国家的制度形成能力、实施能力、调适能力、学习能力和创新能力等方面发展进步，保障体系的平稳运行。

第三，本书提出在积极应对老龄化视角、国家治理体系和治理能力现代化理论框架指导下建构中国特色养老服务体系。习近平总书记从积极老龄观、健康养老观等出发论证了养老服务体系的中国特色，为养老服务体系的政策制度建设提供了改革方向，为养老服务产品及服务供给实践指明了道路。据此,中国特色养老服务体系的内涵要义需要在积极应对老龄化理论框架下进行界定,充分融合“积极老龄观”与“健康老龄观”,使“保障、健康、参与”成为体系建设的基调。建设中国特色养老服务体系是国家治理现代化的重要组成部分,同时也是践行现代化战略要求的现实举措。治理现代化理论为养老服务体系的构成、提高养老服务能力的要求等方面提供了理论指导,为多主体参与养老服务奠定理论基础;从制度体系、服务体系、环境体系和全球视角等方面为养老服务体系建设提供框架借鉴,从制度的形成、实施、调适、学习和创新能力五个方面为保障中国特色养老体系现代化的实现提供指导。中国特色养老服务体系需要凸显中国特色,不仅要始终如一地坚持中国共产党的领导,还要与现代化目标相同步,抓住现代化发展机遇。

第三章
居家社区机构相协调的养老服务体系研究

本章重点围绕党的十九届四中全会提出的“构建居家社区机构相协调、医养康养相结合的养老服务体系”中,“居家社区机构相协调”是什么、为什么和怎么办展开论述。本章内容明确了居家养老、社区养老、机构养老在概念和特征上的区别与联系以及政府、社会、市场和家庭等多元主体的职责定位,基于典型调查和案例分析对当前我国社区养老、居家养老、机构养老的现状进行了深度分析,为建设具有中国特色的居家、社区、机构协调发展的养老服务体系提供了重要的理论支撑,为社区、居家、机构相协调的“三位一体”养老模式建设提供理论指引、实证论证和政策依据,为完善中国特色老龄社会治理体系和治理能力,实施积极应对人口老龄化国家战略提供相关决策参考。

第一节　居家养老、社区养老和机构养老的理论与实践研究

一、居家养老、社区养老、机构养老的概念及特征

（一）居家养老：以家庭为核心

居家养老以家庭为核心，是我国养老服务体系中最主要的养老模式，与中国传统文化中“养儿防老”的观念不谋而合。穆光宗和姚远强调，居家养老的基础不仅是个人、家庭、社区和国家，而且还要以社区养老服务网络为核心，得到国家制度、政策和法律约束的支持，融合家庭养老和社会养老。[①]“十一五”以来，学者们从服务内容和供给主体出发，对居家养老的概念界定得更加详细和具体。王丽补充了服务内容，指出“居家养老是指老年人住在自己的家里，依靠所在社区的居家养老服务机构获取医、娱、养、护及精神慰藉等服务，并承担一定的养老支出”。[②] 李翔从服务的供给主体及其功能定位出发，提出“社区居家养老是一种以家庭为核心，依赖社区，由政府和非营利组织结合老年人的养老需求，提供照顾、护理、家政服务和精神慰藉的养老服务模式”。[③] 石琤认为，居家养老是指通过家庭和社会协同落实老年人

① 穆光宗，姚远. 探索中国特色的综合解决老龄问题的未来之路：“全国家庭养老与社会化养老服务研讨会”纪要[J]. 人口与经济，1999(2)：58－64，17.

② 王丽. 人口老龄化背景下我国养老模式的思考[J]. 当代经济管理，2012，34(4)：52－55.

③ 李翔. 社会嵌入理论视角下城市社区居家养老问题研究[J]. 广西社会科学，2014(4)：131－134.

居住在家中休养的过程。① 陆杰华和周婧仪总结上述学者的观点，提出“社区居家养老服务，是指以家庭为根本，政府为主导，在广大城乡社区中，依托社会保障，政府向老年人提供基本养老服务，企业、社会组织提供专业化服务，满足老年人的个性化需求，由社区自治组织和志愿者提供公益服务为补充，来满足居家养老老年人的社会化养老服务需求的养老服务模式，涵盖老年人所需的日常照料、医疗保健、精神慰藉服务等”。② 综上所述，本研究认为，居家养老是老年人居住在家中，以家庭为核心，以社区为依托，由家庭和社会共同提供养老服务的养老模式。

（二）社区养老：以社区为依托

在养老服务体系中，社区养老是居家养老的有力补充。龚静怡提出，社区养老是由社区提供日间照料、医疗卫生、康复护理、精神照料等直接的照料服务，满足在家养老的老年人基本生活需要。③ 曹冲强调调动社会资源，指出“城市社区居家养老，希望通过动员志愿者及社会力量，以家庭为中心，以社区为依托，通过专有化服务，为居住在家的老年人提供以解决日常生活困难为主要内容的社会化服务，包括托老服务和上门服务两种形式”。④ 周瑞乐和石岩涛认为，要由专业人员提供养老服务，“社区养老是以家庭为核

---

① 石琤. 居家养老概念辨析、热点议题与研究趋势[J]. 社会保障研究，2018(5)：56－63.

② 陆杰华，周婧仪. 基于需求侧视角的城市社区居家养老服务满意度及其对策思考[J]. 河北学刊，2019，39(4)：166－171，184.

③ 龚静怡. 居家养老—社区养老服务：符合中国国情的城镇养老模式[J]. 河海大学学报(哲学社会科学版)，2004(4)：72－74.

④ 曹冲. 城市社区居家养老模式的发展困境及对策[J]. 南京工程学院学报(社会科学版)，2011，11(4)：6－10.

心,以社区为依托,依托专业化队伍开展服务的一种养老方式"[①]。《2019中国养老服务行业研究报告》强调要营造老年宜居环境,提出"社区养老是指依托社区公共资源和服务设施,或引入专业养老机构服务,如社区老年食堂、日间照料中心、社区卫生服务中心等,让老年人在所生活的社区范围内,快速、便捷地获得相应生活服务"。[②] 陈伟涛认为,社区养老是把养老机构中的服务引入社区,在社区中提供居家养老服务的养老模式。[③] 本研究认为,社区养老是以家庭为中心,依托社区平台吸引养老机构和社会组织为社区中需要照顾的老年人提供养老服务的养老模式。

(三)机构养老:以养老机构为载体

在社会化养老服务体系中,机构养老发挥着专业支撑作用,机构养老的定义在服务供给主体、服务内容和服务对象等方面不断细化。穆光宗认为,机构养老是社会化养老的一种。[④] 余桔云强调养老服务提供的场所,提出"机构养老是指老年人集中在为老年人提供综合服务的专业社会组织或机构,机构为老年人提供食宿、护理、照料等方面的精细化服务"。[⑤] 李俏对服务对象的定义进行了补充阐述,他认为机构养老是老年人通过支付一定费用或无偿的方式,在政府和社会各界主办的福利院、敬老院、养老院、老年公寓等机构中接受专

① 周瑞乐,石岩涛.我国社区养老研究综述[J].合作经济与科技,2016(3):180-182.

② 江浚涛,刘佳英,胡兴.2019中国养老服务行业研究报告[R].北京:鲸准研究院,2019:7.

③ 陈伟涛."和而不同":家庭养老、居家养老、社区养老和机构养老概念比较研究[J].广西社会科学,2021(9):144-150.

④ 穆光宗.我国机构养老发展的困境与对策[J].华中师范大学学报(人文社会科学版),2012(2):31-38.

⑤ 余桔云.养老保险理论与政策[M].上海:复旦大学出版社,2015.

业的老年照料服务。这种服务主要针对农村“五保”老年人，同时也涵盖了低保老年人和部分“三无”老年人，为他们提供包括医疗护理、集中居住等在内的专业服务。① 刁鹏飞等提出机构养老是指以养老机构为载体，由专业人员通过营利或非营利的方式来满足老年人在日常照理、精神支持等方面需求的养老模式。② 本研究认为，机构养老是指将老年人集中到养老机构，以有偿、低偿或者无偿的方式提供居住、就餐、医疗、娱乐等养老服务的养老模式。

二、居家社区养老与机构养老模式的特征及比较

居家社区养老和机构养老模式是我国未来发展的重点，二者既有区别又有联系，整体呈现出“和而不同”的状态。③ 既往研究显示，仅从单一角度辨别不同模式之间的界限是模糊的，因此本研究分别从服务场所、服务来源、覆盖范围、成本投入和社会认同五个维度进行区分和比较（见表 3－1）。

表 3－1　不同养老模式的比较

维　度	居家社区养老	机构养老
服务场所	老年人的日常居所、社区托老中心、日间照料中心等	专业化养老机构，如养老院等
服务来源	家庭成员、专业服务机构、社区养老中心、非专业社会组织	专业机构服务人员

① 李俏，许文. 农村养老服务供给侧改革的研究理路与实现方式[J]. 西北人口，2017，38(5)：51－57.

② 刁鹏飞，臧跃，李小永. 机构养老的现状、问题及对策：以上海市为例[J]. 城市发展研究，2019，26(8)：98－103.

③ 陈伟涛. 农村互助养老的供需矛盾及供给侧改革策略分析：以中原地区为例[J]. 社会福利(理论版)，2021(12)：22－29.

续　表

维　度	居家社区养老	机构养老
服务覆盖面	覆盖范围广	覆盖范围小
成本投入	中	高
社会认同	社会认同度高	社会认同度低

除以上特征外，研究认为居家社区养老和机构养老具有以下特点：

第一，居家社区养老是我国目前最主要的养老方式，具有大众化、普及化的特点。受传统文化的影响，中国人更加注重家庭，相较于其他养老模式，老年人更愿意在家或在附近的场所安享晚年。居家社区养老的服务来源具有多元性，不同主体发挥不同作用，满足老年人多样化的养老需求。服务场所随老年人的需求变化而变动，家庭成员可以根据老年人身体条件以及家庭情况选择不同的养老方式。当家庭成员有事外出时，可以将老年人托付给社区照料中心，既保证老年人的安全，又便于家庭成员的日常生活。基于我国"未富先老"的国情，居家社区养老有助于节约成本，主要体现在：一方面减少政府建设养老机构的资金投入，另一方面老年人生活在熟悉的环境中，有益于其身心健康的同时也减轻家庭的经济负担。

第二，机构养老是起兜底作用的补充养老方式，具有专业化、系统化的特点。相较于居家社区养老，机构养老的优势在于拥有专业化的人才队伍，能够提供更专业、更系统的养老服务。通常来说，机构养老是失能失智、生活不能自理、家中无人照料的老年人等养老服务需求层次比较高的老年群体的养老选择。需要长期照护的老年人选择机构养老，既能减轻家庭成员照护压力，又能使老年人得到持续性专业照护，从而使老年人的身体功能得以恢复或维持。从这个角度看，机构养老是一种补充模式，起着兜底保障作用。机构养老具有市场化或福利化的性质，这也意味着其具有选择性，有支付能力或者满足国家保障条件的老年人才能享受服务，因此机构养老的覆盖人群范围不如居家养老与社区养老那样广泛。

三、我国居家养老、社区养老、机构养老的政策与实践

自2000年以来，我国颁布了一系列促进居家养老、社区养老、机构养老服务发展的政策。根据三者在养老服务体系中的责任定位，我们可将有关政策的发展大致划分为以下三个阶段。

第一阶段(2001—2012年)：政府主导养老服务供给，提出建设"居家—社区—机构"一体化的养老服务体系阶段。进入21世纪以来，我国人口老龄化程度加深，政府开始思考居家养老、社区养老、机构养老服务供给的顶层设计。2001年发布的《中国老龄事业发展"十五"计划纲要》提出，坚持家庭养老与社会养老相结合，这明确了政府作为主要责任主体。此后，《关于印发人口发展"十一五"和2020年规划的通知》《民政部关于进一步推进和谐社区建设工作的意见》《中华人民共和国国民经济和社会发展第十二个五年规划纲要》不断完善养老服务体系的内涵，从"机构为补充"更替为"机构为支撑"。2006年出台的《中国老龄事业发展"十一五"规划》指出，坚持国家、社会、家庭和个人相结合，大力发展为老服务体系，走中国特色的为老服务之路。2012年，《老年人权益保障法(修正案)》要求养老服务体系全方位发展。这一阶段的政策逐步明确了机构养老的定位，强调家庭养老与社会养老相结合，鼓励多元主体参与，不断完善养老服务体系。

第二阶段(2013—2018年):政府推动服务供给方式多元化,提升养老服务质量阶段。党的十八大提出“积极应对人口老龄化,大力发展老龄服务事业和产业”。十八大以来,政府出台了若干推动居家养老、社区养老、机构养老的政策。2013年《关于加快发展养老服务业的若干意见》提出大力发展老龄产业,发展居家养老服务网络,加强养老机构建设,推进医疗卫生与养老服务相结合。《中华人民共和国国民经济和社会发展第十三个五年规划纲要》明确指出,为应对人口老龄化趋势,应构建一套多层次的养老服务体系,该体系以居家养老为基础,以社区养老为重要依托,同时辅以机构养老作为补充。在2016年,习近平总书记在主持十八届中央政治局第三十二次集体学习时,明确提出了构建一种全新的养老服务体系,这一体系以居家为基础,社区为依托,机构为补充,并强调医养相结合的原则。2017年,《国务院关于印发“十三五”国家老龄事业发展和养老体系建设规划的通知》进一步指出,“以居家为基础、社区为依托、机构为补充、医养相结合”的养老服务体系已经初步形成,为我国的养老事业奠定了坚实的基础。党的十九大进一步强调“推进医养结合,加快老龄事业和产业发展”。这一阶段老龄工作开始注重老龄事业和老龄产业的共同发展。为发展居家养老和社区养老服务提供具体政策支持,加大对养老机构的优惠支持力度,进一步放宽市场准入条件,激发多元主体参与养老服务的积极性。突出强调医养结合,初步形成以居家为基础、社区为依托、机构为补充、医养相结合的养老服务体系,但仍然存在整合程度不高的问题。

第三阶段(2019年至今):“居家—社区—机构”融合发展新阶段。党的十九届四中全会对国家治理体系和治理能力现代化进行了全面规划,明确提出了加速构建居家社区机构协调、医养康养深度融合的养老服务体系的目标。自此，政策重心已转向实现老龄社会治理的现代化，致力于构建一个更加和谐、高效的老龄社会管理体系。党的十九届四中全会报告明确提出，加快建设居家社区机构相协调、医养康养相结合的养老服务体系。2019 年，中共中央、国务院印发的《国家积极应对人口老龄化中长期规划》明确提出健全以居家为基础、社区为依托、机构充分发展、医养有机结合的多层次养老服务体系。2021 年，国务院颁布的《关于加强新时代老龄工作的意见》提出：构建居家社区机构相协调、医养康养相结合的养老服务体系和健康支撑体系；创新居家社区养老服务模式；进一步规范发展机构养老。这一时期，政府进一步厘清政府和市场的关系，政府主导探索居家社区机构融合发展的新模式，进一步强化监管，建立健全养老服务综合监管制度；同时注重创新驱动，支持智慧养老模式的发展。

20 多年来，我国居家、社区、机构养老的相关政策主要有以下变化：一是政策重点，从扶持机构转变为促进居家社区机构协调发展；二是政策定位，由发展老龄事业转变为老龄事业和产业协同发展；三是政策内容，重点强调养老服务体系建设，注重满足老年人多样化与个性化的服务需求；四是政府责任，从直接服务转变为间接服务。我国养老服务体系建设经历了四次优化，主要体现在：

第一，从家庭养老到社会养老，建设完善养老服务体系。政策中关于养老服务体系的表述逐步完善，是国家和政府对养老服务发展规律认识逐步深入的表现。

第二，从重视机构建设到居家社区机构相协调。政策出台初期更加关注养老机构的建设，此项工作有抓手、见效快，群众获得感强。随着市场化发展，基层服务能力的强化，家庭承担了更多的养老责任和功能，以机构作为区域服务中心，带动社区和居家服务成为有效的解决方案，政策更加趋向于整合三个服务层级，辐射带动、补充强化，提升服务能力。

第三，从托养服务到多样化服务。政策逐渐关注和重视老年人多样化的养老服务需求，更加注重从以人为本的视角制定政策和采取措施，并提出下一阶段医养康养相结合的发展方向。

第四，从补缺型、碎片化向体系化、制度化、多元化转变。随着经济社会发展，优化资源配置更多依靠市场力量和社会力量，政府主要发挥主导作用，社会更加注重不同领域间的协调发展，多方协作发展养老服务、推动老龄产业发展的趋势也日益明晰，协同发展成为未来发展的主线。

通过梳理与居家养老、社区养老、机构养老相关的研究成果和政策文件，我们可以发现我国相关研究日趋完善，政策体系逐渐完备，但现有研究尚有以下不足：一是研究内容上，现有文献对于建立“居家—社区—机构”三位一体协调发展的机制及实现路径的探讨较少，同时忽视了老年人的个体差异和主体地位；二是研究视角上，大多研究注重宏观层面的社会整体状况，缺乏区域城乡视角的微观研究，忽视了中国特色和实际情况；三是研究方法上，大多数文献采用定性描述，若想研究得全面、深入，还需要更多的实证、定量和案例分析。

此外，从政策实践方面来看，主要有以下四个方面：一是政策数量逐渐增多，尤其是在党的十九届四中全会后，养老服务体系的建设及完善是党和国家关心的重要议题，相关政策呈现井喷式的增加；二是政策内容不断完善，着力点出现转变，核心关注点已从单纯扶持机构养老模式，转向推动居家社区机构养老模式的协调发展，以实现更加全面、均衡的养老服务体系建设；三是政策高度不断提升，从国家战略和顶层设计的高度致力于为我国应对人口老龄化和养老服务体系的建设与发展提供坚实的保障。《国家积极应对人口老龄化中长期规划》《关于加强新时代老龄工作的意见》《“十四五”国家老龄事业发展和养老服务体系规划》三个重量级规划分别是我国积极应对人口老龄化国家战略的总体规划、原则纲领和重点行动指南，其中都提到了建设居家社区机构一体化发展的相关内容，为“十四五”以及中长期养老服务体系建设指明了方向。四是政策本土化和时效性不断增强，有关政策更加关注和重视我国老年人多样化的养老服务需求，倡导建立具有中国特色的养老服务体系，不断出台新政策，解决新问题，应对新挑战。

第二节　我国居家社区机构养老服务的现状分析

一、需求现状：养老服务需求调研及分析

为进一步了解当前我国社区居家机构养老服务需求侧的情况，为构建中国特色“三位一体”养老模式提供供需匹配视角下的重要参考与借鉴，项目组围绕养老服务需求进行了实地调研和深度访谈。

（一）北京市养老服务需求调研

北京市作为全国老龄化程度较高和最早进入老龄化社会的城市之一，其养老服务供需特点具有一定的代表性。本节使用的实地调研数据来自北京市诚和敬驿站养老服务有限公司于 2020 年 7 月至 2020 年 9 月进行的北京市中老年人养老服务需求调查。调查以诚和敬养老驿站服务过的中老年

群体为样本，使用随机抽样的方法，根据马斯洛需求层次理论制定基本调研内容。鉴于受访群体为中老年人，调查地点主要选在诚和敬集团旗下的各个驿站以及驿站周边的公园、广场、超市等中老年人活动相对比较集中的地方，同时对于驿站服务过的行动不便的老年人，调研人员采取入户调研的方式进行资料收集。调研涵盖了 50 岁及以上各个年龄阶段以及不同收入状况、居住安排和婚姻状况的中老年人，保证了调研样本的丰富性。

在调研前期，我们组织调研参与者对调研问卷进行了深度学习，并对此次参与调研的所有人员进行了为期 8 课时的调研方法培训；在调研过程中，对于调研的访谈内容进行了详细的录音，调研后根据录音内容登记了老年人的相关信息；调研结束后，对关键变量项未回答、所有问项均选择同意以及问项中存在的矛盾回答的问卷进行删除，共剔除 7 份无效问卷，剩余有效问卷 2 331 份，有效率为 99.7%。研究者使用 SPSS 20.0 对收集的调查问卷进行定量数据分析。

调研结果统计与分析：现有研究成果及相关理论表明，老年人个体特征和所处环境均可能对其需求状况产生影响。本次调研主要涉及性别、年龄、婚姻状况、文化程度、身体健康状况等老年人自身因素及其子女情况、居住条件、住房情况等外部环境因素。在本次调研中，男性占比为 33.25%，女性占比为 66.75%，受访者中女性多于男性；年龄阶段以低龄 60～70 岁(43.5%)和中龄 71～80 岁(21.84%)的老年群体为主；受教育程度方面，初中的占比为 29.64%，高中的占比为 21.36%；有配偶的受访者占比为 76.32%，19.26%的老年受访者丧偶；超过一半的受访者只有一个子女，大多数老年人和家人(包括老伴或子女)一起住，73.57%的老年人身体较健康，能够照顾到家(样本特征见表 3-2)。

表 3－2　调查对象的基本信息

变　量	百分比/%	变　量	百分比/%	变　量	百分比/%
性别		**居住情况**		**可支配收入**	
男	33.25	独自居住	21.49	1 000 元及以下	9.48
女	66.75	只和老伴一起住	45.52	1 001～2 000 元	21.92
年龄/岁		与老伴、子女同住	19.95	2 001～5 000 元	57.83
50～59	15.74	只和子女一起住	10.81	5 001～8 000 元	8.45
60～69	43.50	住在养老机构	0.39	8 000 元以上	2.32
70～79	21.84	其他	1.84	**患病情况**	
80 及以上	18.92	**住房情况**		无	27.71
婚姻状况		自有产权	73.57	其他	11.28
已婚	76.32	子女的房产	5.75	失智	0.39
离异	3.00	租公房	15.74	皮肤病	1.29
丧偶	19.26	租私房	2.92	风湿骨病	6.99
未婚	1.42	其他	2.03	甲状腺	3.50
受教育程度		**身体状况**		前列腺病	2.49
未受过教育	4.38	身体健康能照顾到家	73.57	脑血栓	3.69
私塾	0.26	能自理但无法照顾家	19.52	心脏病	16.22
小学	14.07	需要帮助	4.59	高血压	39.68
初中	29.64	完全需要别人照顾	2.32	糖尿病	19.05
高中	21.36	**子女数量**		听力问题	11.33
中专	10.08	无	3.73	视力问题	15.23
大专	11.11	1	50.19	肢体残疾	3.60
本科	8.67	2	32.69		
研究生	0.26	3	8.84		
其他	0.17	3 个以上	4.55		

养老服务需求特征：调查共包含11类养老服务的需求现状。如表3－3所示，老年餐是老年人需求程度最高的一项服务，总占比达到61.86％；其次是文化娱乐活动，占比达到42.9％；然后依次为惠民服务(36.98％)、康复理疗(25.74％)、上门服务(20.76％)、助浴(5.75％)、家政服务(4.68％)、日间照料(2.83％)、组织观光旅游(2.32％)、适老化居家改造(1.76％)和就医陪同(0.77％)。除老年餐之外，其他各项养老服务中选择“需要”的老年人数量均小于“不需要”。总体而言，老年人对基本生活相关的服务需求度较高，且更希望参与一些简单的文化娱乐活动以获得精神满足。

表3－3　调查对象整体养老服务需求情况

养老服务	需要		不需要	
	计数	百分比／％	计数	百分比／％
老年餐	1 442	61.86	889	38.14
惠民服务(食品、日用品等团购)	862	36.98	1 469	63.02
康复理疗	600	25.74	1 731	74.26
日间照料	66	2.83	2 265	97.17
助浴	134	5.75	2 197	94.25
上门服务(理发、修脚等)	484	20.76	1 847	79.24
文化娱乐活动	1 000	42.90	1 331	57.10
适老化居家改造(扶手、感应灯、防滑地面等)	41	1.76	2 290	98.24
家政服务(小时工、保姆)	109	4.68	2 222	95.32
组织观光旅游	54	2.32	2 277	97.68
就医陪同	18	0.77	2 313	99.23

具体而言，老年人个体特征及其所处环境均可能对其需求状况产生影响。本次调研主要涉及性别、年龄、婚姻状况、文化程度以及身体健康程度等老年人自身因素及其子女情况、居住条件、住房情况等外部环境因素。首先使用 SPSS 20.0 对性别、年龄、婚姻状况、居住状况等人口基本信息与居家养老服务需求进行 Pearson 卡方检验，以上四项与居家养老服务需求显著相关。因此，本研究主要从以上四个方面进一步分析各项因素对居家养老服务需求的影响。

从性别特征来看，在日间照料、助浴、上门服务、适老化居家改造、组织观光旅游等方面，男性与女性群体的养老服务需求并不存在明显差异。在剩余的六项服务中，女性对于除老年餐外其他各项服务的需求均明显高于男性(见图 3-1)。

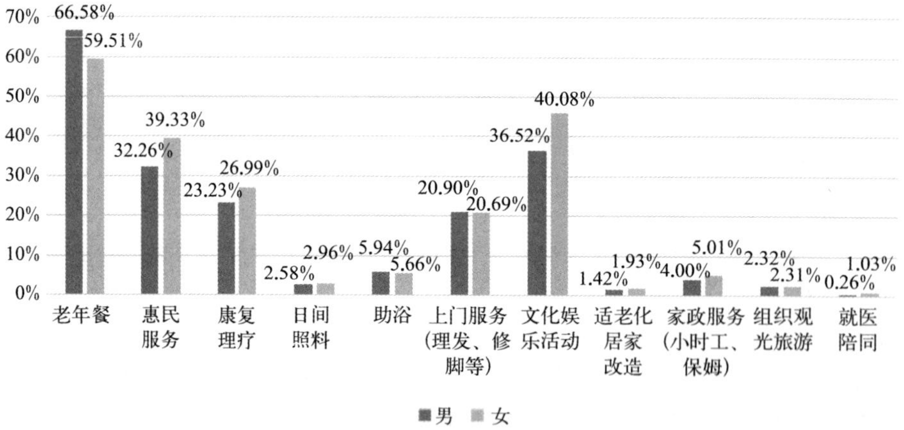

图 3-1　养老服务需求的性别差异

从年龄特征来看，本研究主要将样本划分为 60 岁以下、60～69 岁、70～79 岁和 80 岁及以上四个年龄阶段，60 岁以下者较其他年龄段的群体在惠民服务和组织观光旅游服务方面的需求更高，而在剩余大部分服务项目中，其需求水平基本处于最低。60～69 岁与 70～79 岁两个年龄段的老年人对于养老服务的需求处在中间过渡阶段，对各项服务的需求与其他群体相比无明显差别。而 80 岁及以上老年人对不同服务的需求存在明显的差异，在老年餐、日间照料、助浴、上门服务、家政服务几项服务中，其选择“需要”的比例明显高于其他年龄段，而在惠民服务、康复理疗、文化娱乐活动以及组织观光旅游方面，需求比例较其他年龄层群体更低。随着年龄的增长，对老年餐、日间照料、助浴、上门服务和家政服务等基本养老服务的需求会呈现波动增长，对惠民服务和组织观光旅游的需求则逐步下降（见图 3－2）。

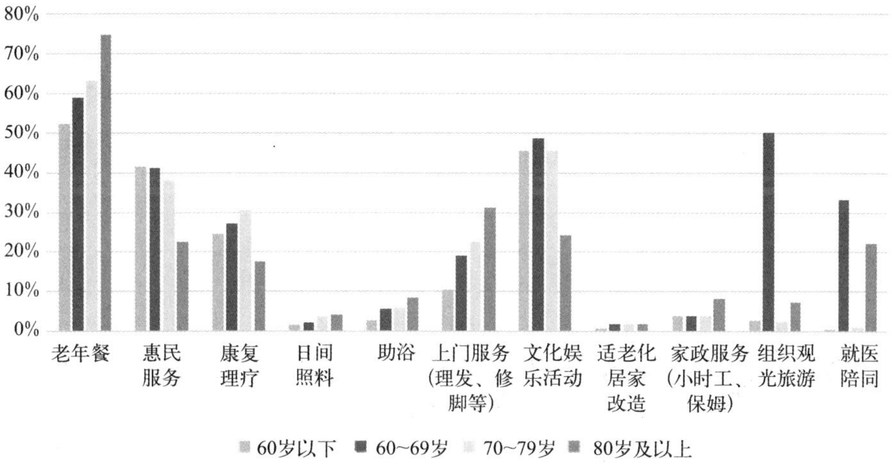

图 3－2　养老服务需求的年龄差异

从婚姻状况来看，已婚的老年群体对于文化娱乐活动、康复理疗、惠民服务、组织观光旅游的需求明显高于其他群体，而对另外几项服务的需求程度则偏低。离异群体中除在组织观光旅游方面的需求比例稍高于其他群体，对其他各项服务的需求程度大多处于几类群体的中间水平。丧偶老年人年龄多偏大，健康状况较差，在助浴和上门服务方面需求比例最高，而在文化娱乐方面需求比例最低。未婚老年人对于老年餐、日间照料、家政服务、就医陪同和适老化居家改造的需求比例较其他群体更高，对于组织观光旅游、惠民服务和康复理疗等的需求比例较其他群体更低。总体而言，婚姻状况对老年餐、康复理疗、上门服务三项养老服务的需求影响最大（见图3-3）。

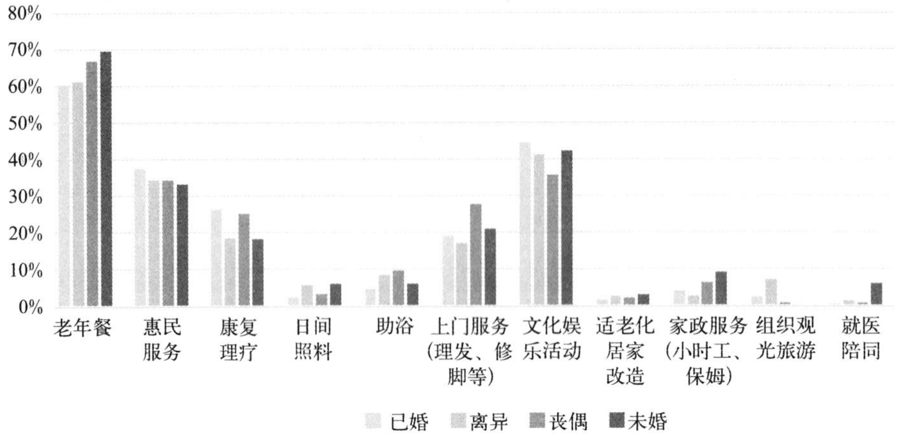

图3-3 养老服务需求的婚姻状况差异

从居住状况来看，独居的老年人对于老年餐的需求高于其他居住类型的老年人群体，而对其他服务的需求比例大多低于其他群体。只和子女在一起居住的老年人主要分为两个类型：一是为照顾子女家庭生活的老年人；二是年龄偏大的老年人，这一老年群体对于居家养老各项服务的需求大多高于其他群体。同老伴及子女同住以及只和老伴一起住的老年人，对各项服务的需求大多处于中间水平，对老年餐的需求度相对较低，而对惠民服务以及文化娱乐活动的需求更高（见图3-4）。

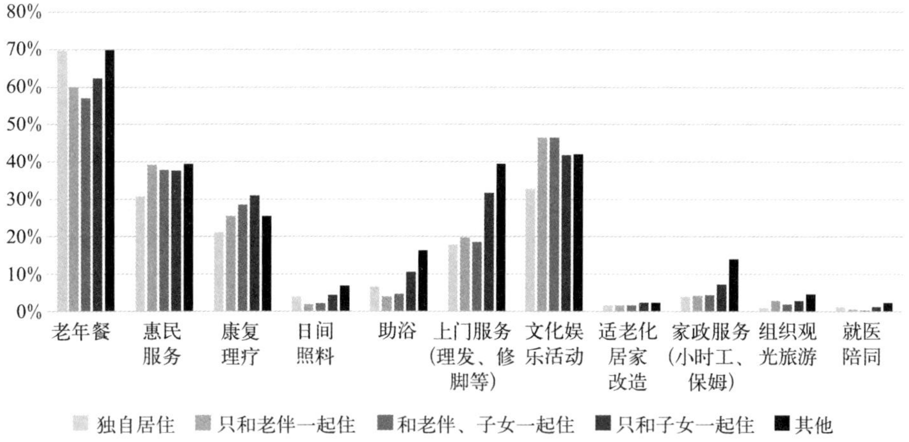

图 3－4　养老服务需求的居住状况差异

（二）其他调查中养老服务需求的重要影响因素

第一，经济状况对养老方式选择意愿的影响明显。所在城市的经济发展水平、收入水平等都会影响老年人的养老方式选择。根据《中国城市养老服务需求报告 2021》中对全国老年人的抽样调查，居家养老依然是当前国内老年人选择的主流方式，一线城市的居民以及高收入群体，在选择机构养老方面，其比例显著超过其他社会群体。其中，“70 后”一代在选择养老机构上的比例尤为突出，他们对此种养老模式的接受度较高。此外，性别差异也体现在养老选择上，男性相较于女性更倾向于选择机构养老。对于普通收入人群来说，他们则更倾向于选择居家养老的方式，并接受专业机构的上门服务，这种选择主要受到经济因素的影响，较低的收入水平使得他们更倾向于尝试那些收费更低的其他养老方式。选择养老机构时，受访者最看重氛围和管理水平，其次看重医疗，再次看重的是服务。

第二，老年人服务需求的城乡差异。在 2020 年 8—10 月对温州市的调查发现,老年人对养老服务的需求存在城乡差异。城镇老年人对日常生活照料和精神慰藉的需求更高。在医疗保健方面,农村老年人和城镇老年人并不存在明显的需求差异,均表现出强烈的需求,但由于农村老年人居住较为分散,就医成本较高,对医疗服务需求的迫切程度相比城镇老年人更高。①

第三,老年人身体状况与养老服务需求高度相关。研究表明,身体健康状况较差的老年人对上门探访、陪同看病、老年饭桌等养老服务的需求更高。②

二、供给现状：养老服务产业供给分析

随着我国人口生育率降低、老龄化速度加快、家庭结构趋于小型化和少子化,发展社会化养老服务成为应对人口老龄化的必然选择。养老服务业的政策和经济支持逐年增加,养老机构数量和每千名老年人养老床位数量不断增加,养老服务基础设施逐渐实现城乡全覆盖。多样化的养老需求促进了养老产业多元供给体系的形成,供给结构也发生了变化,主要体现为：家庭养老的作用式微、居家社区养老逐步发展、机构养老成为重要专业支撑。我国养老服务涉及层面不断深入,服务方式进一步拓展,逐步向与老年人需求相匹配的精准供给模式发展,为进一步探寻养老服务供给结构内含的深层问题及其调整优化的方向,有必要对当前我

① 陈颖颖,孙彩霞,杨莉芝,等.政府购买社区养老服务城乡供需现状比较分析[J].护理学杂志,2022,37(1)：84-86,105.

② 陆杰华.积极应对人口老龄化背景下城乡养老服务模式及其发展前景(专题讨论)[J].河北学刊,2019(4)：166.

国居家社区机构养老服务供给现状进行深度梳理。本研究将从服务供给主体、服务对象、服务内容、服务设施、服务专业化与标准化等五个方面进行阐述。

（一）养老服务供给主体

第一，居家社区养老。在实践中，社区养老服务与居家养老服务很难进行明确区分，二者的功能融合交织，《“十四五”国家老龄事业发展和养老体系建设规划》把居家和社区养老服务统称为“居家社区养老服务”。针对该服务模式，该文件明确提出了“强化居家社区养老服务”的要求，具体涵盖三个方面：首先是构建城乡老年助餐服务体系，以满足老年人的餐饮需求；其次是开展助浴助洁和寻访关爱服务，以提升老年人的生活质量；最后是加快发展为老服务业，以满足老年人日益增长的多样化服务需求。这些措施共同构成了强化居家社区养老服务的重要内容，因此在本研究中也继续沿用这一概念。当前我国约有97%的老年人以居家社区养老为主。居家社区养老服务主要指的是以社区养老配套设施和养老支持系统为平台，突出社区的资源整合和配置作用，以家庭为核心，依托专业化队伍开展服务的养老方式，养老基础从血缘亲情关系逐步转变为经济关系。社区配套提供相应的养老服务设施和养老支持系统，并依托社区开展服务。同春芬、张健强调了社区在其中的整合作用，认为社区居家养老将传统家庭养老和社会养老进行了功能上的整合，实现了基层政府、社区和家庭的协同，老年人可以从中获取便利且多样化的服务。[①] 在我国居家社区养老的供给体系中，供给主体

① 同春芬，张健. 居家养老概念辨析[J]. 社会福利（理论版），2018(1)：9－13.

已逐步优化为以政府为主导，同时广泛吸纳社区、企业和家庭等多元主体共同参与的结构，各方均发挥了不可替代的作用。这种变革不仅体现了社会力量的有效整合，也确保了养老服务的多样性和高质量，以满足日益增长的养老需求。

第二，机构养老。以养老机构为服务提供的主体，在专门设置的场所中，由接受过充分教育和培训的专业服务人员为老年人提供制度化和全天候的专业服务。按照所有权性质的不同，我国的养老机构可以划分为公办和民办两类，随着我国养老机构的不断发展和优化，所有权和经营权分离，出现了公建民营和民建公营两种新的形式。截至 2020 年年底，我国民办养老机构占比达 54.5%。政府投资开办的养老机构基本定位是提供“托底”服务，具有很强的福利性，而社会力量开办养老机构并正常运营的，政府会提供土地、税费、补贴、购买服务等政策支持。

（二）养老服务对象

根据民政部的统计，目前我国有超过 99%的老年人在居家和社区养老，仅不到 1%的老年人在养老机构中养老。从理论上说，居家社区养老的主要对象是自理、半自理及高龄老年人，机构养老则主要是失能、失智及进入临终关怀阶段老年人的更佳选择，但现实情况呈现出更为异质性和复杂化的特征。

先看居家社区养老服务对象的情况。我国的养老服务对象包括了数量庞大的低收入人群，因而需要考虑养老服务的公益性。虽然社区居家养老服务并不限制在只服务某一类老年人群体，但低收入的高龄、独居、失能等存在养老困难的老年人是其优先保障的对象。也就是说，居家养老服务属于一种“限价公共服务”，具备一定福利性质。①

再看机构养老服务对象的情况。从现实情况来看，我国大部分养老机构在服务对象上存在一定的交叉，但又各有侧重，具体而言：政府开办的福利院主要关注的人群是城市里无法定赡养人、无固定生活来源和无劳动能力的“三无”老年人，提供的养老服务绝大多数属于免费服务，敬老院主要为农村“五保”老年人提供直接的免费养老服务，二者都具有较强的公共福利属性，且以基本自理和半自理老年人为服务对象；护理院则以失能半失能老年人为服务对象，主要收治患有慢性疾病的老年人；临终关怀机构主要专注于为久病、临终和濒死的老年人减少身体和心理痛苦以及为老年人家庭提供资源链接和心理辅导服务。有关调查研究发现，养老机构中失能老年人收住率只有30%，只有少数养老机构接收失智老年人，部分养老机构只接收自理老年人。②

（三）养老服务设施

依据《2020年民政事业发展统计公报》的数据，截至2020年年底，全国范围内的各类养老机构和设施总数达到32.9万个，养老床位总数累计为821.0万张，相较于上一年度，这一数字增长了5.9%。从整体的变化趋势看，养老机构数量在2009—2015年呈现出先上升后下降的趋势，2012年达到最高值(44 304个)，2015年有27 752个(见图3-5)；床位数在0～99张的养老机构占比为52%，床位数在100～299张的养老机构占比39%，显而易

① 郭竞成.居家养老模式的国际比较与借鉴[J].社会保障研究，2010(1)：29-39.

② 崔树义，杜婷婷.居家、社区、机构养老一体化发展研究[J].东岳论丛，2021，42(11)：36-44.

见，我国养老机构以中小规模为主。社区养老服务机构和设施的总数达到了 29.1 万个，其中提供全托服务的社区养老服务机构和设施占据了约 2 万个，日间照料类的服务机构和设施达到了 10.9 万个，而互助型社区养老服务设施占据了相当大的比例，达到了 14.7 万个。2020 年共支出老年福利经费达 517 亿元，养老服务经费 131.3 亿元，老年人高龄津贴、养老服务补贴、失能老年人护理补贴分别惠及 3 104.4 万、535 万、81.3 万老年人。

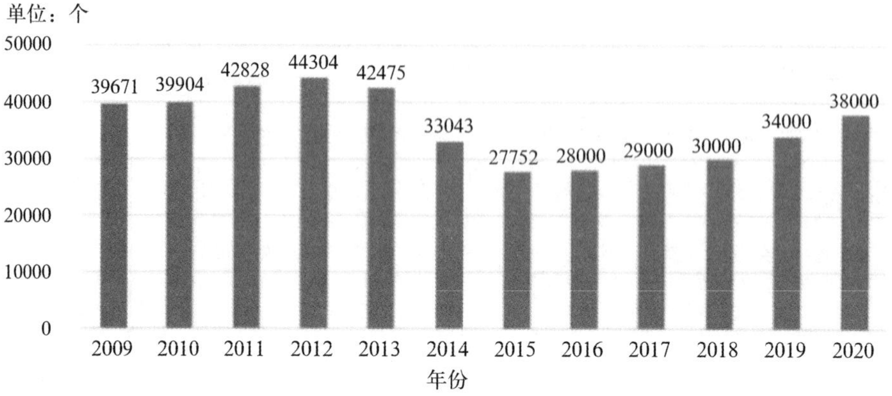

图 3-5　全国 2009—2020 年养老机构单位数量

我国养老机构的数量波动上升，通过表 3-4 汇总的 2017—2019 年养老产业规模情况可知，2019 年全国养老机构收住老年人达 214.6 万人，同比减少了 0.4%(0.9 万人)；全国平均入住率为 50.6%，同比下降了 1.1%。养老机构共吸纳社会各类从业人员 59.4 万人，同比增长了 3.7%(2.1 万人)，其中养老护理员 31.2 万人，同比增长了 4.0%(1.2 万人)。总的看来，2019 年全国养老机构的老年人床位数、从业人员数量和养老护理员数量有一定的提升，但增幅均比 2018 年有所放缓。2019 年，全国养老机构的全员照护比为 1∶3.6，即平均 1 个养老机构从业人员负责 3.6 名老年人；护理员照护比为 1∶6.9,即平均 1 个养老护理员护理 6.9 名老年人,较 2017 年和 2018 年,护理员的照护压力逐年减小。

表 3-4　2017—2019 全国养老机构产业规模情况

养老机构情况	2017 年	2018 年		2019 年	
		2018 年	较 2017 年	2019 年	较 2018 年
入住老年人总数	206.7 万	215.5 万	4.3%	214.6 万	−0.4%
入住率	53.2%	51.7%	−1.5%	50.6%	−1.1%
从业人员数	53.0 万	57.3 万	8.1%	59.4 万	3.7%
全员照护比	1∶3.9	1∶3.8	—	1∶3.6	—
养老护理员数	27.6 万	30 万	8.7%	31.2 万	4.0%
护理员照护比	1∶7.5	1∶7.2	—	1∶6.9	—

从现状来看,虽然养老服务设施的供给质量和水平正在逐年提升,但实际使用情况却存在一定的脱节,养老机构入住率低的现象在全国都非常普遍。以 2020 年 7 月 29 日民政部 2020 年第三季度例行新闻发布会的数据为例,养老机构老年人入住率仅达到 50.0%,这一现象表明我国养老服务市场中存在供给与需求的不平衡、不对等的问题。

(四) 养老服务供给内容

居家社区养老模式以社区为依托,主要提供四大类服务:基本生活照料,包括上门做饭或送饭、协助购物、入户做清洁、入户起居饮食生活照料等;物质设施支援,包括提供娱乐健身设施、社区活动中心、老年活动室、老年学堂等;精神情感支持,包括上门问候、精神慰藉、心理辅导等;医疗护理服务，包括疾病预防、疾病咨询、养生辅导、定期上门体检、陪同看病、病期护理等。①

与居家社区养老服务相比，养老机构的服务优势在于其更具专业性。全入住式的养老机构提供九项基本服务：出入院服务、生活照料、膳食支持、清洁卫生、洗涤、医疗与护理、文化娱乐、心理/精神支持、安宁服务等。② 但我国养老机构目前仍以生活照料类服务为主要内容，失能康复、护理、精神慰藉等服务的开展并不完善。此外，养老机构的智慧化发展尤其值得关注。智慧养老院是指利用互联网、物联网、云计算、大数据等现代科技，配置智能穿戴设备、智能床垫、服务机器人、智能照明系统、健康监测仪器、人员定位系统以及空气质量监测装置等智慧养老设备，为入住老年人提供各项生活照料及精神慰藉等服务，管理过程实现了管理信息化、服务过程偏向智能化的养老机构。数据采集也是智慧养老管理服务平台的一项非常重要的功能，通过对老年人身体健康数据、生活作息数据等的分析，为老年人提供定位求助、卧床检测、防走失、视频智能联动等智慧化服务，通过精准的数据分析，准确把握老年人的健康和养老需求。

养老服务逐步趋向专业化与标准化。民政部先后发布《养老机构服务安全基本规范》《养老机构服务质量基本规范》《养老机构等级划分与评定》等 51 项国家或行业标准，各地也陆续发布了养老服务地方标准 200 余项。现行的一系列相关标准为规范养老服务业设施建设、服务质量、服务安全、等级评定等方面的实践发展提供了重要参照作用。

---

① 姜腊，李运华. 社区养老照顾服务供给主体作用分析：基于福利多元主义视角[J]. 江汉学术，2021，40(5)：72－82.

② 胡安安. 如何避开“啃老院”雷区[J]. 检察风云，2018(17)：28－29.

第三节　我国居家社区机构养老服务面临的挑战

一、机构养老服务供需结构失衡

机构养老能够为老年人提供专业、规范的养老服务，但是机构养老更容易发生情感忽视和情感剥夺，老年人在养老机构中难以获得情感慰藉和家庭温暖，甚至阻隔了过去的社会关系和社会支持，这就导致大部分老年人排斥机构养老。目前我国机构养老模式对于资源的利用率较低，一定程度上限制了养老服务的可持续发展。具体来看，现阶段我国机构养老存在以下两个方面的问题。

（一）养老机构床位存在供需失衡的结构性矛盾

目前我国的养老机构床位存在缺口，人均床位不足与养老机构床位空置率较高的矛盾现象并存，同时护理床位的比例较低。我国养老机构的平均入住率仅为 56.36％，大部分地区床位入住率基本在 40％～70％，部分民办养老机构的入住率仅有 20％～30％。床位空置率偏高直接导致养老机构资源利用率低、盈利少、投资回收周期长等问题，其核心原因是护理床位不足，只能接收和服务自理能力较好的老年人，难以满足失能、失智等特殊老年群体的养老服务需求。

（二）养老服务机构的服务质量与需求内容存在较大落差

我国养老机构供给呈现两头大、中间小的“哑铃形”特征，收费高昂的高端养老机构和政府兜底的低端敬老院数量较多，但是中档养老机构的占比较低。① 养老市场上养老机构质量的“哑铃形”特征，难以满足入住机构老年人养老服务需求，资源浪费严重。具体体现在机构设施陈旧，适老性不足，功能单一，服务内容具有局限性，重管理轻服务的现象普遍等方面，难以满足老年群体及其家庭对专业化、规范化的养老机构的需求和期望。

二、居家社区养老服务供给不足

随着人口老龄化程度不断加深，我国政府在城镇修建养老服务驿站，在农村修建幸福院，针对不同经济状况的老年人制定了多样化的养老服务机制，促进了养老服务体系的功能拓展和延伸。但是，随着老年人的多样化养老服务需求日益增加，居家社区养老服务的供给还远远不足，其效果基本未能达到设计初衷，居家社区养老面临重重困难。

（一）城乡间和社区间养老服务供给失衡

一是城乡养老服务供给失衡。城镇地区经济基础较好，有较高的资金预算投入养老设施和服务建设中；而农村地区由于地理位置不够便利、居住集聚性低、养老意识不足等，造成养老服务发展较晚，有关养老设施建设水平落后，从配置和满意度上来看都还存在一定的缺陷。二是城市内部服务

---

① 崔树义，杜婷婷. 居家、社区、机构养老一体化发展研究[J]. 东岳论丛，2021，42(11)：36－44.

供给配置失衡，老旧小区与新建小区的养老服务质量差距不断扩大，老年人数量相对较多的老旧小区居民难以获得较高质量的社区居家养老服务。以北京市石景山区为例，按照每千人配置7张养老服务床位的标准，全区目前已达到每千人7.8张床位，但区域内东西部发展明显不平衡，东部老年人集中，每千人仅1.16张床位，而西部每千人拥有27.93张床位。

（二）养老服务的有效供给和实际需求存在脱节

一是供给对象与需求对象的错位，主要表现在服务覆盖面较窄、服务对象涵盖范围小、服务对象不匹配等方面。二是服务内容与实际需求存在差异。老年人需求呈现多元化、多层次的特征，且逐渐显现追求服务品质的趋势，但现阶段居家社区养老服务所供给的服务内容与老年人的实际需求不匹配，无法真正满足老年人养老服务需求，造成无效供给，主要表现在服务内容单一、服务层次低、服务水平质量不高等方面。

（三）缺乏可持续的运营模式，盈利模式不清晰

一是经济性与公益性的矛盾导致居家社区养老机构成本高、收益低、亏损大，自我造血能力不足。例如，本研究实地调研的北京市A型驿站制定的日间照料价格为50元/天，是老年人可以接受的价格水平，高于该价格后老年人就不会选择购买该项服务。目前驿站收入中80%以上来自政府购买服务所提供的项目资金，仅有不足20%来自老年人的自愿消费支付。二是养老产业回报周期长，利润微薄，运营难度较大。居家社区养老服务企业的规模一般较小，社会资本运营社区养老服务获利难度大，但若忽视驿站的可持续获利能力，则难以保证其服务供给的持续性和运营的长期性。

三、养老服务融合发展效率不高

虽然我国探索建立整合型一体化的养老服务体系初见成效，形成了机构外展、社区嵌入、家庭为主、虚拟养老院、社会企业五大典型融合模式，但仍面临较多问题，主要体现在以下两个方面。

（一）高效的融合模式有待系统化和理论化

目前我国探索建立整合型一体化的养老服务体系更多地集中在实践探索阶段，高效的融合模式仍有待进一步系统化和理论化。深入分析总结目前养老服务融合发展模式的实践经验和经典案例，在实践中找到居家社区机构融合发展的有效方式，不仅便于居家社区养老，更有利于机构养老的发展，探索整合养老服务的相关资源以及提高养老服务供给的有效途径，不断提高资源利用效率。

（二）现有融合模式面临较多挑战

机构外展模式的不足主要有：其一，在养老服务的提供方面，目前提供的内容以及质量无法满足多样化需求，更多的是受制于养老机构现有的服务水平以及服务供给，而非立足于社区居家老年人真实的养老服务需求；其二，存在一定的场地和设施限制，不便于在家中开展的养老服务无法进行；其三，老年人及其家庭的消费能力有限，部分付费服务购买力不足；其四，城乡差异和区域差异明显，农村地区专业养老机构发展不充分，农村老年人养老服务需求有待解决。

社区嵌入模式的不足主要有：其一，养老服务设施嵌入社区或者选址于社区周边，床位数量较少、流动性差、辐射范围有限、运营成本较高、规模效应不足；其二，前期投资规模大，经营成本较高，投入回报率低且回收周期长[①][②]；其三，为减少运营管理成本，部分服务站缩减人员规模，导致挂牌运营，专职人员及专业服务数量不足；其四，小型养老服务设施尚处于相关标准界定范围之外，消防及安全标准化管理水平不高；其五，社区医疗服务中心与社区养老服务驿站衔接不足，民政和卫生部门之间的统筹与合作不足[③]；其六，主要依靠政府购买以及少量服务收入维系，资金来源较为单一，可持续发展能力受限；其七，对政府购买和补贴的依赖导致政府财政支出压力增加，而且随着人口老龄化的进一步加剧，财政的压力将进一步增大。

家庭为主模式的不足主要有：存在缺少市场、志愿者队伍和社会组织等多元力量的参与，资源整合程度不够；在空巢、独居的老龄家庭中无法开展[④]等不足。

虚拟养老院模式的不足主要有：面临居家养老服务中老年人的生活照料较多，但精神慰藉不足，而且新型的、非实体的养老服务机构是否能获得政府补贴，以及应该如何补贴等政策还不明确的挑战。

社会组织或社会企业介入养老服务的不足主要有：养老服务不能完全按照市场定价，公益性与营利性通常存在一定冲突。

---

① 赵小兰，孟艳春. 社区“嵌入式”养老服务模式：优势、困境与出路[J]. 河北大学学报(哲学社会科学版)，2019，44(4)：89－95.

② 金红磊，董洁. 探析融合型养老服务模式[J]. 中国国情国力，2021(2)：55－58.

③ 张晖. “居家养老服务”中国本土化的经验审视[J]. 西北大学学报(哲学社会科学版)，2013，43(5)：140－146.

④ 李娜. 新时期机构—社区—居家一体化养老服务模式的构建路径探索[J]. 经济论坛，2021(7)：139－142.

第四节 建设中国特色居家社区机构相协调的养老服务体系行动路径

一、中国特色居家社区机构相协调的养老服务体系的界定

本研究认为，要建设完善以居家养老为主体和核心、社区养老为平台和链接、机构养老为专业支撑的中国特色居家社区机构协调一体化发展的养老服务体系(见图3－6)。

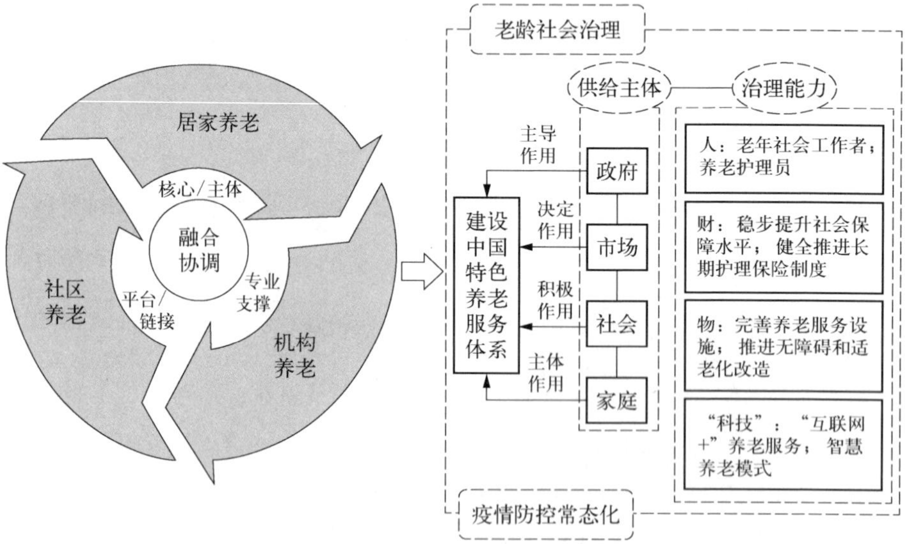

图3－6 中国特色社区居家协调发展的养老服务体系示意图

中国特色居家社区机构相协调的养老服务体系，强调政府主导，充分发挥市场配置资源决定性作用，最大限度地调动社会力量的积极性，同时突出

家庭尽责和个人主体作用。具体有以下几个方面：一是充分发挥政府兜底线、保基本的主导作用,保障好面向全人群的基本养老服务供给。二是充分发挥市场配置养老资源的决定性作用,要深化“放管服”改革,最大限度地激发市场活力,非基本养老服务应该交由市场推动创新;三是充分发挥社会力量的积极作用,发挥社会组织优势,通过政府购买、公建民营等多种形式,推动社区居家养老服务多样化供给。四是充分发挥家庭在养老服务中的支持性作用。在社区居家养老服务中,构建家庭支持体系,重视家庭建设。特别要强调发挥老年人主体作用,尽可能挖掘老年人自身价值,促进老年人社会参与,增强在养老服务中的自助、互助行为。①

此外,中国特色居家社区机构相协调的养老服务体系需要在老龄社会治理中找准定位,精准发力,不断提升治理能力和资源配置要素。在人、财、物和科技方面,有以下特点。在“人”方面,充分发挥专业社会工作者在为老服务领域的作用,夯实居家社区的养老服务队伍;同时以时间银行等方式开展老年人互助服务;在机构养老方面,打造一支高质量的养老护理员队伍。在“财”方面,不断提升养老保障水平,建立高水平、广覆盖的养老保障体系,同时健全完善长期护理保险制度,解决失能老年人照料给付刚需。在“物”方面,继续夯实养老基础设施,加快发展家庭护理床位建设,发展品牌化、连锁化的社区嵌入式养老服务机构,调整护理型床位布局;同时,要统筹推进无障碍改造与适老化改造相结合,推进老年友好型社区建设与居家适老化改造充分结合,为老年人营造安心、舒适、无障碍的生活环境。在“科技”方面,充分利用线上线下服务相结合以及推广“互联网＋养老服务”的契机,推

① 陈功,赵新阳,索浩宇.“十四五”时期养老服务高质量发展的机遇和挑战[J].行政管理改革,2021(3):27－35.

进智慧养老服务，同时着力破解老年人数字鸿沟问题，统筹解决城乡和区域不均衡难题，使老年人共享数字科技带来的便捷生活，依托互联网、大数据精准进行信息匹配、供需对接和服务递送，为老年人提供高质量的养老服务。

二、中国特色居家社区机构相协调的养老服务体系的具体内涵

（一）服务供给主体：政府、市场、社会和家庭在养老服务中的职责定位

基于福利多元主义理论，政府、市场、社会、家庭都是福利的提供者（见表3－5），应共同分担养老服务责任。养老服务的内容多、范围广，仅靠某一方的服务难以满足日益增长的养老服务需求。[①] 养老服务的发展需要政府、市场、社会、家庭共同努力，多元主体参与有利于良性竞争，有效整合社会资源，促进资源配置和服务提供效率的提升，弥补“家庭失灵”“市场失灵”“政府失灵”[②]，从而提供更多更好的养老服务。具体来说，它们的职能和功能如下。

表3－5　养老服务四类主体的职责与功能

	政　府	市　场	社　会	家　庭
职责	服务规范者、监督者、购买者	服务提供者	服务提供者	服务购买者
功能	提供基础保障	提供多样化服务	提供互助服务	提供家庭福利

① 王碧英. 城市居家社区养老服务的现实困境与对策研究[J]. 湖北经济学院学报(人文社会科学版)，2018，15(7)：65－67.

② 李静. 福利多元主义视角下社会企业介入养老服务：理论、优势与路径[J]. 苏州大学学报(哲学社会科学版)，2016，37(5)：9－15.

(1) 政府是养老服务的规范者、监督者、购买者。政府作为主导力量，其主要职责是制定相关的制度及配套政策，确立养老服务长期发展规划，提供财政支持以及建立全面的监管机制。政府需组织协调各部门联动，强化对养老机构的管理，完善社会保障体系，在此基础上为社会成员提供基础的制度保障。为实现养老服务的健康发展，政府应该积极引入专业人才队伍，服务队伍的水平直接决定了老年人接受的服务质量①，因此对于服务人员的培训应有严格的规定。同时，政府对养老服务资金投入要有具体作为，对于养老服务的具体设施给予资金支持。政府在此过程中可以通过服务外包的方式，即购买的方式，而非直接提供相关服务②，通过向市场、社会组织购买而间接为符合条件的老年人提供服务。

(2) 市场是养老服务的提供者。市场能够提供高质量的养老服务，其竞争性属性体现了社会成员自主选择的过程。市场为满足不同层次老年人的需求，所提供的服务不仅包括一些线下普通的生活、精神、医疗等方面的服务，还包括各种线上服务。市场应强化服务人员的意识，促进市场服务品质的提升，同时应该注重服务模式的创新。随着社会经济发展和社会成员养老需求的提高，未来养老产业的发展与市场供给方的多样性有很大关系。③

(3) 社会组织是养老服务的提供者，相较于市场，其更多的是提供志愿服务。对于不一样的社会组织来说，其所提供的养老支持也不尽相同，有的是直

① 同春芬，马阳. 从古代养老制度的变迁看我国现代养老面临的困境与出路[J]. 山东行政学院学报，2014(4)：38－43.

② 王莉莉. 基于“服务链”理论的居家养老服务需求、供给与利用研究[J]. 人口学刊，2013，35(2)：49－59.

③ 同春芬，汪连杰，耿爱生. 中国养老保障体系的四维供给主体与职责定位：基于福利多元主义范式的分析框架[J]. 湘潭大学学报(哲学社会科学版)，2015，39(3)：28－32.

接参与养老服务之中，如志愿者协会招募人员为老年人提供各种服务；有的是负责协助政府部门开展各种为老服务工作；有的是在资金上提供支持，如各种慈善组织进行捐赠，在一定程度上减轻了国家财政支出的压力。社会组织的引入，为满足老年人更加个性化、多样化的需求提供了有力的补充。

(4) 家庭是养老服务的接受者。家庭养老在我国居于基础地位，传统家庭养老功能的弱化并不意味着家庭责任的弱化，在养老过程中，家庭的功能是非常重要的，家庭发挥着精神以及文化的功能。① 家庭可以充分发挥情感交流和处理突发事件等方面的优势。② 同时，家庭成员可以直接向市场和社会组织购买相应的服务。

(二) 服务与监管体系：综合连续、统筹协调的养老服务体系

中国特色居家社区机构相协调的养老服务体系旨在建设立足居家社区养老服务，推动机构服务向社区居家延伸的养老服务，其核心是家庭养老与社会养老协同，机构养老带动社区居家养老。在政策措施的有力带动下，养老机构和设施总数攀升，"放管服"改革释放了养老服务活力，同时初步构建了强有力的支撑体系。进一步发展中国特色社区居家机构养老服务，需要强化社区居家机构养老服务之间的衔接，补强家庭养老功能；同时需增强社区养老支持，通过精心优化社区养老设施的布局，整合并充分利用社区为老服务资源，构建出高效便捷的"15 分钟"服务圈，确保老年人能够享受到"养老不离家"的贴心关怀。此外，还需进一步强化养老机构的服务能力与带动

---

① 王丽. 人口老龄化背景下我国养老模式的思考[J]. 当代经济管理，2012，34(4)：52-55.

② 张奇林，赵青. 我国社区居家养老模式发展探析[J]. 东北大学学报(社会科学版)，2011，13(5)：416-420，425.

作用,加速完善机构服务向社区居家延伸的“三位一体”衔接机制,以提供更加全面、连续和高效的养老服务。另外,社区居家机构相协调的养老服务体系需要系统的监管与评估体系,完善监督体系和监督手段,构建完善的全生命周期、衔接机制;构建一种全新的监管体系,实现事中、事后全过程监管。一是需要健全养老行业综合监管制度,尤其是建立标准统一规范的管理机制。二是要加强风险防范机制,建立覆盖从业人员和服务对象的养老服务行业信用体系,对失信主体进行问责,加强运用“互联网+”和大数据技术的监管,建立黑名单和行业进入退出机制。①

(三) 治理能力:提升社区居家机构相协调的养老服务资源配置能力

基于国家治理体系和治理能力现代化的制度框架,立足老龄社会治理,建立中国特色三位一体养老服务体系,需要高效率的人、财、物、科技等资源配置能力来提供“引擎”,从而达到最优效果。

一是从“人”的角度,需着重加强养老服务人才队伍的建设。具体而言,应积极推进养老护理员队伍的建设进程,加强职业技能培训,同时完善激励机制,并构建健全的信息与信用管理体系。加大专业老年社会工作人才的培育力度,确保居家社区养老服务人才得到充分的保障,并加强相关岗位的开发与设置。积极推动为老志愿服务组织和人才队伍的建设,探索多元化的志愿服务模式,如“时间银行”、互助养老等,支持慈善组织、志愿服务组织等积极开展为老志愿服务活动,以共同为老年人提供更加全面、优质的养老服务。二是从“财”的角度,应当完善社区居家机构一体化发展的支付保障

① 陈功,赵新阳,索浩宇.“十四五”时期养老服务高质量发展的机遇和挑战[J].行政管理改革,2021(3):27-35.

机制。从我国国情出发，要将长期护理保险与长期照护保障制度的建立与发展社区居家机构一体化养老服务充分结合起来，尤其是优先满足失能半失能老年人的照护刚需。三是从“物”的角度，着力提升养老服务业的发展供给水平。优化养老资源（设施）的空间布局，科学区分服务对象与功能，合理配置服务资源，确保优质养老服务能够贴近老年人的生活，实现向老年人周边、身边和床边的聚焦。同时，还需优化营商环境，为各类养老服务市场主体投资营业创造便利条件，特别是确保要素获取的公平性。在政务服务方面，应落实土地规划、扩展融资渠道等关键措施，以支持养老服务业的健康发展。优化供给机制，深化公办养老机构改革，推动政府购买养老服务等多元化服务模式的实施。四是从“科技”的角度，探索居家社区机构一体化养老服务需要充分挖掘数据赋能优势，通过充分运用5G、大数据等综合分析老年人急需和必要的养老服务需求，精准匹配到人、到户，依靠科技创新引领产业升级。加快新兴技术与养老产业的融合，如推进智能服务机器人的研发与应用，辅助器具技术研发与应用等。同时，大力发展“互联网＋养老服务”，一线贯通居家、社区和机构，实现三者之间的协调，形成以社区为基础的社区服务大数据平台、社区网格化的经营平台等。

三、构建居家社区机构协调发展的养老服务体系的重点方向

（一）完善三位一体、城乡协调的社区居家机构养老服务体系

1. 推动社区居家机构协调一体化发展

以人为本是尊重老年人需求、保证养老服务质量的基本原则，为从根本

上保证供给体系的平衡、高效，需完善顶层设计，确立居家养老、社区养老、机构养老之间的发展逻辑和资源侧重，实现养老事业和养老产业的协同发展。养老服务是一个整体的结构，居家养老、社区养老、机构养老三个方面互相嵌合，相互交融，养老机构、社区和家庭在这个结构内各自发挥着不同作用。为此，要实现社区养老服务中的三个方面资源与职能的相互补充，必须确立"和谐共处、协调发展"的养老观念，巩固居家养老的基本地位，推动机构养老健康发展，避免居家、社区和机构出现游离、脱节甚至断裂的现象，保证养老服务更高效便捷地运转，实现老年人服务需求与供给的有效对接。

在社区居家养老方面，建立区域养老服务联合体。强化乡镇及街道层级承担养老服务政策落实职责和区域养老服务统筹、资源整合等功能，由街乡整合统筹社区周边各类为老服务资源，由点及面、由易到难、由城到乡，促进各资源间的衔接导流。其中，重点突出并秉持街乡养老照料中心综合平台功能以及养老服务的核心功能，按照老年人分布，在老年人相对集中区域继续挖掘建设社区养老服务驿站的场地资源，合理布局和运用疏解腾退的场所。同时，牵头构建街镇乡(区域)养老服务联合体，将家庭、社区与社会组织相融合，促进养老设施的规划，形成完善的职能和服务体系，精准地满足老年人的多元化需要。

在机构养老方面，着力提升机构照护能力。重点扶持发展康复护理型的养老服务机构，推动公办养老机构和公建民营养老机构重点转型为康复护理型养老机构，除收住政府兜底对象外，主要收住失能、失智的社会老年人。同时，国有企业资金力量雄厚，要探索支持国有企业布局养老服务领域并做大做强的体制机制，推动龙头企业"走出去"，实现连锁化经营。此外，强化养老行业综合监管。完善设立许可取消后对养老机构的管理措施；继续实施养老院服务质量建设专项行动和三年安全行动，加快建立安全风险防范机制；开展养老机构等级评定，建立全国统一的养老服务评价体系、质量评估和行业信用管理体系以及信息公开体系。

2. 补齐农村社区居家机构养老服务体系建设短板

社区居家机构相协调的养老服务体系建设要创新农村养老服务供给模式，加大投入力度，动员各方力量，补齐农村养老服务短板。一是在国家乡村振兴战略与美丽乡村建设的战略布局中，养老服务体系的建设应被纳入其中，实现与乡村发展同步规划、同步推进。二是为提升农村养老服务的质量与效率，应加大对农村敬老院的资源整合力度，加快其设施改造升级，并鼓励城市养老机构向农村拓展服务，探索城乡养老服务资源的优化配置模式。三是应积极推动农村居家养老互助点的建设，有效整合社区资源，鼓励社会组织和志愿者参与养老服务，为农村老年人提供更全面、更贴心的支持。四是城乡社区应建立健全定期上门巡访机制，特别是对独居、空巢老年人家庭，及时了解他们的生活需求，帮助他们解决实际困难。五是充分发挥村民委员会自治功能和老年协会作用，提供丰富多彩的老年人关爱服务。

(二) 提升人、财、物、数据养老服务要素配置能力

1. 人：提升养老服务人才质量

有必要提高养老护理员职业素质和专业能力，建设一支专业素质过硬、服务意识够强的养老护理员队伍。具体而言，可以从选、用、育、留四个方向入手。一是“选”。开展上岗持证制度，对于护理人员的职业资质进行严格规范管理，增强服务意识，以良好的服务态度和老年人建立信任关系。

二是“用”。各有关单位应尽快进行医护人员编制人事制度改革，建立科学和有活力的用人机制，促进护理人员合理流动，做到察其长、求其本、重其绩，并以此为依据合理使用护理人员。① 三是“育”。推动养老相关专业职业教育一体化发展，结合推进职业教育高端发展契机，形成中职、高职、本科层次养老相关专业职业教育一体化协同发展机制，为实现“老有颐养”提供专业职业人才保障。要对从事养老服务行业的人才进行培训，加强专业化养老服务护理人员和管理人才队伍建设。在不断提高护理人员队伍素质，提升业务素养和专业水平的同时也需要引入和培养具备现代管理理念和创新思维的管理人才，以推动养老服务行业的整体进步和高效运作，适应养老服务发展需要。四是“留”。适度提升养老护理员的薪资待遇，建立其收入动态调整和激励机制，在此基础上加大对养老服务人才队伍相关培训的补贴。实施养老护理员入职、岗位补贴，增加养老服务职业黏附力。

2. 财：健全地方财政投入机制，拓宽投融资渠道

一是要健全现有的政府补助制度，使其更好地发挥对社会资本的导向功能，并通过补助体制的变革，增强社区居家养老机构的自我造血功能，使其从政府的财政保障到市场运作的市场化。二是要降低私人资本对老年人的投入运营门槛，放宽企业的准入条件，精简和规范流程，减少政府管理费用，支持采用多种形式对老年人服务进行管理和运营。三是要加大对民营企业的融资扶持力度，拓展其融资途径，解决民营企业融资难、融资贵、融资险等问题。推动金融组织与私人养老组织的协作，推动其在金融产品和业

① 申喜连，王玲. 医养结合何以助力健康扶贫?：基于青海省 H 州 G 县的实践[J]. 湖北民族大学学报(哲学社会科学版)，2022，40(1)：76－88.

务模式上的改革，持续加强对民营养老机构的贷款扶持。鼓励私营养老组织以土地使用权、产权明晰的不动产等方式进行按揭。鼓励民营企业以股份形式和其他形式筹资。要满足市场需求，放松对营利性养老服务的信贷保障，优化民营企业的投资运营环境。同时，要积极引导全社会参与老年人福利，形成财政、民间资本、慈善基金等多种形式的资金支持。此外，需要构建长期照护服务与长期护理保险相结合的制度，建立多元化、多渠道、权责对等的长效筹资机制。

3. 物：以社区为中心，链接多种资源

社区作为服务中介和传递系统，不仅应关注服务机构与老年群体之间服务与需求的匹配程度，更应发挥资源统筹联动与协调整合作用。首先，在社区中，需要对现有的医疗卫生、养老设施等进行整合和利用，提供社区居家养老服务。采取“社区物业＋养老服务”的方式，加强与属地社区及周边社区的联系、协作，吸纳周边区域的为老服务组织、企业配合服务开展，拓展养老机构在社区中的延伸服务，落实服务机构责任片区，推进养老服务区域无缝衔接全覆盖。开展辅助器具的咨询、适配、租赁等服务等。其次，利用多种场合呼吁、倡议属地单位直接建设或运营养老服务机构，积极开展为老服务工作，特别是要善于借助人大代表和政协委员的力量，引导属地企事业单位拿出闲置房产，支持属地街乡(镇)发展养老服务工作，实现政企联合，活跃养老服务市场，使更多的老年人享受到更多的养老服务。最后，鼓励社会组织等为老年人提供个性化、多层次的养老服务和养老产品，以充分发挥各种社会组织的潜能和生命力，拓展养老服务的市场。通过服务过程中建立的信任感和黏合度，提升老年人及其家属的市场化消费意愿，引导与培育养老服务市场力量壮大。

4. 科技：强化科技与数据动力要素建设

在养老服务科技支撑方面要注重做好以下工作：一是加强养老服务信息平台的构建与运营，通过整合服务供需信息，为老年人提供一系列便捷的上门服务，包括但不限于助餐、助洁、助行、助浴、助医、康复及护理。二是积极推广"互联网＋养老"服务模式，借助先进的信息技术和智能化手段，为老年人提供更为智能化、高效化的养老服务。三是推动"互联网＋医疗健康"发展。从医疗健康信息互联互通和信息共享、"互联网＋医疗健康"标准体系、安全防护体系、法规和政策体系等四个方面构建"互联网＋医疗健康"政策支撑体系。在数据要素方面，充分发挥数据在提升治理效能方面的关键作用。构建养老服务大数据平台。开展全国统一的老年人能力与需求综合评估，确保评估结果的全面性和准确性。同时，依托大数据和云计算技术，建立基本养老服务对象数据库，以提高数据管理和基于数据支撑的养老服务科学决策能力，从而推动养老服务领域的精准化、高效化和智能化发展。

第五节 本章小结

本章重点围绕中国特色居家社区机构相协调的养老服务体系是什么、为什么和怎么办展开论述。内容包括居家养老、社区养老、机构养老模式的理论特征与政策发展历程；从供给与需求角度调查并分析了三种养老模式的发展现状以及面临的挑战；并从城乡、区域角度选取典型案例进行分析并总结其成功经验；提出建设中国特色居家社区机构相协调的养老服务体系的行动路径。

本章主要的创新点及贡献是，清晰、细致地区分了居家养老、社区养老、机构养老在概念上的区别与联系，并进一步从服务场所、服务来源、服务覆盖面、成本投入和社会认同五个方面对居家社区养老和机构养老的概念进行比较和辨析。对居家社区机构养老服务相关政策进行梳理，并在此基础上归纳出我国养老服务体系从2000年提出至今的四次优化，阐明政策规律及发展趋势，主要趋势包括：从家庭养老到社会养老，建设养老服务体系；从重视机构建设到居家社区机构相协调；从托养服务到多样化服务；从补缺型、碎片化向体系化、制度化、多元化转变。深入分析当前我国居家社区机构养老服务的供求现状和融合发展，从需求与供给视角对养老服务体系发展的不足及挑战进行分析，提出我国养老服务发展目前面临着机构养老服务供需结构失衡、居家社区养老服务供给不足和养老服务融合发展效率不高三大主要挑战。最后，基于实地调查、定量数据分析、实践发展经验，从界定、具体内涵和重点方向明确指出建设具有中国特色居家社区机构协调发展的养老服务体系的行动路径。

本研究认为应建立和完善以居家养老为主体和核心、社区养老为平台和链接、机构养老为专业支撑的中国特色居家社区机构协调一体化发展的养老服务体系。通过精准界定政府、社会、市场和家庭在养老服务中的责任边界，构建并优化一套综合连续、高效协调的养老服务体系与监管机制，从而提升社区居家养老服务机构间的资源协调与配置能力。重要着力点和方向是完善三位一体、城乡协调的社区居家机构养老服务体系以及提升人、财、物、数据等养老服务要素配置能力，不断完善居家社区机构协调发展的三位一体养老服务体系。

第四章
医养康养相结合养老服务体系构建

随着人口老龄化程度的加深,我国居民预期寿命不断延长。但健康预期寿命的增加则相对缓慢,老年人的健康和医疗问题日益突出,迫切需要整合医疗、养老、康养等资源,为老年人提供全方位、全周期的综合服务。当前"医养结合"改革的侧重点在疾病诊疗方面的增能,相对而言病前预防则被忽视;而康养服务的核心在于健康促进和健康管理。然而,当前针对医养康养相结合养老服务的定义仍然模糊,相关研究也较少。以老年人多层次、多样化的医疗、养老服务需求为核心的一体化服务内涵以及老年医疗、康养服务的提供、管理等仍缺乏相应的规范与指导;同时,鉴于我国地区、城乡、经济以及服务需求等方面的巨大差异,医养康养结合的现状与需求呈现复杂且多变的特征,亟须探索构建医养康养结合的分级分类服务体系,为破解医养难题提供决策依据和思路参考。

因此,为更深刻地理解中国特色养老服务体系的内涵,回答中国特色养老服务体系是什么的问题,本章从理论上厘清与辨析医养康养相结合的概念内涵与外延,界定什么是医养康养相结合的养老服务;以老年人需求为导向，通过深入剖析典型案例，探索医养康养相结合的分级分类服务体系建设路径，以及促进医养康养深度结合所面临的主要瓶颈及成因；构建医养康养相结合的养老服务体系，为新形势下积极应对老龄化提供新的思路与方向。

第一节 国内外医养康养的理论与实践研究

一、理论研究

全球人口老龄化背景下，多个国家均面临“医养康养”的类似问题。国内学界有关“医养康养相结合”的研究还不是很多，而对于有类似含义的如“医养结合”“医养融合”“医养康护”等术语的研究颇多。国外的类似术语包括“整合照料”，又称“整合健康服务”“合作照料”等，其核心是“整合”，目的是在医疗和照料服务之间建立联系和合作，是对传统碎片化服务供给方式的改革。①②③

国外研究主要对医养、康养相结合的养老服务理念进行完善。如认为老年期的患病和残疾并非不可避免，强调老龄化社会应采取终身管理方法，

① Leutz W N. Five laws for integrating medical and social services: lessons from the United States and the United Kingdom[J]. The Milbank Quarterly, 1999, 77(1): 77－110, iv－v.

② Kodner D L. The quest for integrated systems of care for frail older persons[J]. Aging Clinical and Experimental Research, 2002, 14(4): 307－313.

③ Lluch M, Abadie F. Exploring the role of ICT in the provision of integrated care: Evidence from eight countries[J]. Health Policy, 2013, 111(1): 1－13.

延缓认知功能及身体机能的衰退[1]；社会参与在疾病预防和慢病管理等方面具有增益作用[2]；应当整合各类社会资源，提供综合保健及社会照护服务，以提高老年人晚年的生活质量。[3]

国内学界对于“医养结合”的界定相对丰富。在我国医养结合服务发展初期，产生了医养结合应是以“医”为主还是以“养”为主的辩论[4]，而伴随医养结合理论及实践的发展，逐渐出现了医养并重的折中观点。[5] 关于医养康养相结合，学者们也从服务目标、服务内容、整合方式等方面进行了相关论述。在对医养康养相结合必要性的研究方面，学界主要从当前养老服务体系存在的问题方面开展论述。大致可以分为三类：一是从预防保健的角度，关注前端的健康促进与健康管理，指出“医养结合”主要是为解决老年人“如何养”的问题[6][7]；二是从健康全周期角度，认为后端的康复服务能力较弱，且相对被忽视[8][9]；三是综合的观点，认为发展“医养康养”养老服务模式能

---

① Britta B, Anjana B, Abou T H, et al. The right to health of older people[J]. The Gerontologist, 2016, 56(Suppl 2): S206-217.

② Holmes W R, Joseph J. Social participation and healthy ageing: A neglected, significant protective factor for chronic non communicable conditions[J]. Globalization and Health, 2011, 7: 43.

③ Glendinning C. Breaking down barriers: Integrating health and care services for older people in England[J]. Health Policy, 2003, 65(2): 139-151.

④ 吴玉韶，王莉莉，孔伟，等. 中国养老机构发展研究[J]. 老龄科学研究，2015，3(8)：13-24.

⑤ 黄佳豪，孟昉. “医养结合”养老模式的必要性、困境与对策[J]. 中国卫生政策研究，2014(06)：63-68.

⑥ 向小娜，曾旭，蒋佼佼，等. 康养融合，应对老龄化社会新战略[J]. 华西医学，2019，34(5)：586-590.

⑦ 张晓林. 文化康养：老年人的智慧选择[J]. 智慧中国，2019(1)：4-6.

⑧ 郭雨艳，夏丽娜，王晨，等. 中医药特色“医康养”一体化养老模式探究[J]. 山西中医学院学报，2018，19(6)：68-69.

⑨ 汪连新. 医养康护一体化社区养老服务：理念、困境及借鉴[J]. 学习论坛，2019，35(4)：83-88.

够有效融合带动医疗资源和养老资源的综合提升，促进我国相关产业经济的可持续发展。①

二、实践研究

国内关于医养康养实践的研究主要包括服务需求、服务模式、问题及对策几个方面。在需求方面，学者们着重对机构入住老年人与城乡老年人的医养康养需求差异及其影响因素进行了研究。②③④ 几年来，在医养结合服务模式研究方面，我国医养结合服务发展已初具规模。目前学界认为，医养结合模式主要包括整合照料模式、联合运行模式和支撑辐射模式三类，也涌现出一些新型的服务模式，如将中医融入"医养结合"⑤和"互联网＋医养结合"模式等。在康养结合服务模式研究方面，康养结合的设计分为"健康保健"和"护理休养"两个方面。⑥ 医养康养服务问题及对策研究方面的问题主要包括政策不足、资金支持不够、医保结算难⑦、服务供给不足等；相应建议涉及通过完善法律法规体系，缩小不同地区之间的差距⑧，统

---

① 余立新."医养康"打造养老服务新模式[J].北京观察，2016(5)：30－31.
② 刘晓楚，顾立，蔚坤妍，等.基于改进 Kano 模型的四川省医养结合型养老机构老年人服务需求分析[J].中国卫生事业管理，2021，38(2)：155－160.
③ 吴侃，胡晓，杨展，等.成都市居民对"医养结合"养老需求分析[J].医学与哲学(A)，2016，37(12)：52－54.
④ 黄奉毅，陈菲，陶红英，等.老年人"医养结合"服务需求的影响因素[J].中国老年学杂志，2017，37(1)：189－191.
⑤ 司富春，宋雪杰，高燕，等.我国中医"医养结合"养老模式探析[J].中医研究，2016，29(8)：1－3.
⑥ 杨璐，陈舒，吴学彦，等.我国"康养结合"养老体系建设研究[J].财富时代，2020(7)：239.
⑦ 程亮.医养融合：养老机构发展新路径探究[J].中州学刊，2015(4)：78－82.
⑧ 杨茹侠，谢红.京津冀社区嵌入式小规模多功能养老机构人力配置现状及影响因素研究[J].中国护理管理，2020，20(2)：205－209.

一养老机构服务质量评价标准，提升机构养老服务质量及老年群体的服务可及性①，优化养老服务行业的人力资源配置，加大对专业人才的培养力度②等。

国外的实践研究主要围绕医养康养服务供给、服务质量评价、筹资机制、科技应用及政策支持等方面展开。在服务供给方面，建议有效统筹医疗、养老、咨询、教育、预防保健、室内游戏和娱乐服务活动等多样化的供给服务资源③，服务提供过程中也需要多方服务提供者的协调配合。④ 在服务质量评价方面，多个国家已建立了较为成熟的评价体系，包括机构自评、老年人评价、第三方评价三种模式，针对不同类型的机构采用不同的评价模式或者多模式结合的方式进行评价。⑤ 在筹资机制方面，多数发达国家建立了适合本国国情的政府、个人、社会三方共同参与的多元化筹资渠道。⑥ 在科技应用方面，主要包括在社区医院和老年人家庭中普及使用机器人护士，以监测老年人各项身体健康指标以及向老年人提供各类健康保健咨询与建议的目标⑦；门诊机构安装“远程医疗”网络，及时处理老年人遇到的各类突发

---

① 高梦希，范维，王燕，等. 国内外养老机构服务质量评价体系现状[J]. 护理研究，2019，33(20)：3526－3529.

② 薛亮，裘文洁. 推进“医养融合”养老模式的困境与对策建议：基于南京市秦淮区养老机构医疗服务现状分析[J]. 中共南京市委党校学报，2017(2)：108－112.

③ Khan H T A, Rahman M A, Molla M, et al. Humanitarian emergencies of rohingya older people in bangladesh: a qualitative study on hopes and reality[J]. Ageing International, 2022, 7(1): 20－37.

④ Carvalho I A, Epping-Jordan J, Pot A M, et al. Organizing integrated health-care services to meet older people's needs. World Health Organization[J]. Bulletin of the World Health Organization, 2017, 95(11): 756－763.

⑤ Powell J L. Personalization and community care: A case study of the British system [J]. Ageing International, 2012, 37(1): 16－24.

⑥ Teodoras Medaiskis, Šarūnas Eirošius. “A comparison of Lithuanian and Swedish Old Age Pension systems”, *Ekonomika* (*Economics*), 2019, Vol. 98, No. 1.

⑦ 吕晓洋. 英国医院将首次使用“机器人护士” 打杂[J]. 今日科苑，2011(15)：132.

状况、节约患者的护理费用。①

第二节　医养康养相结合养老服务体系的实证研究

总体而言，我国医养康养服务体系逐步完善，初步形成了以“居家为基础、社区为依托、机构为补充、医养相结合”的养老服务体系。但在医养康养服务的供给与需求方面，仍存在较大矛盾，即当前的医养康养服务体系难以满足老年人日益增长的医养康养服务需求，且存在较明显的城乡差异、区域差异，应引起重视。

一、医养康养相结合养老服务体系发展现状

本书从医养康养相结合养老服务供给、老年人对医养康养服务需求和医养康养养老服务提供模式三个角度，调查医养康养相结合养老服务体系发展现状。

（一）医养康养相结合养老服务供给现状

本书从医疗卫生资源、养老资源、康复护理资源和医养结合资源四个方

① Yoo B K, Kim M, Sasaki T, et al. Economic evaluation of telemedicine for patients in ICUs[J]. Critical Care Medicine, 2016, 44: 265 - 274.

面考察我国医养康养服务供给情况。

在医疗卫生资源方面，我国医疗卫生资源建设稳步发展，医疗卫生机构总数、床位数、卫生人员均稳步增加，但多数卫生人员仍集中在医院中，卫生人员学历以大专及以上为主，初级职称者居多。

在养老资源方面，我国养老机构数量及床位逐年增加。社区养老服务机构和设施覆盖情况存在城乡差异，主要集中于农村，且以互助性社区养老服务设施为主。

在康复护理资源方面，近五年来，我国康复医院发展速度加快，但与公立医院相比，占比仍非常小，可以说还远不能满足人们的康复需求。此外，民营康复医院近年来发展迅速，占据主导地位。康复医院规模总体较小(200张床位以下)，康复护理人力资源严重不足。

在医养结合资源方面，主要包括居家医养结合、社区医养结合和机构医养结合三种模式。医养结合机构数量稳步增长，尤其是医养签约数和提供上门医养服务机构数。医养结合床位数量不断增长。医养结合人才队伍建设得到进一步加强，尤其是康复医师队伍和医疗护理队伍。医养结合基地及其培训情况稳步发展，尤以省级基地和培训发展迅速。

（二）老年人对医养康养相结合养老服务的需求现状

我国老年人总体健康状况一般，两周患病率和慢性病患病率均有所下降，绝大多数老年人生活可以完全自理，日常生活中最需要协助的是洗澡。老年人自评健康得分下降，即2018年的老年人自评健康水平比2013年老年人自评健康水平低。老年人在听力和视力方面的功能损伤进一步加剧，有严重听力和视力障碍的老年人比例均有所增加。此外，老年人无论失能程度如何，还是最希望居家养老。为生活需要照顾的老年人提供照顾服务的主体正在发生变化，配偶提供的照顾服务逐渐增加，子女或孙子女提供的照顾服务逐渐减少。随着老年人年龄增长，在提供照顾服务的主体中，配偶的比例逐渐降低，子女及其他亲属、亲戚/邻居/保姆/医务人员的比例在不断增加。

（三）老年人健康状况的城乡、区域差异分析

1. 患病情况

城市老年人的两周患病率高于农村老年人，并且老年人总体的两周患病率的降低主要缘于城市老年人两周患病率的下降，而农村老年人的两周患病率不降反升。结合区域和城乡来看，东部、中部、西部的城市老年人的两周患病率都出现了明显的下降，除了东部地区农村老年人的两周患病率略有下降之外，中部和西部地区的农村老年人的两周患病率都出现了明显的增加。也就是说，城市老年人的健康状况逐渐好转，而农村老年人的健康状况进一步恶化。此外，老年慢性病患病率存在显著的城乡差异。城市老年人的慢性病患病率有所下降，而农村老年人的慢性病患病率有所上升。换言之，在老年人慢性病患病情况得到改善的时候，城市老年人的改善程度高于农村，而在老年人慢性病患病情况进一步加剧的时候，农村老年人的程度高于城市老年人。

2. 老年人功能受损及生活自理能力

老年人功能受损情况存在较为明显的城乡差距、区域差距，总体呈现出西部、中部地区老年人的功能损伤情况高于东部地区老年人、农村老年人功能损伤情况比城市老年人更严重的现象。

第六次国家卫生服务调查结果显示，我国农村老年人口失能情况比城

市老年人失能情况更为严重。从总体失能情况来看，城市老年人口中完全自理的比例(94%)高于农村老年人口(92.4%)，而农村地区轻度失能(4.3%)、中度失能(1.3%)、重度失能(2.0%)的比例均高于城市地区(分别为3.3%、1.0%、1.7%)，并且呈现出西部农村地区老年人失能比例最高(8.4%)、东部农村地区最低(6.1%)、中部农村地区居中(8%)的区域特征。具体而言，农村老年人在穿衣服、吃饭、洗澡、上下床、上厕所、控制大小便等日常生活能力方面需要帮助的比例均高于城市老年人。

3. 自评健康

我国老年人自评健康呈现出明显的城乡差异、区域差异、性别差异、年龄差异。具体来看，2018年的调查中，按自评健康得分由高到低排序依次为东部城市、中部城市、东部农村、西部城市、中部农村、西部农村。分性别来看，自评健康得分由高到低排序依次为城市男性、城市女性、农村男性、农村女性。分年龄来看，自评健康得分随着年龄的增长而降低。

(四) 老年人养老方式的城乡差异

从城乡差异来看，城乡总体90.7%的老年人更希望居家养老，这一特征在农村尤为显著(93.9%)。为生活需要照顾的老年人提供照顾服务的主体所占比例正在发生变化。无论是城市还是农村，配偶提供的照顾服务都在逐渐增加，子女或孙子女提供的照顾服务逐渐减少，农村的减少幅度更大。

二、医养康养典型案例及服务模式

总体而言，医养康养服务是融医疗、康复、养老服务为一体，将医疗机构、康复机构、养老机构等的功能进行有机结合的新型养老服务模式，其目的是实现资源利用效率的最大化，保障老年人的健康及合法权益。结合实地调研及典型案例研究来看，当前我国的医养康养相结合的养老服务模式大致包含三类：医养康养综合体、医养康养联合体和社区居家医养康养服务模式。这三类模式各有利弊，适合不同场域。笔者结合典型案例对它们进行分析。

（一）医养康养综合体模式

医养康养综合体是一种新型的养老服务模式，是单一机构充分整合医、康、养资源，拓展服务内容，以满足老年群体多样化、多层次需求。此类机构多为民办或公建民营性质，如区域级康养中心、康养小镇等；也有部分机构为政府办的卫生机构，在探索建立长照病区。

医养康养综合体模式的服务主体呈多元化趋势，主要包括政府、医养康养护理机构、市场以及各类社会组织。通过充分发挥政府的作用，整合各类社会资源，明确各方责任，以此实现各类主体的有机结合。服务对象包括不同年龄段、不同健康状况的全体老年人。其功能定位为满足不同健康状况老年人多层次、多品类的医养康养需求。针对活力老年人，主要提供疾病预防、健康管理、养生保健、生活娱乐等服务项目，以促进老年人生活质量的提升和社会活动参与，延缓生理功能的退化；针对失能、半失能等具有刚性需求的老年人，主要提供生活照护、康复护理、医疗诊治、临终关怀等服务，同时满足其社会参与和心理慰藉需求，以控制疾病进一步恶化，尽可能提高其生命质量。运行机制方面，不同主体承担的职责各异，其中政府作为公共部门，是公众利益的代表，承担着为医养康养综合体的建设、运营提供法律和政策支持，并对其运营实施监督管理；市场则为不同领域的参与者提供一个竞争的场域环境，并且在一定程度上拓宽服务机构的建设、运营筹资渠道；医养康养机构作为服务的提供主体，承担着整合各类社会资源、为服务对象提供高质量服务，以满足老年人多样化需求的职责；社会组织则通过开展公益活动等形式为机构的运营发展提供保障。

医养康养综合体模式的优势在于使老年人在机构内便可获得一体化、综合、连续的服务，减少了不必要的转诊流程；同时，综合体内设有专业的医疗护理团队以及先进的医疗器械，可有效采取措施，解决各类老年人突发疾病、常见病的诊疗问题。但该模式对综合体的实力要求较高，通常需要较大规模的场地，并且前期基础设施建设和运营需要投入大量资金。另外，由于我国的医养康养服务模式尚处于探索起步阶段，因此专业人才和经营管理团队缺乏，导致综合体的运营与发展前景难以保障。对于入住老年人的门槛要求较高，并且大部分服务项目尚未纳入医疗保险报销范围，往往经济状况较好的老年人才有条件入住。

（二）医养康养联合体模式

医养康养联合体是指通过签署合作协议或托管服务的方式联动运营，各机构独立运营，同时在此基础上建立双向转诊机制，实现医养康养服务资源共享、老年人转介等目标。其形式主要有两种：一是多机构间签署合作协议，共享医养康养服务资源；二是由医疗机构托管养老机构的医疗服务，建立转诊机制和就医绿色通道，由医院每天派专业医护人员进行巡诊、访视。

医养康养联合体大致可以划分为以下两类：一是以医疗机构为主体的医养康养联合体。机构之间通过签订合作协议形成医养康养联合体，此种模式多以医疗机构为服务提供主体，并与周边的养老机构签订合作协议。这种合作方式，是地理范围的距离最优结合，医疗机构与周边养老机构形成一体化结构，可以实现医养资源的优势互补。二是以养老机构为主体的医养康养联合体。养老机构以内设一级医疗机构为主体，根据需求与不同层级医疗机构签订协议，形成医养康养联合体，该联合体模式，在服务内容衔接和组织管理方面相对顺畅，但需进一步规范机构运行管理制度。

医养康养联合体模式的服务对象主要是机构内的入住老年人，特别是失能、失智、高失能风险的老年人，出院后需要康复训练的老年人，生活自理能力差、具有康复护理需求的老年人。该模式的功能定位为由综合性医疗机构为合作的社区服务中心站和康养机构定期开展业务指导、技术支持、人员培训等工作，承担疾病诊治、巡诊访视、疑难会诊等服务，联合体内的康养机构则为有需求的老年人提供健康管理、康复护理等服务，并对有医疗需求的患者提供转诊等服务。运行机制方面，各机构间通过签约等形式进行合作，由政府提供政策支持和一定的财政补贴，社会组织提供公益性服务。在联合体内建立双向转诊路径，下级机构可通过就诊绿色通道为有就医需求的老年患者向上转诊至综合性医疗机构，为其提供医疗救护、临终关怀等服务；同时，处于疾病康复期、危重症稳定期的老年病患，又可通过联合体向下转诊至社区卫生服务中心或康养机构进行生活照料和康复训练，使老年人就近获得医疗养护服务。

医养康养联合体模式的优势在于各机构之间通过合作方式相互提供支撑，节约人、财、物等资源，有效提高运作效率；遇到突发疾病的老年人，可通过绿色通道进行转诊，不需要挂号排队等环节，大大缩短了就医时间；联合体机构之间通过资源共享、提供互补性服务，不仅有助于充分发挥各自的专业优势，还可为老年人提供方便优质的服务，提升老年人服务的可及性。①然而，该模式下合作的真实性、有效性和持续性难以保障，各机构需要在前期充分沟通并签订合作协议，否则极易发生权责不清、遇事推诿等问题，甚至出现违约风险；费用结算问题突出，失能、半失能老年人，往往既需要长期医疗照护，也需要日常生活照料和康复训练，产生的费用涉及多个机构，如果缺乏明确的规定，在费用结算时就容易产生争议。

（三）社区居家医养康养服务模式

社区居家医养康养联合体，是以社区为载体，以基层医疗卫生机构为枢纽，以家庭医生为切入点，整合养老机构、日间照料机构、康复机构等各类服务资源，并将资源下沉到基层，让老年人在家中便可获得基本医疗、公共卫生、生活照料、文化休闲等连续、适宜、规范、便捷的服务，实现老年群体医、养、康服务的全覆盖。

社区居家医养康养服务模式的服务对象为社区空巢老年人或者失独老年人，以及需居家康复、医疗护理的老年人。服务内容包括医疗服务、康复服务和养老服务三类。功能定位为针对不同老年人，提供的服务内容及形式有所差异：针对健康老年人，主要提供以健康教育为主的基础养护服务、周期性健康评估；针对失能半失能老年人或病后康复老年人，以家庭病床服务为主；针对具备经济条件且有个性需求的老年人，实施精准医护。在运行机制方面，社区医养康养服务中心作为联合体的中心枢纽，不仅承担着日常的疾病预防、慢病管理、上门照护等基本服务，而且承载着联通医院、护理院

---

① 于卫华，林丹，杨彬，等．基于医疗联合体的患病老年人医养结合双向转诊路径探索[J]．中国护理管理，2016(11)：1452－1455．

与养老机构的重要职能，包括开通绿色通道，建立顺畅的转诊机制等。此外，家庭也可以通过社区来获得医院、医养康养机构提供的各类技术支持及服务，从而形成互联互通的居家医养康养联合体，确保服务提供的连续性。① 部分社区通过社会组织志愿服务的形式，弥补社区专业人才的缺乏，为居家医养康养提供了有力保障。

社区居家医养康养服务模式的优势在于老年人不用离开熟悉的居住环境，便可以获得生活照料、医疗、护理等全方位服务。这不仅为老年人提供了方便，也在一定程度上减轻了家庭的经济成本和时间成本。老年人不用面对陌生环境带来的压力，在获得各类所需服务的同时，也能够获得来自家庭和邻里的心理关怀与精神慰藉，维持较高的社会支持水平。社区医养康养服务中心可以为居家老年人提供建档、定期健康指导等服务，帮助老年人树立疾病预防和健康保健意识，并时刻关注老年人的健康状况变化，提升居家老年人的生活质量。但居家医疗服务仍存在一定风险。当前，我国大多数社区养护服务设施简单，且功能比较单一，提供上门服务存在一定医疗风险；上门服务收费缺乏政策依据，且由于长护险制度尚待完善、居家服务未被纳入医保，因此一些公办机构开展家庭病床或上门诊疗服务，受到种种收费限制，往往力不从心，限制了其居家医护服务的提供，而社会上一些服务机构的上门服务收费较高且混乱，价格水平差别较大，老年人不易接受，制约了社会力量开展居家医养康养服务的积极性。

综上所述，医养康养相结合的养老服务模式，离不开政府的方向引导、部门协调以及税收、资金等政策和保障支持，同时也与机构内部管理、机构

---

① 程雁，孙志明.供给侧改革视角下基于社区的"医养＋康养"新路径思考[J].卫生软科学，2021，35(3)：42－45.

间的协调合作等密不可分。从机构内部管理来看,需要不断细化服务内容,优化管理,比如机构内智能化操作系统的建设与优化、分级分类分层的服务网络供给的建设、休闲娱乐平台的打造、会员制的实行、专业化的服务供给合作关系等。从机构间的协作来看,建设或依靠当地的医疗机构为老年人提供及时的就医和康复服务,不同的专科科室或坐诊医生提供对口的按照需求给予的服务递送,积极与外单位医疗机构达成服务协议并及时给予老年人必要的外援救助和康复支持服务,由医疗机构定期为老年人提供的理疗、中医药调养、健康知识普及和监测管理等服务都是很好的协作方式,对于有效整合医养康养服务资源、减轻医疗负担、促进健康老龄化等具有积极意义。

第三节 建设中国特色医养康养相结合养老服务体系的行动路径

一、中国特色医养康养相结合养老服务体系发展分析

(一) 优势分析

在医养康养相结合养老服务体系建设方面,我国具有独特的优势。一是中国特色社会主义制度的优势。中国特色社会主义制度具有“党的领导”“集中力量办大事”“以人民为中心”三大独特优势,贯穿于“中国之治”始终,是国家实现健康治理、治理现代化、有效应对人口老龄化的根本制度保障。二是孝老敬老的文化优势。尊老、敬老、孝老、养老是中华民族传统美德,是

社会对长者表示人文关怀的具体体现，对于营造良好、和谐的文化氛围起到了重要的价值引领作用。[①] 三是区域和城乡发展多样性的大国优势。从健康治理、应对人口老龄化的角度来看，区域差异和城乡差异可能是一种优势，给了我们宝贵的时间和机会去应对老龄化问题，让我们认识到老年人需求的差异性、多样性，用标准化的方法无法解决问题。四是汲取发达国家经验教训的后发优势。很多国家在应对人口老龄化等方面积累了非常丰富的经验与教训，这对较迟进入老龄化的中国来说，无疑是非常宝贵的，能够帮助我国少走弯路，但必须立足我国的实际国情，坚持中国特色这一基本原则。

（二）问题分析

尽管我国医养康养服务体系的建设方面有诸多天然优势，但从本研究所进行的几项调研结果可以看出，我国医养康养服务体系仍存在一定问题。

第一，医养康养理论研究不断明晰深入，但创新性不足。总的来看，国内外学者对于医养康养的认识较一致，均注重通过整合服务资源，提升老年人健康水平。然而，结合国内外医养康养实践的研究，我国在医养康养方面的实践研究仍不够深入，尚缺乏对服务质量评价、服务提供过程中各类人员之间的相互协调与配合等方面的研究。

第二，法律法规逐步完善，但政策保障体系建设仍需加强。为推进医养康养相结合，我国出台了多项医养康养相结合鼓励政策，但目前未有医养康养相关的法律法规，仅发布过一些指导意见。对于医养康养相结合的服务标准、服务流程、服务质量监管等尚无明确规定，需要出台有关法律法规予

① 曹坤，胡永新．习近平关于尊老敬老重要论述的文化渊源、生成机制与实践价值[J]．江西财经大学学报，2021(3)：3－13.

以规范。

第三,服务资源匮乏,系统连续性服务能力较弱。一是医养康养服务设施不足。很多养老机构因缺乏医养康养相结合的基础设施和条件,为老年人提供预防、医疗、康复、养老等系统连续服务的能力仍然较弱。活动场地少,尤其是一些老城区的养老机构本身面积偏小,使得老年人活动的公共场所受到限制。智能化服务设施也不足,老年人与智能设备之间存在“数字鸿沟”。二是专业人才匮乏。医养康养服务对医疗护理能力以及心理健康辅导能力有较高的专业要求,但是养老服务机构中的大部分人员没有接受过专业训练,文化程度相对有限,往往不具备这些能力。

第四,支撑体系不足,导致机构运营困难。一是资金来源有限。尽管国家和地方给予了一定资金帮扶,但在政策完善和实际落地方面,仍有待加强。养老服务投资主体有限且回报周期长,利润回报率低,导致社会力量进入的意愿较低,不利于养老服务事业的健康持续发展。二是医保定点或长期护理保险试点覆盖率低,医养康养结合型养老机构被纳入医保定点的机构相对有限,老年人在这些机构中产生的服务费用很大程度上不能通过医保报销,影响了老年人的入住积极性,一定程度上也增加了老年人的养老负担。

第五,服务供需错位,服务内容有待拓展。一是结构化失衡,养老需求增加与养老床位不足现象大量存在。二是服务供需不匹配,即养老需求的多样化与服务内容供给单一化之间存在巨大差距。

二、行动路径构建

本研究以此次调研结果为基础,结合我国国情,尝试构建中国特色医养康养相结合的养老服务体系行动路径。

（一）理论逻辑构建

医养康养相结合就是针对年龄不同、健康状况各异的老年人提供多方位、可持续的健康养老服务，形成从疾病预防、全周期监测与健康管理、健康教育，到健康政策等内容的全周期服务。一是低龄、相对健康的老人，以居家养老或社区养老为主，他们的主要需求为康养需求，提供服务的主要目的是减缓老年人躯体功能老化的速度，有效降低长期照护的需求和社会负担。同时，组织丰富的社会活动，鼓励老年人经常参加，帮助他们实现个人价值。二是随着老年人身体机能的衰退，慢性疾病多发，当老年人入院或进入疾病急性期后，其需求主要体现为医养。当其病情稳定后，可提供疾病诊疗、护理、用药指导等医养服务和健康教育。三是针对高龄老人或处于病情恢复期的老人，服务目标是控制病情加重、维持身体机能，尽可能保障他们原先的生活质量。而对于卧床老人则需提供特殊护理、康复医疗、康复训练等服务。随着老年人身体机能的进一步退化，突发性疾病或者慢性疾病进一步恶化，进入第四阶段。这一阶段主要是为老年人提供临终关怀服务，帮助老年人减轻其疾病的症状、延缓疾病发展的医疗护理，排解心理问题和精神紧张，为其家属分担一些劳累与压力。

（二）各参与主体在医养康养养老服务体系中的职责定位

医养康养相结合的养老服务体系需要多主体的参与，具体包括政府、市场、社会、老年人及其家庭。这些参与主体需要密切配合。在具体实践中，我们要将明确不同供给主体的角色定位、具体职能和供给范围放在首位，形成以政府为主导、社区/机构为平台、市场主体实施、非营利性社会组织参与的多元医养康养养老服务格局。

政府在养老服务中应起主导、协调、法律法规和政策制定、资源整合、资金保障和监督管理等作用,为多元治理提供协同合作的范本,明确社会力量和市场在养老服务体系中的主体责任。但政府的主导作用并不代表政府应该担负起老年人养老的全部责任。政府负责宏观层面规划与决策,为养老服务营造良好的市场环境,发布相关的产业扶持政策并引导创新。政府通过制定准入标准和养老服务标准来规范服务市场,使市场在为老年人养老服务供给中扮演重要角色。此外,政府应对养老服务质量进行监督与评价,发挥主体间矛盾调解作用。

市场在微观层面负责养老服务的提供,是养老服务的具体执行者。市场自身可以通过优胜劣汰,提升养老服务的整体水平。此外,市场还应在养老产业发展、技术创新等方面发挥优势。

社会包括社区、社会非营利性组织等。在当前的养老服务体系中,社区正在通过多种途径形成健康治理上的合力。可以将社区看作网格化服务或治理的一个空间载体,将社区居民组织起来,实现基层群众自治。此外,社区还承担了养老服务组织、沟通与协调的工作,作为链接各类养老服务资源的平台。社会组织参与养老服务提供,可以通过在社区组织健康教育活动、社会捐赠等方式,为老年人提供各种养老服务。社会组织具有灵活和专业的特点,能在特定的健康行业中发挥重要作用,对“市场失灵”和“政府失灵”进行有效弥补。

健康是基本人权。随着家庭养老功能的减弱,老年人自身应全力以赴,承担起对自身养老与健康保护的责任。老年人及其家庭也应积极参与到养老服务中，尽量发挥自身优势，既做养老服务的使用者，又做养老服务的提供者。

（三）行动路径

本书基于我国医养康养服务体系发展现状，结合我国所特有的优势，以老年人医养康养服务需求为导向，在现有医养康养服务模式的基础上，构建中国特色医养康养相结合的养老服务体系和行动路径，主要包括医养康养服务资源的整合和服务提供的方式。现从社区居家、机构两个场域探讨医养康养服务体系的行动路径。

1. 社区居家医养康养服务体系构建

第一，夯实社区居家服务基础，提升医养康养服务可获得性。首先，完善社区医养康养服务设施，如对社区（乡镇）医养结合服务设施进行改建、扩建，支持有条件的基层医疗卫生机构设置集康养护功能于一身的床位，支持有条件有需求的社区养老机构内设护理站，逐渐实现护理和医疗功能的衔接。其次，加大政府购买健康养老服务的力度。基于此，为保障老年人居家养老需求的满足，政府应加大购买医养康养服务的力度，让更多老年人就近即可享受到全面、连续的健康养老服务。最后，鼓励社区及社会组织通过开展互助式养老服务，提升老年人的福祉。充分挖掘人力资源及服务资源，如各年龄段的非专业人士，特别是老年人，这些人可提供日常生活照料或者精神慰藉等服务。另外，社区是老年人生活的主要场域，多数老年人在社区中拥有丰富的社会网络，相互信任，这一优势为开展互助式养老服务提供了基本保障。

第二，针对不同健康状况的老年人，提供差异化服务。首先，针对活力老年人,应着重提高其健康素养,加大医养康养宣传推介力度,不断提升老年人的健康保护意识,提升其健康素养;加强健康监测、评估及管理,及时发现老年人的健康问题(尤其应重视听力水平、视力水平筛查)及健康风险,做到早发现、早治疗,提高老年人生活质量;探索建立社区预防照护体系,鼓励老年人自助互助。其次,针对非活力老年人(失能、半失能或失智老年人),应提升社区居家老年人医疗卫生服务水平,强化居家—社区—机构医养康养服务的有效整合与衔接;支持基层卫生机构开展家庭病床等服务,积极探索家庭病床费用纳入医保支付范围,进一步完善家庭病床的价格机制,充分体现出医护人员的劳动价值;推进"互联网＋护理服务"发展,提高服务的可及性。拓展医疗服务空间和内容,构建覆盖就诊前、中、后的线上—线下一体化医养康养服务模式,使医养康养服务更加便捷、精准、舒适。

2. **机构医养康养服务体系构建**

第一,合理规划设置医养康养结合机构。利用闲置资源或通过机构转型等建立一批医养康养机构,支持大型医疗机构或医养、康养机构组建医养康养联合体,以引领、促进资源的就近优化整合。倡导有条件的养老机构配备专业医疗及护士团队,或者通过与附近大型医疗机构签约开辟双向转诊"绿色通道"的形式,为老年人提供医养康养一体化服务。还应不断拓展机构服务内容,解决老年人衣食住行和基本生活照料问题,而且尽可能为老年人提供健康营养指导、环境无障碍化改造、疾病预防、医疗诊治、护理康复、心理健康、精神文化等服务,为"老有所养、老有所医、老有所为、老有所学、老有所乐"创造条件。①

---

① 吕元喜,吕元泉.完善福利院管理手段的探索与实践[J].商讯,2019(11):167.

第二，鼓励支持各类养老机构提升服务能力。首先，鼓励支持各类养老机构提升照护能级，提高失能、失智老年人的照护服务能力，推进建设老年护理型床位，为失能、失智老年人提供融医疗护理、生活照料为一体的专业照护服务。应定期评估老年人对医养康养服务的满意程度，通过定期组织员工参加培训，提升其专业能力。其次，运用先进技术，逐步探索智慧养老照护模式，积极推进医养康养服务工作向纵深发展。一是运用大数据、人工智能、区块链技术，采用先进智能设备，并通过大数据平台掌握老年人健康数据，为老年人提供便捷服务以及健康监测服务；二是完善老年医疗护理服务网络，推动养老服务信息与区域人口健康信息对接，通过网络平台将老年人的健康档案与社区、医疗机构共享，及时为社区老年人提供咨询、诊疗服务。

3. 医养康养服务支撑环境的构建

第一，推进医养康养协同发展，打造医养康养新模式。在国家政策引导下，各地可依托自身区位优势，结合当地的民族风情、民俗体验、中医药及宗教康养文化等实际情况，打造医养康养服务品牌，同时加大宣传力度，提升服务影响力，并引导社会力量积极提供医养康养服务。①

第二，进一步完善相关支撑保障制度。一是构建法律制度体系，在法律层面，借鉴国外经验，建立健全与医养康养相结合配套的法律法规，对长期护理保险制度立法；在制度层面，进一步制定完善服务内容、服务标准，明确多元供给主体的角色定位、分工合作机制，构建养老机构服务质量评估和监督机制，厘清政府管理部门与医养康养相结合服务机构之间的权责关系，协

---

① 杨海霞.医养结合背景下平凉市康养旅游发展路径研究[J].西部旅游，2021(15)：44-45.

调管理,避免出现条块分割的现象等。二是加大对养老机构的资金扶持力度,引导降低服务收费标准①;给予机构工作人员适当的资金补贴,提升其福利待遇;政府及有关部门可通过引导设立健康养老服务业发展基金的方式,有效拓宽养老服务业发展的资金来源。② 三是建立社会与商业长期护理保险整合的保险制度,在长期护理保险试点的基础上探索建立适合各地特色的社会性长期护理保险制度③,通过探索建立商业性长期护理保险制度、完善福利慈善工作机制等,建立居家护理保险的补充机制。

(四)政策建议

基于对我国医养康养服务体系发展现状的调查,本书从以下几个方面提出我国医养康养养老服务体系建设的政策建议。

1. 加强医养康养相结合理论研究,助力医养康养实践

前文已述,目前我国学界关于医养康养相结合的理论研究基本达成共识,但仍处于初级阶段,对医养康养理论内涵的研究仍需加强。因此,在医养康养相结合理论研究方面,我们应从老年人全生命周期健康促进入手,结合我国优秀传统文化以及千百年来祖国医学对健康的深刻认识,不断丰富医养康养理论的内涵,提出适合我国国情且具有中国特色的医养康养理论。重要的是,厘清"医养康养"和"长期照护"两个概念之间的关系,对于未来政策的制定有极大的指导意义。另外,医养康养的理论研究应与实

① 徐倩,常秀丽.青岛市养老机构医养结合养老服务绩效评价研究[J].青岛科技大学学报(社会科学版),2018,34(4):1－9.

② 李桂芹.哈尔滨市健康养老服务业发展思考[J].哈尔滨市委党校学报,2020(3):56－59.

③ 林宝.对中国长期护理保险制度模式的初步思考[J].老龄科学研究,2015,3(5):13－21.

践研究形成良好的互相促进关系，医养康养的理论内涵研究应为医养康养实践提供依据、基础，而医养康养实践反过来又对理论进行补充、完善，理论与实践之间形成良性循环，共同助力我国医养康养相结合服务体系建设。

2. 充分利用新质生产力，推动医养康养高质量发展

发展新质生产力是“十五五”规划基本思路研究重点，其包括的人工智能、高端算力和算法、高端机器人、现代生命医药技术和设备等，可以为医养康养技术水平、质量、效率的提高和可持续发展提供重要保障。例如，从前瞻性视角，在建设与发展医养康养服务体系过程中，建立国家级的、各部门参与的大数据库，对老年人的医养康养信息进行全面采集，并利用高端算法和科学研究，对未来老年人需求以及医养康养服务趋势做出判断和预测，在此基础上，再对现有医养康养服务体系建设实践提出有针对性的建议。

3. 提供法律保障，出台与医养康养服务相关的法律法规

目前，我国有关医养康养的政策日趋完善，但缺乏与养老服务相关的法律。因此，建议政府尽快出台与医养康养服务相关的法律法规，使老年人养老服务有法可依，明确各参与主体的权责分工，规范市场、社会组织、社区、个人及其家庭参与服务供给的准入标准及运行原则，引导我国医养康养服务体系走向法制化。进一步支持老年人参与医养康养整合服务措施，使该过程制度化、规范化；制定与医养康养服务相关的法律法规，对医养康养服务的提供主体、服务对象和费用承担方等作出明确规定，从而确保医养康养服务的顺利开展，并充分保障老年人在医养康养服务利用过程中的合法权益。

4. 立足国情，建设中国特色医养康养服务体系

针对我国目前医养康养服务体系不断发展但仍需加强的状况，我们应当在充分把握国情的基础上，对医养康养理论研究和实践研究的历史脉络进行梳理，了解制度体系运行的现实背景，从而对我国医养康养服务体系建设有更明确的认识和思考，指导进一步的政策制定工作。

长期照护服务的提出和医养康养资源的有效整合是建立在现有国情基础上的必然趋势。我国医疗卫生资源、养老资源、康复护理资源及医养结合资源等各类医疗资源逐年丰富，但资源分布配置仍存在结构性失衡的问题，我们必须提供灵活的、有针对性的、较为完善的医养康养服务，更好地提高养老资源和医疗资源的利用效率，用最小的运营管理成本满足最多的医养康养需求。在需求侧，应切实掌握老年人医养康养服务的真正需求，并且为每位老人建立档案，明确不同地区、不同年龄段老年人的需求种类和需求程度，量化需求现状，总结未能得到满足的需求内容，结合我国老年人人口和疾病特点，实现城乡、地区之间的平衡资源分配，因地制宜，构建有中国特色的医养康养服务体系。

5. 加强医养康养部门间协调，提高协作效率

目前，我国医、康、养主管部门不同，职责分工不够明确，难以形成高效率的协调局面。但医养康养相结合是我国养老服务体系中至关重要的一部分，仅靠某个部门是无法实现医养康养相结合乃至健康治理目标的。因此，从国家健康治理以及治理现代化的角度来看，迫切需要国家出台相关政策，重新整合相关部门的权责分工，建立专门的协调部门，构建高效率的协作机制，打破医、康、养与社会、个人和家庭等参与主体之间的壁垒，让医养康养服务走进社区、走进家庭，直达老年人身边，为建设中国特色医养康养相结

合的养老服务体系扫清障碍。

6. 发挥国有资本独特优势，助力医养康养产业高质量发展

2024 年 1 月发布的《国务院办公厅关于发展银发经济增进老年人福祉的意见》提出，“推动有效市场和有为政府更好结合，促进事业产业协同”。医养康养产业作为老龄产业中必不可少的一环，还处在发展的初级阶段，亟须从传统的产业模式升级为可以满足更多元化养老需求的创新模式，而结构升级需要注入足够的资本活力。国有资本因其具有天然的平台优势、信誉优势和链接优势，其运营的企业通过市场化的基金投资手段，能够推动国有资本向国家关注的重点养老行业、具有发展前景的老龄产业市场投入可持续发展的资源，解决行业发展的结构性难题，同时激励全社会创新资本向养老行业倾斜，保障国家重大养老战略落实。

7. 加强资金、人才和设施投入，扩大医疗保险覆盖范围

医养康养服务体系的正常运转需要大量的资金投入，以使机构设施实现质的提升。目前来看，仅靠政府或老年人都无法承受较为沉重的财政负担，因此需要多元主体共同承担。在这个过程中，政府应该承担主要责任。建议各级政府将医养康养服务相关支出费用纳入当地财政预算，通过全部或部分购买医养康养服务项目的方式，将部分医养康养结合型养老机构的服务费用纳入医保结算范围，提供资金和设施的支持。同时，发动社会力量，如社会慈善组织捐款、发展福彩事业等，实现老年人医养康养服务资金来源多元化。在人力资源建设方面，加强专业人才队伍建设，制定高效的薪酬管理体制，政府对于老年医养康养服务创新创业项目应给予大力支持，颁布配套税收优惠政策，吸引更多相关领域人才进入并能够长期从事，从而提升行业规范性，促进医养康养产业高质量可持续发展。

第四节　本章小结

本章通过对“医养康养”的内涵和外延、服务整合路径进行深入研究，部分回答了中国特色养老服务体系“是什么”的问题。首先，系统总结医养结合、康养结合的服务实践经验，厘清医养康养相结合服务体系的内涵与边界，对医养康养的政策进行系统梳理；紧接着分别从供需两个视角，对我国医养康养服务资源的配置及老年人实际需求进行调研，了解我国医养康养养老服务系统建设情况。基于此，在对老人健康综合评估分级基础上，考虑高龄、慢病、失能等不同层次老人的医疗与养老的多重需求，设计医养康养相结合的养老服务体系构建路径，并从中国特色优势、理论与实践、法律保障、推动卫生体制改革、制定权责利及质量保障政策、资金保障等角度提出推进医养康养服务深度融合的相应对策建议，以期为我国医养康养相结合养老服务体系的建设及未来发展提供理论依据。

第五章
养老服务和产品供给研究

第一节　养老服务和产品供给研究背景

伴随我国人口老龄化将进入快速上升期，老年群体消费规模、能力和意愿的升级，银发经济将持续推动消费主导、服务业引领、二三产业联动的产业发展新格局。为积极应对人口老龄化，提升养老服务体系的支撑能力，加强服务与产品的结合，从政策扶持和市场导向两个维度发力来进一步扩大养老服务和产品供给，不断满足我国人口老龄化背景下人民群众的多层次多样化的需求。同时，根据国际经验和市场经济发展规律，养老服务和产品的供给规模、结构、质量和水平是衡量养老服务体系建设程度的关键要素之一。本章将系统梳理目前养老服务和产品市场发展情况，从供需对接情况、产业发展要素等角度剖析存在的问题，为了做大服务和产品市场总量、优化结构、提高质量，针对城市养老服务和产品供给、农村养老服务和产品供给两个层级，分别从优化营商环境、加大要素配置、改革体制机制、创新业态模式、促进科技融合等角度提出优化建议。通过扩大养老服务和产品供给，提升中国特色养老服务体系的质量层次，保障人民群众的获得感。在以上主要思路的基础上，本章设置了三个具体的研究问题，分别是：

在理论层面，养老服务和产品供给体系如何支撑具有中国特色的养老服务体系，如何构建中国特色养老服务和产品供给的制度体系、要素体系、保障体系等？

在实践层面，我国养老服务和产品供给呈现出何种发展特征和发展趋势，尤其是城市、农村的养老服务和产品供给的差异及其各自特色是什么？

在政策层面，构建何种制度政策体系能够支撑更具规模、更有效率的养老服务和产品供给体系？

进入21世纪后，我国养老服务和产品市场供给的发展与产业政策发展的速度都非常快，但总体上市场发展更快，政策的出台跟不上市场发展，甚至一些政策制约市场发展的现象在21世纪初期也存在着。在党的十八大召开之后，党中央高度重视养老服务和产品在应对我国人口老龄化过程中的重要作用，近年来对养老服务体系建设工作进行多方位部署，国家层面的战略政策不断出台，直接推动了我国养老服务和产品的发展，其中在顶层设计上有几项政策非常重要。例如：2019年10月底召开的中共十九届四中全会明确提出“积极应对人口老龄化，加快建设居家社区机构相协调、医养康养相结合的养老服务体系”；2019年11月，中共中央、国务院印发了《国家积极应对人口老龄化中长期规划》，提出了“打造高质量的为老服务和产品供给体系”；2020年10月下旬召开的中共十九届五中全会上，审议通过了《中共中央关于制定国民经济和社会发展第十四个五年规划和二〇三五年远景目标的建议》，2021 年 3 月通过的《中华人民共和国国民经济和社会发展第十四个五年规划和 2035 年远景目标纲要》提出，“积极开发老龄人力资源，发展银发经济”。在一系列重要政策出台之后，亟须进一步地进行战略政策解读和落实路径对策，为此需要更加深入地研究，尽快摸清市场发展的前沿情况和问题，梳理并推动相关制度体系的建立和完善，进而上升为养老服务和产品市场的供给模式相关理论。本书就是从学术理论上对以上政策所做的支撑和解读，一个重要意义就是推动中国特色养老服务体系实务和理论框架的确立，实现制度与实践、政策与市场之间的相互推动。

本研究的另一个重要意义是将理论、政策同养老服务和产品实践相结合，通过构建养老服务和产品供给模式、路径、对策来为中国特色养老服务体系提供有力支撑。当前，构建中国特色养老服务体系，既能顺应人口结构变动，又能聚焦民生热点需求，还能推动经济转型发展。养老服务和产品是银发经济的重要组成部分，银发经济是具有中国特色的民生经济重点领域。对养老服务和产品供给进行专项研究，既是对银发经济供给侧层面的探究，又是构建中国特色养老服务体系的重要研究内容之一。

本章针对养老服务和产品的专题研究主要围绕着提高老年人生活质量与水平的根本目标，顺应积极适应人口老龄化的发展趋势，遵循老龄产业发展的客观规律，以满足老年人的物质产品和文化生活服务需要为出发点和落脚点，通过增加老龄产品供给，优化老龄产业结构，提升老龄产业发展水平来推进老龄产业健康快速发展，有关研究内容将成为中国特色养老服务体系的重要内容之一，使其成为老年人生存权、发展权和参与权的重要保障,国民经济发展和产业结构升级的重要支撑,社会和谐和文明进步的重要推力。

第二节 养老服务和产品的相关概念

一、养老产业

由国家统计局发布的《养老产业统计分类(2020)》,首次在官方层面系统全面地界定了养老产业,即以向社会公众提供各种养老及相关产品(包括服务和货物)为目的的社会生产活动集合,主要包括适合老年人的养老用品和相关产品的制造活动以及专门为养老或老年人提供产品的活动。

二、养老服务和产品供给

养老服务和产品供给是在养老产业中提供各类服务和产品供给内容、供给主体、供给形式、供给方运营模式等相关要素的集合。根据《养老产业统计分类(2020)》,养老服务和产品供给内容可以分为以下 12 种类型:老年社会参与和老年健康促进、养老照护服务、老年医疗保健卫生服务、老年社会保障、养老金融服务、养老公共管理、人力资源服务和养老教育培训、适合老年人的养老用品及相关产品制造、智慧养老服务和养老科技、适合老年人的养老用品及相关产品销售和租赁、养老基础设施建设、其他养老服务等。表 5－1 展示了养老产业的业态内容。

表 5-1 养老产业的业态内容

产业分类	产业业态	业 态 内 容
第二产业	制造业	适合老年人的养老用品及相关产品制造
	建筑业	养老基础设施建设
第三产业	服务业	养老照护服务
		适合老年人的养老用品及相关产品销售和租赁
		老年医疗保健卫生服务
		老年社会参与和老年健康促进
		老年社会保障
		智慧养老服务和养老科技
		养老金融服务
		人力资源服务和养老教育培训
		养老公共管理
		其他养老服务

第三节 基于需求的我国养老服务和产品供给分析

一、我国养老服务和产品供给总体现状

（一）供给概况

1. 养老服务和产品供给规模不断增加

随着我国人口老龄化程度的加深，以及我国经济不断进步而带来的老

年消费能力不断提高,未来我国的养老服务和产品供给市场规模不断扩大。国家统计局在2019年年底制定发布了《养老产业统计分类(2020)》,但是目前尚未发布相关的产业统计数据。本课题组查阅了其他机构发布的养老服务和产品市场规模的数据,其中《2021中国银发经济行业调研报告》显示,"2021年我国养老服务和产品供给市场规模将达5.9万亿元"。《中国老龄产业发展报告》数据显示,从2014年到2050年,我国老年人口的消费潜力将从4万亿元增长到106万亿元左右,老龄产业占GDP比重也将从8%增长到33%,在全球范围内的老龄产业领域,中国将成为市场潜力最大的国家。[①] 近些年来,我国银发经济发展迅速,具有政策扶持力度大、市场主体增长快、养老服务发展势头猛、资本关注度高、科技赋能特征明显五大特征。根据国家统计局发布的数据,截至2021年年末,全国共有各类提供住宿的民政服务机构4.3万个(其中,养老机构4万个、儿童福利和救助保护机构801个),民政服务床位840.2万张(其中,养老服务床位813.5万张、儿童福利和救助保护机构床位9.6万张),共有社区服务中心2.9万个,社区服务站47.2万个,相比往年有较大的提升。

2. 养老服务和产品供给参与主体日趋多元化

在我国养老服务业刚开始的阶段,以传统的医疗护理、生活家政、房地产、康复辅助器具类企业发展为主,但近年来随着大型央企、国企、险资、外资等逐渐加入,所涉行业拓展到教育、旅游、培训、电商、互联网、智能科技等领域。[②] 天眼查公开数据显示,近年来我国涉及养老服务和产品相关的企业

① 余婉燕,欧阳奕,罗雪萍. 老年人网络消费行为调查:以南昌市为例[J]. 时代农机,2015,42(2):107,109.

② 王莉莉. 新时期我国老龄服务产业发展现状、问题与趋势[J]. 兰州学刊,2020(10):186-198.

(包含全部企业状态)年注册量逐年增加，2020 年，养老服务相关企业年注册量同比增长 8%，注册量超过 5 万家；截至 2020 年年底，我国有近 21.2 万家企业的名称或经营范围含"养老、老人、老年"，且状态为存续、在业、迁入、迁出的养老服务和产品供给相关企业。截至 2021 年 5 月，2021 年度已新增超 1.7 万家养老服务相关企业。产业发展机制变得更加灵活，养老服务业发展逐渐从传统的公办、民办双轨制向公建民营、PPP（Public - Private Partnership，政府与社会资本合作）等多元机制发展，不断强化市场在资源配置中的决定性作用。

3. 养老服务和产品政策体系逐步厘清并推进

随着我国社会人口老龄化程度的不断加深，我国先后出台了一系列促进养老服务业发展的规划和政策文件。尤其是党的十八大以来，党中央、国务院高度重视老龄事业发展，从宏观层面的顶层设计到微观层面的服务规范，出台的相关规范文件和政策举措为老龄发展工作提供了清晰的目标方向和行动指南，其中包含了老龄产业的支持举措。《国家积极应对人口老龄化中长期规划》提出了关于发展银发经济的战略部署，国务院明确提出将把《"十四五"养老服务体系规划》作为"十四五"时期的重点专项规划，并从重点推进老龄事业和产业协同发展的角度落实规划精神。自 2019 年以来，由养老服务、老年用品、老年科技产品、养老金融等各类产品服务共同构成的老龄产业日益清晰。政策和规划既推动了老龄产业发展，也迎合了老龄产业的发展需求。国家统计局《养老产业统计分类(2020)》(国家统计局令第 30 号)界定了老龄产业的范围，划分为 12 个大类、51 个中类、79 个小类，涵盖二三产业。由此，老龄产业(银发经济)作为国家积极应对人口老龄化战略框架下的重点任务，不断增强政策要素、统计等制度支撑。

（二）主要供给领域

1. 老龄金融领域

近年来，老龄金融业发展支持政策不断出台，主要包括《国务院关于加快发展养老服务业的若干意见》(国发〔2013〕35号)、《关于开展老年人住房反向抵押养老保险试点的指导意见》(保监发〔2014〕53号)、《关于金融支持养老服务业加快发展的指导意见》(银发〔2016〕65号)、《中国保监会关于延长老年人住房反向抵押养老保险试点期间并扩大试点范围的通知》(保监发〔2016〕55号)、《国务院办公厅关于全面放开养老服务市场提升养老服务质量的若干意见》(国办发〔2016〕91号)、《国务院办公厅关于加快发展商业养老保险的若干意见》(国办发〔2017〕59号)、《国务院办公厅关于推进养老服务发展的意见》(国办发〔2019〕5号)和《中共中央 国务院关于加强新时代老龄工作的意见》等政策文件。但是，多数政策并不是针对老龄金融业制定的，而是将老龄金融业作为养老服务的一部分提出的。从产业发展来看，老龄金融业产品种类逐渐丰富。银行类金融机构主要开发养老理财产品和住房反抵押贷款；保险类金融机构主要开发住房抵押养老保险、养老金管理和商业养老保险产品；基金类金融机构主要投资养老产业设立的基金；信托类金融机构主要开发养老金融信托和养老消费信托。老龄金融产业规模不断扩大。有数据显示，截至2016年，我国养老理财产品规模达2 636亿元，2017年养老保险收入约为4 144.57亿元，商业养老保险的规模为297.02亿元，截至2018年4月全市场已成立的养老目标基金共39只，合计规模超过120亿元。[①] 此外，老龄金融业监管逐步加强，例如2018年财政部发布了

---

① 张栋. 养老服务金融：严监管背景下的跨行业探索与创新[M]. 中国养老金融发展报告(2018)，社会科学文献出版社，2018.

《关于进一步加强政府和社会资本合作(PPP)示范项目规范管理的通知》，核查出173个项目存在问题，其中8个涉及养老项目，对养老项目进行重点监管。

2. 老年照护领域

失能照护是我国养老市场的刚需领域，发展长期照护服务是完善失能照护内容的重点。随着我国社会养老服务体系不断完善，各地社区居家养老服务逐渐受到政府和市场的重视，特别是在助餐、助浴、助洁等日常生活照料服务方面发展较快。在政策层面，《国务院办公厅关于推进养老服务发展的意见》《国务院办公厅关于全面放开养老服务市场提升养老服务质量的若干意见》等中央政策文件为促进社区居家养老层面的老龄日常生活照料服务营造了良好的社会政策环境。在实践层面，经历了从小规模企业分散进入市场到大型企业集团进军社区居家养老服务领域的转变。如“青松”在康复护理领域发展较早；为失能半失能老年人提供专业护理服务的社区嵌入型机构“寸草春晖”已经正式与首开集团合作；万科通过“嘉园—社区嵌入式长者照料中心”已经开始在一、二线城市中广泛布局；北京市国资委下属企业北京诚和敬养老健康产业集团已经在北京各区大范围布点，承接北京市社区养老服务驿站运营；上海市社区养老设施包括268家综合为老服务中心、720家日间照料中心、1 000多家助餐点和近2 000家示范睦邻点，养老服务机构有724家，床位15.1万张，涵盖了托底保障、普惠养老、高端养老、养老社区等多种类型。苏州市在新一轮城镇化建设和乡村振兴过程中，城市更新、城市微更新、基础设施提档升级中广泛融入了适老化元素，全市43个镇(街道)启动辖区内区域性养老服务中心建设，占镇(街道)总数的89.2%，已完成升级改造乡镇敬老院40家；共建成虚拟养老院10家，“15分钟养老服务圈”基本形成，共为44.5万老年人提供了上门服务。

3. **老年宜居领域**

目前我国老年宜居产业处于初步发展阶段。《国务院办公厅关于推进养老服务发展的意见》《关于推进老年宜居环境建设的指导意见》等相关政策文件的印发，进一步为推进老年宜居环境建设指明了发展重点与方向。同时，老年宜居产业发展机制更加规范，特别是近年来部分养老项目侵占了公共资源，为此政府通过加强市场监管以规范相关产业发展。此外，老年宜居产业相关行业协会近年来发展迅速，例如成立中国老旧小区建筑改造产业联盟、中国建筑装饰协会适老产业委员会、中国房地产协会老年住区委员会等。在实践层面，各地开展老年宜居产品及服务开发，特别是推动适老化改造工作。政策层面，适老化改造政策标准逐步推进。国家标准方面，《城市居住区规划设计标准》(GB 50180—2018)涉及各级养老设施配置、室外活动场地设置的相关规定和既有建筑加装电梯标准等。行业标准方面，主要有《室外适老健康环境设计标准》(T/ASC 18—2021)和《城市旧居住区综合改造技术标准》(T/CSUS 04—2019)，内容涉及适老环境建设标准和适老化改造原则性要求等。实践层面，全国主要城市以家庭适老化改造为抓手，推进城市更新工作。近些年来国家政策对家庭适老化改造以保障特殊困难对象为主，实施主体为地方政府。2012年，上海市首次提出为困难低保老年人家庭提供居家适老化改造服务。2016年，北京市启动经济困难老年人居家适老化改造工作，改造标准为每户5 000元。2019年，民政部等九部门联合印发的《关于加快实施老年人居家适老化改造工程的指导意见》明确指出，将为特殊困难老年人家庭实施居家养老适老化改造，由此全国各地广泛开展了聚焦特殊困难群体的家庭适老化改造项目。

4. 老年用品领域

虽然目前并无权威数据表明我国老年用品产业规模到底是什么情况，但目前从我国老年用品市场行业发展来看，主要包括以下类型：第一是老年日用品及辅助产品，包括老年服装、手套、袜子、围巾、帽子、鞋、眼镜，登山杖等日用品和辅助产品，适合老人操作的电脑和移动电话；第二是老年食品，指满足老年人群多样化营养健康需求的饮食产品，包括营养食品和保健食品；第三是老年保健用品，指适合老年人康复、按摩用的保健用品；第四是老年休闲娱乐产品，指适合老年人娱乐的围棋、象棋、扑克牌等益智玩具；第五是康复辅具和老年医疗器械，指用于病房护理、老年病的康复理疗等医疗设备；第六是老龄用品及周边产品租赁，包括商店与互联网平台租赁等，租赁范围包括医疗器械、汽车(不含九座以上客车)、电子产品、家具等，为老年人生活提供便利。

其中，康复辅具产业是老年用品的重要领域。老年群体由于身体机能衰老和身体功能退化，对康复辅具一直具有旺盛的需求，康复辅助器具具有不同的分类标准，比如国际标准化组织(ISO)将其分为功能代偿、康复矫治、社会交流、生活自理、文体娱乐等多个方面。① 2014 年，民政部发布了《中国康复辅助器具目录》，这也是中华人民共和国成立以来政府部门首次颁布的全国性康复辅具目录。该目录与国际标准 ISO 9999：2011 一致，以康复辅助器具产品的功能进行划分，分为主类、次类和支类，其中主类共 12 项，涵盖了目前国际上所有的康复辅具类型，但根据我国康复辅具生产、供应和使用的实际情况，对国际标准中的主类编号进行了重新编排(见表 5－2)。

---

① 单新颖，闫和平．中国康复辅具监管现状分析[J]．社会福利(理论版)，2015(1)：35－37．

表 5-2　中国康复辅助器具目录

本目录编号	主 类 名 称	国标主类编号
01	矫形器和假肢	06
02	个人移动辅助器具	12
03	个人生活自理和防护辅助器具	09
04	家庭和其他场所使用的家具及其适配件	18
05	沟通和信息辅助器具	22
06	个人治疗辅助器具	04
07	技能训练辅助器具	05
08	操作物体和器具的辅助器具	24
09	用于环境改善和评估的辅助器具	27
10	家务辅助器具	15
11	就业和职业训练辅助器具	28
12	休闲娱乐辅助器具	30

随着中国经济总量和内需的不断增长,康复辅具业已经进入了快速扩张的时期。目前,我国康复辅助器具产业包括技术研发、产品制造、配置服务等环节。全国生产企业由最初的 10 家增加到 400 多家,配置机构由 41 家增加到 2 000 多家,从业人员从 4 500 多人增加到 1 万多人。康复辅具产品数量成倍增长,每年约生产假肢 6.5 万件以上、矫形鞋 11 万只以上、矫形器 127 万件以上、轮椅 300 万辆以上,一批国际流行的现代康复辅具产品得到推广和应用。

5. 智慧养老领域

2020 年 1 月,民政部等三部门主办的 2019 年智慧健康养老产业发展大会召开，会上发布的数据显示，2019 年中国智慧健康养老产业规模近 3.2 万亿元，中国智慧健康养老产业规模持续快速增长，近 3 年复合增长率更是超过 18%。互联网+养老服务产品主要包括“线上”的网络服务平台与“线下”具体的居家养老服务产品，如上门服务、社区居家养老服务照料中心服务、地产养老服务以及老年金融、教育、法律援助等其他专门信息服务产品。智慧科技和更新改造提供养老服务支撑。数字社会催生新经济新业态发展，老年人共享信息科技成果、运用智慧消费能级的程度不断提升。以上海为例，上海市徐汇区田林街道依托市综合为老服务平台，通过开发智能养老顾问系统，根据老年人的居住状况、经济状况、身体状况等信息自动匹配所需服务，推进智慧健康养老示范街道建设。①

（三）主要供给主体

1. 我国养老服务和产品主要供给主体的发展变化

从时间维度来看，我国养老服务和产品供给主体发展可以分为四个阶段：

第一个阶段：1949 年到 1978 年之间的以家庭和单位公社为主的计划经济下的阶段。国家首先实施了《劳动保险条例》，建立了包括养老、医疗、工伤、生育、丧葬、抚恤、遗属等各种待遇在内的福利保障。《劳动保险条例》的覆盖范围仅仅是 100 人以上的企业和部分行业单位，为了让所有人都能受益于养老制度和获得相应的服务，1957 年国务院通过《关于工人、职员退休处理的暂行规定》，明确对国有和公私合营企业、机关事业单位和人民团体

① 王阳. 支持老龄产业发展的对策研究：对上海市和江苏省苏州市、常州市的调查发现[J]. 上海城市管理，2021，30(6)：11－19.

的工人职员实施退休制度,退休费由用人单位承担,机关事业单位的则由国家承担。这为养老服务和产品提供了收入基础。1956 年 6 月,国家公布了《高级农业生产合作社示范章程》,对于农民的养老制度也作出了规范。对于老弱病残居民,有关单位应当在生产上和生活上给予适当的安排和照顾。在此政策框架内,除了城乡孤寡老人以外,绝大部分养老服务都来自家庭。

第二个阶段:改革开放后至 20 世纪 90 年代以前的政府有限参与,社会力量开始参与的阶段。随着改革开放的深入,我国在养老服务和产品的供给机制上有了不小的改变,过去单位和公社合作社制功能逐渐弱化,我国的养老服务和产品供给开启了市场化萌芽。国外一些养老服务和产品的理念传入我国,一些城市出现了针对老年人的相关服务和产品,但是这个阶段是以家庭养老为主,政府对于养老服务和产品的政策指导还没有形成,社会力量对养老服务和产品的供给也处于摸索阶段。

第三个阶段:20 世纪 90 年代到 21 世纪初期的家庭亲人、政府、社会等多元供给主体逐步共同参与阶段。1993 年,民政部、国家计委等部门《关于加快发展社区服务业的意见》首次提出了"养老服务"概念,这说明"养老"是一个区别于"福利服务"的独立概念,更具有独立性和社会性。① 这一时期,政策开始关注社会化养老的需求和供给,养老不再属于家庭功能,而是逐渐走向家庭以外。一些沿海发达城市出现了以提供"养老服务"为功能的居家社区服务,为后续养老服务体系的提出奠定了实践基础。伴随着 2000 年前后的国企改制,单位制对家庭功能的补充和替代也逐渐告一段落,养老作为

① 李璐.我国 70 年养老模式的变迁[J].中国经贸导刊,2019(18):44－46.

原有的家庭功能之一正式走向了社会。① 此时养老服务和产品供给的社会化程度逐渐加强。2008 年 2 月出台的《关于全面推进居家养老服务工作的意见》指出，在现阶段家庭传统养老功能弱化时期，应当以社区为依托，大力发展居家养老服务。这也是社区的养老功能被提上我国养老服务供给日程的标志。

第四个阶段：2011 年至今的多元供给主体责任强化阶段。这一时期，坚持政府主导作用，并鼓励社会力量积极参与，实现参与养老服务供给主体和养老模式发展的多元化将成为我国这一阶段养老服务供给发展的基本特点。随着养老服务体系的明确，"居家"养老与"家庭"养老具有一定的差异，属于社会服务体系中的一种养老模式，这种观念逐渐被人们接纳。同时，机构养老也逐步成为广大老年人可以接纳的养老模式，从福利机构、乡镇敬老院、公办养老机构等类型开始起步，在政策的推动下逐渐出现了大量的公建民营、民办公助等养老机构，各种社会力量不断参与进来，推动机构养老成为养老模式的重要补充。②

2. 当前我国养老服务和产品的主要供给主体分类

当前我国养老服务和产品的供给主体按照主体的身份属性，除了家庭之外，其他的外部主体可以分成三种类型，分别如下：

第一种是以政府投资兴办为主的养老服务和产品供给主体。这类主体主要包含政府投资兴办的提供养老服务的各种养老院机构、提供养老金融产品的国有银行或保险公司、提供养老辅具器械的各类国有企业等。这类主体往往以事业单位、国企或社区机构的形式存在，有自主运营和委托运营

① 李璐. 我国 70 年养老模式的变迁[J]. 中国经贸导刊，2019(18)：44－46.
② 李璐. 我国 70 年养老模式的变迁[J]. 中国经贸导刊，2019(18)：44－46.

两种主要形式。

第二种是以民营企业投资兴办为主的养老服务和产品供给主体。这类主体主要包含市场上各类资本和投资人创办的以养老服务和产品为主要业务范围的公司或组织。目前不管是在城市还是在农村区域,此类主体的数量正在逐渐增多,这类主体大多自负盈亏,根据不同的地区和不同的发展阶段,可以向政府申请一些补贴和政策支持。提供的养老服务和产品以获得盈利为主要目的,服务和产品的形式多样,品质层级较多,价格往往相对较高。企业可以借助市场机制更好地挖掘出社会公众的基本养老需求,并且高效地提供符合社会公众多样化需求的养老服务。面对我国日益增长的养老服务和产品的市场需求,各类企业也踊跃参与到养老服务和产品的供给中来。当前我国的各类市场主体在养老服务与产品市场开发中的发展模式主要有央企模式、企业园区形态、养老地产模式、养老旅游模式、养生养老模式和产养结合模式等六种。其市场分类和特点汇总如表 5 - 3 所示。

表 5 - 3　市场主体供给养老服务和产品的模式

发展模式	二级分类	特　　点
央企模式	通过医养结合为养老业务充分赋能	1. 医养结合型机构养老业务 2. 医养结合型社区养老业务 3. 医养结合型居家养老业务 4. 院内增设养老业务
	积极为合作央企离退休人员提供养老服务	
	依托主业资源推动养老业务转型升级	1. 养老运营服务,托管周边养老机构 2. 现有培疗资源,转型发展养老产业

续　表

发展模式	二级分类	特　点
企业园区形态	各地打造产业园区或基地，建设面向康复辅具产业集群和中小型企业的公共服务平台	
	与养老服务业融合	
	与医疗健康业融合	
养老地产模式	纯粹的房地产	有地产、无养老
	真正的养老地产	以“养老地产＋养老服务”健康养老服务为主
	文化＋养老地产	在全健康周期服务的基础上，将教育和养老一并设计同时完成
养老旅游模式	旅游休闲地	
	候鸟式养老	
	异地循环养老	
养生养老模式		以养生为入住目的，入住时间长于旅游
产养结合模式	养老＋农业	养老服务与绿色农业、银发工业相结合
	养老＋工业	
	养老＋工业＋农业＋其他服务业	

第三种是以其他社会力量投资兴办为主的养老服务和产品供给主体。这类主体主要是：各类NGO组织兴办的以公益为主的提供基础养老服务和产品的组织和机构，区域居民自发形成的公益自治式的为老年人提供服务和产品的组织或机构。此类主体大多建立在公益或半公益的基础上，拥有一批有情怀的管理者或运营者。这类主体可以通过社会机制发现有

效需求,并通过社会组织志愿供给的方式,提供与需求相匹配的养老服务。

(四) 主要供给内容

国家统计局《养老产业统计分类(2020)》指出,我国逐步形成了包括12个大类、51个中类、79个小类,涵盖二三产业,非常完备的老龄产业体系。第二产业包括老年用品及相关产品制造、养老设施建设2个大类,相对应的有5个中类,8个小类;第三产业包括老年医疗卫生服务、养老照护服务、老年健康促进与社会参与、老年社会保障、养老教育培训和人力资源服务、养老科技和智慧养老服务、养老公共管理、其他养老服务、老年用品及相关产品销售和租赁、养老金融服务等10个大类,相对应的有46个中类、71个小类。具体的养老服务和产品内容的分类如表5-4所示。

表5-4　我国当前养老服务和产品细分内容

代码			服务内容
大类	中类	小类	
1	养老照护服务		
	11	110	居家养老照护服务
	12	120	社区养老照护服务
	13	130	机构养老照护服务
2	老年医疗卫生服务		
	21	210	老年预防保健和健康管理
	22	220	老年人疾病诊疗服务

续 表

代 码			服务内容
大 类	中 类	小 类	
	23		老年康复护理服务
		231	老年康复和医疗护理服务
		232	老年康复辅具配置服务
	24	240	安宁疗护服务
	29	290	其他未列明老年医疗卫生服务
3	老年健康促进与社会参与		
	31		老年体育健身服务
		311	老年运动休闲和群众体育活动
		312	老年体育健康服务
	32	320	老年文化娱乐活动
	33	330	老年旅游服务
	34		老年健康养生服务
		341	老年养生保健服务
		342	老年心理健康服务
	35	350	老年志愿服务
4	老年社会保障		
	41		老年社会保险
		411	基本养老保险
		412	老年基本医疗保险
		413	老年长期护理保险
		414	老年补充保险

续　表

代码			服务内容
大类	中类	小类	
	42	420	老年人社会救助
	43	430	老年人慈善服务
	44	440	老年人社会福利
	45	450	养老彩票公益金服务
5	养老教育培训和人力资源服务		
	51		养老教育和技能培训
		512	养老职业技能培训
		513	家庭护老技能培训
	52	520	老年教育
	53		养老人力资源服务
		533	老年人人力资源开发服务
6	养老金融服务		
	61		老年商业保险
		612	老年健康保险
		613	老年人意外伤害保险
		614	养老机构责任保险
	62		商业养老保险
		621	养老年金保险
		622	住房反向抵押养老保险
		629	其他商业养老保险
	63	630	养老理财服务

续　表

代　码			服务内容
大　类	中　类	小　类	
	64	640	养老金信托
	65	650	养老债券
	69	690	其他养老金融服务
7	养老科技和智慧养老服务		
	71		养老科技服务
		711	养老科学研究和试验发展
		712	养老科技推广和应用服务
		713	养老产品质检技术服务
	72		智慧养老服务
		721	互联网养老服务平台
		722	养老大数据与云计算服务
		723	物联网养老技术服务
		729	其他智慧养老技术服务
8	养老公共管理		
	81	810	政府养老管理服务
	82	820	养老社会组织服务
9	其他养老服务		
	91	910	养老传媒服务
	92		老年法律服务和法律援助
		921	老年司法援助服务
		922	老年公益公证服务

续 表

代码			服务内容
大类	中类	小类	
	93	930	养老相关展览服务
	94	940	老年婚姻服务
	95	950	养老代理服务
	99	990	其他未列明的养老服务
10	老年用品及相关产品制造		
	102	1020	老年日用品及辅助产品制造
	103	1030	老年健身产品制造
	104	1040	老年休闲娱乐产品制造
	105	1050	老年保健用品制造
	106	1060	老年药品制造
	107	1070	老年医疗器械和康复辅具制造
	108	1080	老年智能与可穿戴装备制造
	109	1090	老年代步车制造
11	老年用品及相关产品销售和租赁		
	111		老年用品及相关产品销售
		1111	老年营养和保健品销售
		1112	老年日用品及辅助产品销售
		1113	老年保健用品销售
		1114	老年文体产品销售
		1115	老年药品销售
		1116	老年医疗器械和康复辅具销售

续　表

代码			服务内容
大类	中类	小类	
		1117	老年智能与可穿戴装备销售
		1118	老年代步车销售
	112	1120	老年相关产品租赁
12	养老设施建设		
	121	1210	养老设施建设、改造及装修维修
	122	1220	住宅适老化及无障碍改造
	123	1230	公共设施适老化及无障碍改造

二、我国养老服务和产品供给主要问题及形成原因

（一）总体问题及形成原因

1. 制度政策体系仍有待健全

目前，我国养老服务和产品供给整体处于起步阶段，尚未形成较为完善的支持养老服务和产品发展的制度政策体系，特别是缺乏银发经济发展的顶层设计，也没有出台指导银发经济发展的规划和政策文件，现有的指导意见仅仅针对养老服务业，各地针对区域养老服务和产品的指导和扶持政策还比较少，对于政府“兜底”服务的对象和相应的标准还不够细化，民营企业面临的发展环境还有待进一步通过政策进行优化。

上述问题形成的主要原因是我国关于养老服务和供给的顶层政策体系尚未搭建完成，事业和产业的界限还没有完全界定清晰，各级政府之前对问

题严重性的认识还不够到位。

2. 服务产品供给不足且种类单一

当前我国专门针对老年人的产品和服务的种类和数量与发达国家相比还存在差距，许多产品的科技含量还不高，用于自身IP的产品更少，还不能完全满足老年人多元化的需求。以老年服装行业为例，服装行业中很难区分老年服装行业特质，且基本以小品牌为主，品牌与品牌之间也没有形成个性化特征，难以充分挖掘市场需求潜力。在全球6万多种老年产品中，我国市场可见的只有2 000多种，而日本则有4万多种。在我国，针对中高端消费老年人群体的高层次、高质量、多样化、个性化服务供给不足。同时，从老年用品企业发展来看，市场细分还不到位，出现了多家企业生产经营具有相同功能的产品，目前尚无品牌化、连锁化、集团化的老年用品龙头企业，不利于市场规模的扩大和服务需求的满足。

这些问题形成的主要原因是很多企业还没有真正认识到老年服务和产品市场的重要性，投入的研发资金、科研人员、市场人员等相对较少，同时老年服务和产品的市场利润还相对较低，对于企业进入的吸引力还不高。

3. 供需匹配缺乏必要和专业的渠道

从目前养老服务和老年用品的销售方式来看，仍然主要通过线下购买的方式进行，但是随着老年人对互联网接受程度不断加深，老年群体开始逐步养成通过互联网购物的习惯。需要进一步进行老年用品网购平台建设，或是引导养老服务和老年用品企业与现有的电商平台合作，进一步丰富养老服务和老年用品的销售渠道。反之，相对于一些专业化的老年用品，如康复辅具等，有些辅具并非标准化产品，而是需要前期体验、调试和后期追踪服务的，但目前这些与产品配套的线上渠道和平台相当缺乏，有需求的家庭和个人难以寻找到相关产品，客观上制约了购买力释放。

这些问题形成的主要原因是产品和服务只针对老年人，很多企业不愿意投入过多的资金和技术来研究网络平台，专业化的供销渠道难以真正触及众多老年人，特别是农村区域的老年人。

（二）主要领域问题及原因

本书针对老龄金融领域、老年照护领域、老年用品领域、老年宜居领域、智慧养老领域的服务和产品供给中出现的问题和原因进行简要分析，具体如表 5－5 所示。

表 5－5　当前我国养老服务和产品主要领域存在的问题和原因分析

主要领域	主　要　问　题	主 要 原 因
老龄金融领域	1. 长期重营销、轻服务，同质化竞争严重； 2. 部分产品重金融、轻保障，分散灾难性医疗支出风险作用有限； 3. 产品结构重疾病险、轻医疗险，对老年群体的商业健康险供给不足； 4. 管理流程重短期、轻长远，难以满足消费者续保诉求	缺乏行业标准 过于关注利益 缺乏长远规划
老年照护领域	1. 服务供给尚不充分； 2. 服务标准、评估与监管体系仍未有效建立	行业投资回报率低 事业产业关系不平衡
老年用品领域	1. 支付制度亟待健全； 2. 标准规范亟待建立； 3. 专业度较低	缺乏有针对性的监管 市场仍在培育期
老年宜居领域	养老地产： 行业政策不明晰、要素配置不到位、经营模式不清晰，制约了发展空间	较为侧重地产，不是以养老服务作为出发点和落脚点

续　表

主要领域	主　要　问　题	主　要　原　因
老年宜居领域	适老化改造： 1. 老旧小区改造任务量大，地方政府投资需求大，投资额过高； 2. 居民协同意识有待提高，成本共担项目推进慢； 3. 政策目标不清，政策推进节奏和程度不均衡； 4. 缺乏具有激励作用的土地使用政策和规划管理程序	部分属于历史遗留问题，难以马上解决； 利益、责任和义务的划分需要有明确和公平的标准
智慧养老领域	1. 智能产品尚存在普及障碍； 2. 数据孤岛导致新兴技术推广受阻； 3. 信息化平台利用效率有待提升	投资回报比不高，技术的落地性有待加强

（三）我国城市和农村养老服务和产品供给特点和问题分析

1. 我国城市养老服务和产品供给的主要特点和问题

国家统计局发布的《2021年国民经济和社会发展统计公报》显示，2021年中国常住人口城镇化率为64.72%。随着我国城镇化的比例不断增加，各类城市的规模也较以往有了变化，老年人成了城市中的重要人群，相应的养老服务和产品的供给也更加丰富，供给整体呈现出以下特点：

第一，供给的主体较为多元化和连锁化。在城市中提供养老服务和产品的供给主体有社区、机构、各类老年用品企业、医院周边的衍生机构或组织、大型的金融保险机构、地产企业等，很多主体都是连锁化的集团企业，在多个城市中有分支机构。

第二，供给的内容数量丰富、品质较好。在城市中可以看到、买到、使用到的养老服务和产品相对要丰富一些，城市的供销体系也相对完善，快递物流服务覆盖率较高，这些都有利于老年人各类需求的满足。城市中的老年人整体消费能力比较强，供给主体也会主动推出高价、高品质、高利润的服务和产品，比如目前很多旅行社专门推出了针对老年人的集旅游、康养、休闲、教育等多种功能于一身的深度高端涵盖国内外多条线路的旅行团，虽然价格不菲，但是销路非常好，深受城市老年人的欢迎。

第三，供给的网络渠道体系正在逐渐完善。随着城市化的深入推进，城市中正在逐步形成街道社区为中心、各类机构围绕分布、城区和郊区错位布局、政府和市场分工不同的养老服务和产品网络渠道体系。目前，城市中的街道社区成为养老服务和产品集聚的重要阵地，尤其是在新冠疫情防控期间，针对老年人的各类基础和专业服务中，街道社区的各类组织都发挥了重要的作用。城区中主要布局生活型养老服务和产品供给，郊区主要布局度假康养型和生产型养老服务和产品。政府在供给体系中的作用更加明确，以基本养老服务和产品的“兜底”为主，市场主要以各类需求为导向提供多元的服务和产品。

第四，供给的配套服务和关联服务相对较好。养老服务和产品供给往往还需要其他配套服务和关联服务的支撑和配合，才能实现更好的效果，比如针对老年人的康养服务，不仅要有专门的康养服务机构，还要有配套合作的医院、营养餐饮机构、物流配送服务、教育资源、市政基础配套设施等，这些配套设施和关联服务虽然不是专门针对老年群体，但是对养老服务和产品的供给体系非常重要。还比如，老年人需要的法律援助服务、公益公证服务、老年人运动休闲服务等，都需要法律、公益和体育部分的配合，才能更好发挥作用。

第五，供给投入还有待进一步加强。随着城市老年人比例的增加，很多城市用于养老服务和产品供给方面的财政支持力度继续加大，有些区域的公办养老机构资金有限，有关设施老旧，甚至存在一定的安全隐患，亟须升级改造。养老服务和产品具有准公共产品的属性，其社会公益的成分较高，这就要求城市加大对养老服务和产品的财政支持力度。

2. 我国农村养老服务和产品供给的主要特点和问题

虽然我国城镇化的速度不断加快，但是我国农村的数量仍然很多，同时由于农村年轻人向城市迁移流动的趋势越发明显，因此当前的农村中老年人的比例还比较高，特别是留守老人和空巢老人的比重不断加大，使得农村老年人对养老服务和产品的需求也与日俱增。相对于巨大的需求来说，农村养老服务和产品供给目前与城市养老服务和产品供给还有一定的差距。当前，农村养老服务和产品的主要特点如下：

第一，供给主体较为单一或缺失。农村养老服务和产品的供给主体主要是一些村办的养老机构、公益服务机构和小型私人养老服务机构，缺乏养老服务和产品的企业和其他社会力量的广泛参与，整体上较为单一，有些偏远农村地区甚至处于缺失状态。

第二，供给的重视程度不够。在一些资源有限、资金不充裕的农村，养老服务和产品的供给往往在管理者进行决策的时候优先级不是很高，比如修建桥梁、道路是较快提升管理政绩的项目，经常优先发展，而兴办养老服务机构的回报率低，需要持续投入，经常被列入后发展的项目，这也从某种程度上反映了对养老服务和产品的重视程度不够。

第三，供给和需求呈现两种不平衡。在农村的养老服务和产品供给中往往出现两种不平衡：一种是有些养老服务供给较好的农村区域，往往实际需求不高，比如有些农村的养老机构的实际入住率还不到五成，其原因是农村的传统思想尚未完全解放，老年人入住养老机构对于子女来说往往被认为是不孝顺的表现，所以老年人不到万不得已不会主动入住养老机构；另一种是大量的居家养老服务和产品需求尚未有与之相匹配的供给模式予以满足，比如有些不太富裕的乡村的基本医疗服务供给还处于缺失状态，农村老年人需要到很远的乡镇才能得到基本的满足。

第四，供给仍停留在基本需求的阶段。当前很多农村地区的养老服务和产品供给只是针对农村老年人生理需求和部分安全需求，对于情感和归属、被尊重和自我实现需求方面的供给还非常少，特别是医疗健康保障、精神孤独化解已经成为当前农村养老服务和产品供给中较大的短板，这些情况如果不能得到很好解决，就容易形成严重的社会问题。

第五，供给的配套服务和关联服务相对较弱。相比于城市供给的配套服务和关联服务，农村在这方面就较为薄弱，有些农村的养老服务和产品供给就像在一个孤岛上面，急需更多的支持和配套服务，特别是医疗资源、物流体系、教育科普、休闲活动等方面的多元资源融入和衔接。

第六，供给过程中体现了乡村特色和邻里互助文化。我国农村养老服务和产品供给中体现了区域性的乡村特色文化，各地往往根据当地的资源禀赋、传统特色，开发具有区域特色的养老服务和产品。比如，有些农村的百岁老人比较多，就推出了健康养生的养老服务，吸引了众多城市老人来短期养老，不仅增加了收入，还为当地老人提供了交流的平台。另外，我国农村养老服务和产品供给还体现出了邻里互助文化，当老年人有困难的时候，街坊邻居往往无偿地和老者的家人一起对他们进行照顾，帮助他们排忧解困，成为“有温度”的特色养老文化。

总体来讲，我国城市和农村的养老服务和产品供给体系各有特点，发展总体上是不平衡的。未来各地要针对城市和农村不同的特点和发展的不同阶段，制定有针对性的措施和政策，推动城市和农村养老服务和产品供给共同有序发展。

第四节　建设中国特色养老服务和产品供给体系的行动路径

一、城市养老服务和产品供给的优化建议

（一）完善公共财政体制，推进城市养老服务和产品供给良性运行

政府在养老服务和产品供给体系建设中，除了做好顶层设计之外，还要将养老服务和产品供给扶持纳入各级财政预算体系中，特别是在各类供给主体实力还不强的时候，要尽量给予政策和资金支持，尽快推进各类主体步入良性运转轨道，实现正向循环式可持续发展。

（二）优化营商环境，扶持养老服务和产品供给企业做大做强

持续推进"证照分离""多证合一"改革，放宽市场准入门槛，明确政府"兜底"的服务对象及相应标准，科学划分老龄产业和事业的界限，为各类市场主体平等参与竞争提供制度保障。畅通养老服务和产品供给企业融资途径，鼓励社会资本投资养老产业，尤其是要充分释放国有资本的独特优势，使其成为老龄产业的"长期资本"和"耐心资本"，培育更多养老服务和产品市场主体。在此基础上，实施养老服务和产品市场主体培育行动计划，积极引导传统企业进军养老服务和产品领域，积极打造一批国家技术创新示范

企业、专精特新"小巨人"企业，营造产业链上中下游、大中小企业互利共赢的产业生态。推行老龄产业链链长制，引导企业集聚集群发展。

（三）树立标杆强化引领，加大重点城市区域的业态集聚产生辐射

在全国规划布局一批养老服务和产品重点发展和示范地区，将上海大都市圈打造成为养老服务和产品先行区，带动其他都市圈和城市群争创养老服务和产品发展样板，最终形成核心突出、轴带清晰、节点均衡的养老服务和产品空间布局。打造经济社会效益显著的老龄产业集群，在全国各大都市圈及其辐射区域内，结合积极应对人口老龄化重点联系城市评选，确定若干养老服务和产品发展标杆城市；打造若干老年用品产业创新发展示范园区和养老服务业融合发展示范园区。放宽市场准入，鼓励国内外各类资本与老龄产业结合，依托服务业扩大开放综合试点，打造若干境外资本投资经营的国际合作示范园区。

（四）推进新技术应用化，实施老龄科技类项目释放数字红利

打造一批集技术转移、成果转化、技术研发、资源共享、企业孵化等于一身的老龄科技创新平台，围绕制约老龄产业发展的重点领域、关键环节，加大技术攻关力度，支持企业研发生产家用健康医疗器械，可穿戴、便携式监测器具和服务机器人等智能适老化设备。在社区、养老机构、医疗机构中广泛铺设应用场景，培育用户需求。推动老龄社会与数字社会融合发展。将老年人智能技术应用培训辅导纳入各地民生工程，广泛开设智能应用、智能保健、风险防范等老年学校课程。通过智能场景搭建和应用培训，推动老年人共享数字社会的科技红利。

（五）坚持全面放开市场，探索新模式释放社会力量和组织的价值

要进一步发挥市场和社会力量作用，坚定不移地全面放开养老服务和产品市场，让社会力量成为养老服务和产品的主体之一，积极推动养老事业和养老产业协同发展，不断完善统一开放、竞争有序的养老服务市场体系。要满足多层次、个性化服务需求，各城市也应积极引导社会力量适度建设面向高收入家庭的养老机构。同时，还要努力发挥一些社会组织在养老服务和产品供给中的作用，比如要充分发挥时间银行的功能，尝试探索符合区域特点的时间银行模式，使其成为养老服务和产品供给中的有力补充。

二、农村养老服务和产品供给的优化建议

（一）推广合作供给的思维和模式

针对当前农村养老服务和供给主体单一的情况，要改变观念，对农村养老服务和产品的供给给予高度重视，未来要实现供给主体的多元化，通过各类扶持政策，积极鼓励各类养老服务和产品供给主体开拓和发展农村养老服务和产品市场，拓宽各类社会力量进入农村提供服务和产品的渠道，鼓励外出民工返乡开办养老服务机构或就近到该类机构中就业，形成多方合力供给的模式。

（二）补齐农村养老基础设施短板

农村养老服务和产品供给的高质量发展需要农村基础设施的配套作为供给条件，特别是在养老服务的硬件基础设施方面还存在短板。在新一轮的乡村振兴和美丽乡村建设中，各地要鼓励兴建一批养老院、卫生院、运动

场等，为企业和社会力量养老服务和产品供给主体的进入提供基础条件。

（三）建立养老供需信息共享平台

针对当前农村养老服务和产品供需不平衡的状况，建立全国或各省份的农村养老服务和产品的需求和供给的信息平台，在一定区域内共享信息，有利于各类养老服务和产品供给主体根据需求信息布局产业资源，在信息平台上可以将不同地区农村的养老需求、各地的经济发展状况、各主体当前的供应能力、服务和产品数量特色、农村老年人的基础信息等都录入平台中，借助平台实现资源的优化配置，特别是针对个性化和特殊化的需求进行匹配。

（四）盘活农村各类供给发展要素

农村养老服务和产品供给的发展需要内生动力。当前，农村的土地要素、劳动力要素、已有产业要素等都是内生动力的核心要素，建议鼓励利用村内闲置的农宅或集体建设用地等资源建设养老服务基础设施，利用村里的劳动力（包括留守妇女、低龄健康的老年人、返乡人员、志愿人员），特别是要发挥好党员的引领作用，借助"时间银行""农村志愿组织"等组织，充分形成发展的持续动力。

（五）促进乡村治理和供给联动发展

我国农村已经建立了基层网络组织体系，要充分发挥好农村"两委"和村集体经济组织的关键作用，将农村养老服务和产品的供给尽快融入乡村振兴战略和基层农村社会治理体系现代化建设中，比如可以将养老服务纳入村“两委”的考核体系中，鼓励引入养老服务和产品供给的重点项目，打造乡村振兴中的亮点。

第五节　本章小结

本章主要围绕“养老服务和产品供给体系对于我国特色化养老服务体系有哪些支撑作用”和“从理论、实践和政策三个细分维度如何构建中国特色的高质量养老服务和产品供给体系”两大问题展开。首先，本章从两个方面解释了研究的意义。从理论意义上看，有利于为新时代国家战略方针政策中关于养老服务和产品供给的决策提供理论支撑；从现实意义上看，本书将理论和政策同养老服务和产品供给实践相结合，通过构建养老服务和产品供给模式、路径、对策来为中国特色养老服务体系提供有力支撑。其次，本章对养老服务和产品供给领域使用的养老产业、养老服务和产品供给等概念进行了界定，简述了本书的三个基础理论即准公共产品理论、多元治理理论和供求理论，并从国内和国外两个方面对养老服务和产品供给实践情况进行了总结提炼。再次，本章基于需求对我国当前养老服务和产品供给进行了实证分析，按照马斯洛需求层次理论将当前养老服务和产品分为五大类需求，之后基于现实需求从供给概况、主要供给领域、主要供给主体、主要供给企业的运营类型和运营特点，又从问题导向的角度，总结提炼和分析了当前我国养老服务和产品供给中的主要问题及其成因，并从主要领域、城乡问题差异、供给企业面临的问题三个细分维度进行了剖析。最后，本章提出了建设中国特色养老服务和产品供给体系的基本框架，并从城市和农村两个角度，分别提出了若干优化发展建议。

本章尝试在建设中国特色养老服务和产品供给体系的行动路径上做出一些具有实践指导价值的探索。第一，初步阐释了建设中国特色养老服务和产品供给体系的总体目标，即探索习近平新时代中国特色社会主义思想在加快构建中国特色养老服务和产品供给体系中的运用和体现，努力打造以"供给主体多元、供给数量丰富、供给品质优质、供给城乡均衡、供需调控模式精准智慧"五大特色引领的高质量养老服务和产品供给体系，政府、市场、社会、家庭和个人五位联动，齐力扩大养老服务和产品供给，并将供给体系融入中国特色养老服务体系之中。第二，提出了要加快构建保障人民健康优先发展的养老服务和产品供给制度体系，要从中央到地方制定相应的养老服务和产品供给体系保障政策；明确了政府、市场、社会、家庭和个人在养老服务和产品供给体系中的作用和责任。政府主要承担"保基本、兜底线"的责任，市场主要承担"促发展、产业化"的责任，社会主要承担"保温度、公益化"的责任，家庭主要承担"传孝道、享亲情"的责任，个人主要承担"普健康、多互助"的责任。期望通过以上梳理提炼，能为打造丰富、优质、智慧的高质量养老服务和产品供给体系，并将这个体系融入我国特色的养老服务体系之中做出一些贡献。

本书针对未来我国养老服务和产品供给体系的建设，提出了两个层面的若干措施建议。宏观层面，要加强顶层设计，健全中国特色政策制度体系；加强品牌建设，推动产业融合发展；完善标准体系，加大市场监管力度；强化科技支撑，提升服务产品供给能力；加强要素保障，确保政策落地实施；等等。微观层面，本章针对城市养老服务和产品供给提出了五条专项优化措施：完善公共财政体制，推进城市养老服务和产品供给良性运行；深入优化营商环境，扶持养老服务和产品供给企业做大做强；树立标杆强化引领，加大重点城市区域的业态集聚产生辐射；推进新技术应用化，实施老龄科技类项目释放数字红利；坚持全面放开市场，探索新模式，释放社会力量和组织的价值。针对农村养老服务和产品供给提出了推广合作供给的思维和模式、补齐农村养老基础设施短板、建立养老供需信息共享平台、盘活农村各类供给发展要素、将乡村治理和供给联动发展等五条专项优化建议措施。

第六章
社会力量参与养老服务供给研究

随着人口老龄化问题日益严重,社会力量在养老服务供给中的作用愈发重要。本章通过研究现有理论成果,立足于当代中国老龄化社会实际和传统养老服务社会治理体系中政府、市场和社会力量存在的问题,提出了中国特色的“社会力量参与养老服务供给”创新理论体系,旨在探求一条社会力量参与养老服务供给的创新路径,解决养老服务供需匹配不均衡①、服务效率低等问题。在“十五五”规划期间,政策制定和理论研究可能需要重点关注以下方面,以提升养老服务的质量和效率:依托政府、企业、社会组织等供给主体,采用“行动倡导”,调动各类社会力量的协同参与、多方共治,向社会供给养老服务是目前社会力量参与养老服务供给的新模式。在此模式下,时间银行是健全优化志愿服务体系以及积极应对人口老龄化最有效的创新实践之一。在构建中国特色社会力量参与养老服务供给的行动路径的过程中,应优化养老社会力量的政策制度安排、营造养老社会力量发展的社

① 陈功,赵新阳,索浩宇.“十四五”时期养老服务高质量发展的机遇和挑战[J].行政管理改革,2021(3):27-35.

会环境以及以评促建，构建养老社会力量的融合平台。

第一节　研究问题及意义

一、研究问题

根据第七次全国人口普查，在生育率、死亡率下降及预期寿命增加的情况下，2025 年 60 岁以上人口将超过 3 亿，中国人口老龄化程度持续加深，人口结构日趋老化，给社会发展带来了新的机遇和挑战。自中华人民共和国成立以来，我国的养老服务供给体系经历了三个发展阶段，分别是计划经济时期的单位制、市场经济确立初期的多轨制，再到目前的多支柱探索阶段。① 养老服务发展的理念也发生了变迁，逐步从强调个人责任、家庭功能、政府职能，到养老服务市场供给、社会协同的多主体参与，从解决养老照料服务、养老金保障等单一环节问题，到将养老服务纳入社会治理系统中考虑。

面对社会老龄化程度的加深、养老服务需求亟须提升的社会矛盾，本章研究问题立足养老供给服务体系在发展过程中呈现的数量和质量的供需结构不匹配问题，希望通过梳理分析国内外社会力量参与养老供给服务政策支持和学者的理论观点，总结分析国际社会力量参与养老服务的主要形态与现状，剖析国际经典案例，探究“为什么要将社会力量嵌入养老供给服务

① 郭林. 中国养老服务 70 年(1949—2019)：演变脉络、政策评估、未来思路[J]. 社会保障评论，2019，3(3)：48 - 64.

治理”的作用原理问题，以及“怎样将社会力量主体嵌入养老供给服务体系”的机制路径问题。

二、研究意义

本章对中国特色社会力量参与养老服务供给的基本概念、社会力量参与养老服务供给的理论意涵以及发生机制进行阐述，具有理论和实践的双重意义。

理论意义：通过分析总结国内外社会力量参与养老服务供给的形态与现状，深度剖析国内典型社会力量参与养老服务供给的创新案例，探析社会力量主体参与国家治理、社会治理和老龄化社会供给服务的原理和作用机制，拓展国家治理、社会治理和中国养老供给服务体系理论框架。

实践意义：探析社会力量参与养老服务的过程、模式，探究如何在现有的养老服务供给体系基础上提升质量和数量，进一步拓展新的能够有效利用的社会资源和社会力量，推进建立中国特色养老服务供给的创新治理体系建设，为进一步积极应对人口老龄化和实现共同富裕提供实践经验并提供政策建议。

第二节　国内外社会力量参与养老服务供给的理论与实践研究

本节先对社会力量参与养老服务供给的基本概念内涵、外延和理论基础进行阐释，在此基础上从社会治理主体的视角，探讨社会力量参与养老服务的必要性和机制路径。

一、基于合作治理理论的社会力量参与养老服务的理论阐释

（一）社会力量的基础概念

1. 社会力量

社会力量是针对政府机构而言，实指“民间的或非官方的各行各业”或“所有的社会行业”。托克维尔（Tocqueville）在经典著作《美国的民主》[①]中指出，制度逻辑下，社会力量发展呈现出5大特点，即依附主义、家长作风、官僚主义、激进主义和专业化。其中，官僚主义逻辑对社会力量很重要，特别是当国家对社会力量（主要是第三部门）的活动产生重大影响时；激进主义通常有寻求以社会倡导来影响政府政策的小型草根志愿者组织的特征；专业化涉及在第三部门建立“公认的资格、专业规范、行业标准、专业机构和培训计划”。近几十年来，世界许多地区的人民日益富裕和教育水平不断提高，这些社会经济变化导致了20世纪70年代及之后许多国家财政保守主义和社会自由主义的社会思潮出现以及第三部门的扩张。[②] 传统的政府负责领域逐步转向第三部门组织提供服务，以实现更有效的服务提供，使政策更贴近人民并节省资金。

对美国而言，由于其政府分权的历史，第三部门被视为在提供服务以及

---

① 托克维尔. 论美国的民主[M]. 马丽仪，译. 北京：国家行政学院出版社，2013.
② 冯必扬. 全面建设小康社会应加快“第三部门”的发展[J]. 改革，2004(2)：95－99.

产生社会资本方面发挥着重要作用。① 美国的许多小型社会组织没有在政府正式注册为慈善机构，因为注册和财务报告的成本对社会组织而言是非常高的。在法国，第三部门和社会力量通常被称为"社会经济"(social economy)。日本也有两种社会力量，即与国家相关的服务提供者和草根倡导者。② 日本自然灾害频发使得政府提供服务的弱点突出，并鼓励转向第三部门组织以更快、更有效地应对自然灾害。随着近些年社会力量参与社会治理的程度不断加深，我国政府对非政府组织等社会力量参与活动逐渐放开，由此涌现出越来越多未注册的专业性非政府组织。

综上所述，社会力量具有以下特征：

第一，非政府性。社会力量不是行政机关下属的职能部门，也不是事业单位，而是自发的社会成员组成的利益、行动联合体。

第二，合法性和正当性。社会力量是一种当代的社会组织形式，需要依法依规在社会管理与社会服务部门登记，在明确的法律条文约束下开展行动。

第三，自治性。社会力量以自我管理为主，社会力量的发起、运行和成长，都由社会力量的内部成员负责。

新时代，社会力量在继承传统社会力量特色的同时，在参与社会治理的主体地位、联系群众、工作机制方面有所不同：

第一，传统社会管理体系中，政府是决策的核心主体，而当下社会力量

---

① 秦寅霄. 论美国第三部门发展中的政府作用问题[J]. 行政科学论坛，2018，5(2)：45-50.

② 崔月琴，胡那苏图. 日本地域社会治理及社区志愿者组织发展的启示：以名古屋市"南生协"的社区参与为例[J]. 福建论坛(人文社会科学版)，2019(12)：82-90.

围绕所关心的社会议题进行倡导，已经深深嵌入到决策和治理体系中。

第二，传统社会管理体系中，社会力量居于从属地位，难以表达观点、发出声音，而当下社会力量的诉求和主张更加明确。

本书所研究的我国社会力量的定义范畴基于我国体制的执政党集中统一领导权力不可分离的现实，除政府和党组织外，依法在民政部门登记成立或经国务院批准免予登记的社会组织、依法在工商管理或行业主管部门登记成立的企业，以及由国家机关举办或者其他组织利用国有资产举办的从事社会活动的组织机构等。

2. **社会组织**

社会组织又称非营利组织，其可以为政治和社会生活提供强有力的积极解决方案，包括服务、创新、表现力和社区建设。社会组织被视为市场、国家和社会之间的中间空间①，世界各国政府与社会组织合作，以更有效地满足人民需求，从而提高国家的合法性。社会组织具有共同的特征，如目标的非营利性和具体的治理诉求，寻求“独立管理、民主决策过程以及在收入分配中人与劳动优先于资本”的规则。社会组织的定义与非营利部门、非政府组织、公民社会、社会经济或独立部门等相关概念并存，但各具侧重点。② 社会组织一直积极参与准公共产品的生产、资源的再分配和向贫困部门提供服务。在促进发展中国家和新兴国家的社会变革的同时，第三部门组织在克服市场和国家失灵方面也起到了必要的作用。

---

① Defourny J. Concepts and realities of social enterprise: a European perspective[M]// Handbook of research on social entrepreneurship. Cheltenham: Edward Elgar Publishing, 2010.

② Anheier H K, Toepler S. Nonprofit organizations: theory, management, policy[M]. London: Routledge, 2022.

改革开放以来，由于历史原因与国家发展中心转移的双重作用，相比政府与企业，作为第三部门的社会组织在相当长一段时期内都处于不被重视的尴尬境地。直至“十五”时期，随着中国共产党第十六届中央委员会第六次全体会议（以下简称“十六届六中全会”）中构建社会主义和谐社会、加强社会事业建设、健全社会组织、激发社会活力的提出，“社会组织”一词被首次提及，并逐渐受到重视。此后，党的十七大至二十大的政府工作报告和全会公报中涉及社会组织的内容都有所增加，充分体现了国家激发社会力量、深化基层治理的重要意义；体现了国家在推动作为政府、企业之外的第三部门社会组织的发展，使其在社会发展和基层治理中发挥重要作用的决心。

3. **社会企业**

社会企业（social enterprise）是一种通过激活商业能量解决社会问题的创新型组织，其雏形诞生于英国。1998 年，杜克大学福库商学院（The Fuqua School of Business）的格雷戈里 · 迪斯（Gregory Dees）教授提出了“社会企业光谱”，指出社会企业有不同的发展路径和价值取向，有些企业并非以利润最大化为目标，而是会考虑到社会责任和公众利益。① 迪斯教授进一步指出，NPO 也是社会企业的一种。中国最早正式传播“社会企业”概念的学者之一刘继同教授在 2004 年将 OECD 报告中的“social enterprise”翻译为“社会企业”。② 自 2017 年始，中国公益慈善项目交流展示会开始沿用中国人民大学尤努斯中心赵萌副教授对社会企业的界定，即“社会企业以解决社会问题为组织使命，不同于传统公益慈善，是具备行为或机制来保障对商业目标

① 李健. 社会企业政策：国际经验与中国选择[M]. 北京：社会科学文献出版社，2018：36－49.
② 金仁仙. 中日韩社会企业：发展生态与实践案例[M]. 北京：社会科学文献出版社，2022：100－129.

的追求不会损害其社会使命的组织”①。

随着公益慈善越来越被中国公众认可，中国的社会企业发展驶入快车道，有一批具有远见卓识的社会创业者们纷纷以“共益”为出发点，借鉴国际经验，投身到本土化的中国社会企业发展浪潮之中。在中国，大多数社会企业成立于 2008 年之后，企业规模往往不超过 10 人，影响范围局限于地市，带有比较强烈的草根组织的特点；成立于 2008 年之前、产生较大影响的社会企业屈指可数，仅有的例子包括成立于 1995 年的天津鹤童养老院、1997 年的深圳残友、2002 年的北京富平学校等。② 这些企业活跃在养老、助残、教育、医疗、社区发展、环保、有机农业等与民生息息相关的领域，创立之时虽聚焦社会问题的创新解决，但没有明确的社会企业的概念，理念上仍是以商业手段承担社会责任、实现社会救济。

中国的社会企业经过十余年的成长，已经逐步形成了自己的体系和业态。目前，已有 300 余家社会企业通过了中国慈善会和深圳市社创星社会企业发展促进中心“社会企业认定平台”的认证。北京市的社会企业认定由社会力量负责，北京社会企业发展促进会在市委社会工作委员会市民政局的指导下，于 2018 年 8 月制定出台了《北京市社会企业认证办法（试行）》，从 9 个维度来判断法人主体是不是社会企业。北京市社会企业认证的创新性体现在以下两个方面：资质上的广泛性和支持上的系统性。资质上，在北京地区依法登记注册的符合认证条件的各类企业、社会团体、民办非企业单位和

① 赵萌，郭欣楠. 中国社会企业的界定框架：从二元分析视角到元素组合视角[J]. 研究与发展管理，2018，30(2)：136－147.

② 王天夫，郭心怡，袁从珊. 社会企业：社会治理创新的新动力[J]. 社会政策研究，2017(2)：94－106.

其他社会组织(基金会暂不在认证范围内)均可报名参与;支持上,支持引导具有一定的市场经营能力和稳定市场活动空间的社会组织转型为社会企业。

(二) 理论阐释

根据合作治理理论,社会力量是除了政府、企业之外的第三部门,社会组织目前已成为组织引导社会力量的重要载体、有效整合社会资源的重要平台、鼓励引导公众参与的重要主体。2019 年 9 月,《民政部关于进一步扩大养老服务供给 促进养老服务消费的实施意见》首次指出支持社会力量参与养老服务业;2020 年 11 月民政部提出让社会力量成为养老服务的主体,为社会力量参与养老服务提供了政策指南。社会企业参与社会治理的可能性,源于 2019 年党的十九届四中全会提出“构建社会治理体系”的重要决议。社会治理是国家治理的重要方面,而社会治理强调有效市场和有为政府的结合,并且社会大众可以有机参与到社会资源分配、社会问题解决中,因此,社会力量参与到养老服务供给,是老龄社会治理的必然要求。2022 年国务院通过了《“十四五”国家老龄事业发展和养老服务体系规划》,提出“大力发展普惠型养老服务”是当下的重点任务,而普惠型养老服务的重要供给来源,就是社会组织、社会团体、非营利组织等社会力量。同年,国务院总理李克强作政府工作报告时指出,“支持社会力量提供日间照料等服务”,更是直接点明了社会力量参与养老服务的可行性,昭示了社会力量在养老服务供给侧改革中的独特价值。

然而,中国的传统养老服务理论中缺少社会力量作为主体参与国家治理,西方的跨部门协同理论中缺失政党主体,没有将社会组织或者政党作为独立变量提取出来，探讨其在跨部门协同中的地位、作用。因此，传统的养老服务模式和西方养老服务供给模式无法解释中国国家治理现代化“国家—家庭—社会”三元治理主体结构，更无法与国家治理现代化的发展要求相匹配。将社会组织参与的中国特色养老服务创新理论和政策嵌入国家治理现代化，对于正确处理老龄社会养老服务供给的内部矛盾、推进国家治理体系和治理能力现代化具有重要意义。尽管中国老龄治理仍需不断总结先期老龄化国家经验，但中国在政治体制、人口形态、经济体量、文化传统和家庭模式方面的“中国特征”，更需要将中国国情的特殊性与国际社会应对老龄化的普遍性相结合，在深刻立足中国现实的基础上，提炼出积极应对人口老龄化的中国逻辑。着眼于人口老龄化趋势，基于应对养老服务供给需求增长、人口抚养比加大带来的新挑战，提炼、总结和构建出老龄社会治理体系和老龄社会治理能力现代化的“中国方案”。社会组织参与的中国特色养老服务供给与西方治理情境下的“去中心化”和“共治”不同，而是更强调“有中心”的民主“共治”。社会组织参与的中国特色养老服务发挥中国特色的国家治理范式，强化“一核多元”合力，融合于社会治理体系，可以最大限度地发挥党和政府总揽全局、集中力量办大事、有效平衡短期目标和中长期发展战略的制度优势，夯实治理的系统性和整体性，形成独具中国特色的新型国家治理范式。得益于此，我们在老龄社会治理中将充分整合治理共同体的能力和资源，有效协调短期目标和中长期战略的均衡，并在应对养老服务复杂议题时具备较大的灵活性和创新可能性。具体来看，以社会组织和社会企业为代表的社会力量参与养老服务供给具有以下优势：

1. 社会力量参与居家社区养老

老年人倾向于在自己熟悉的环境中获得养老服务，如入户精神陪伴、家务清洁、紧急呼叫、走失定位、陪同出行服务、上门健康服务等。在已有的规划文件中，无一例外指出要“鼓励社会力量开办社区护理站”，说明社会力量作为一种专业性与社会性相结合的组织业态，能够充分融入现有的居家社区养老服务体系，给居家老年人提供居家安养服务和社区照料。

2. 社会力量参与机构养老

老龄残疾化是增龄过程中的必然现象，高龄（一般是指 80 岁以上）老年人由于失能程度的加深、自理能力的下降，普通居家社区养老服务中的照料护理难以满足其需求，需要更加专业化的服务与照料。有关政策指出了社会力量参与机构养老的方向，“支持社会力量建设专业化、规模化、医养结合能力突出的养老机构”。新时代背景下，多地社会组织、公益机构和志愿者积极探索创新尝试，但机构养老服务仍在城乡、地区之间存在供给需求不对等、资源整合调配不充分等问题，不能满足人口老龄化压力下的养老服务需求。通过政府和主管部门科学引导养老服务发展，充分发挥社会组织、公益机构和志愿者在养老服务中的积极作用和创造性，鼓励引导社会力量参与机构养老，与政府合力形成内生动力构建具有中国特色的养老服务体系显得尤为关键。

3. 社会力量参与社会养老服务

中国传统的家庭供养和西方的机构养老、居家社区养老模式，都无法解决我国当前深度老龄人口总量大、老龄化程度高、服务需求专业层次深等问题。当前我国养老供给服务问题在农村地区和特大城市中较为突出：农村地区养老模式单一，空巢老人数量较大，给我国的社保体系、养老服务体系带来巨大压力，亟须发展多种力量参与的养老模式；老龄化程度深的特大城市的社会治理任务艰巨，多方面的社会治理问题交织汇集在基层一线，而基层政府在养老服务供给方面乏力,社会力量参与满足人民群众的养老服务需求是必然趋势。① 社会力量参与的中国特色养老服务体系能够更好地融合政府、企业、社会力量,解决当前的老龄化社会服务供需不足问题,将社会组织嵌入中国特色养老供给服务的国家治理现代化的"中国方案"②,是符合中国国情和发展需求的有效治理手段,是探索深度老龄化社会治理的创新理论和路径。

二、国外社会力量参与养老服务供给的主要形态与现状

(一) 英国经验

一是赋予法定地位,完善法律顶层设计。英国为提高老年人养老护理服务的质量,出台了《国民健康服务法》《国家老年服务框架》等法律法规,规范了英国的基层政府、社区、市场部门和社会力量在养老服务中的角色、权利和义务。

二是以老年人为中心的服务理念。英国社会非常注重老年人的养老体验,而不仅仅满足于养老服务的供给。随着照护技术的发展,照护机器人、自动化洗浴等先进技术被引入养老服务体系中,不仅减轻了照料负担,而且提升了老年人的满意度。

三是以鼓励社会力量、引导社会组织为发展趋势。英国政府将社会力量和社会组织纳入国民健康养老体系中,社会力量可以成为 NHS 的服务提

① 廖梦玲.乡村振兴战略下农村养老服务供给模式研究[J].质量与市场,2021(21):130-132.

② 胡湛,宋靓珺,郭德君.对中国老龄社会治理模式的反思[J].学习与实践,2019(11):81-91.

供商，产生的成本由 NHS 报销，并且 NHS 还会资助社会力量的发展和运行。小小的政府资金支出，撬动了社会力量的活跃参与，为 NHS 的运行极大降低了成本。

（二）日本经验

一是大市场、强政府的统一。日本的养老服务以“官建民营”“服务外包”“业务委托”等形式将市场主体引入到养老服务体系中，同时将政府由服务提供者转变为服务监管者，加强对养老服务的监管。

二是社会力量走出家庭互助范畴成为活跃主体。社会力量参与养老服务主要局限在社区内部不同家庭的互助，很少有专门的社会组织提供跨社区的养老服务。随着《介护法案》等一系列法案的实施，日本政府保障了社会力量参与养老服务的权益，社会力量开始兴起，并基于社区为老年人提供日托服务和短期医疗服务。

三是以专业人才培养为发展动力。日本政府对专业人才培养高度重视，从 20 世纪 70—80 年代起就将照护人才纳入高等教育体系，在高校开设相关专业。

本书将在分析国外疫情下社会力量参与养老服务供给的现状的基础上，重点考察中国的养老社会服务创新案例，探讨如何在新时代中国特色养老服务体系谋篇布局中更好地发挥社会力量的作用。尤其指出以社会组织为代表的社会力量，对养老新需求和养老新保障、新供给的突出价值；以时间银行模式为案例，探讨志愿公益力量参与养老的新路径，探索以“互惠助力普惠”中国特色养老社会创新模式。

三、疫情下国际社会力量参与养老服务供给的案例分析

（一）疫情下的美国社会力量参与养老服务供给

美国医疗保健协会和国家辅助生活中心（AHCA/NCAL）的报告指出，2015 年以来，已有 1 000 多家养老院关闭，其中 776 家在疫情之前关闭，327 家在疫情期间关闭。由于这些养老院的关闭，已有 44 459 名老年人流离失所，自疫情开始以来有 12 775 名老年人受到影响。如果没有政府的援助，更多的美国养老院可能不得不关闭，从而威胁到数十万脆弱的老年人和残疾人获得照料服务的机会。

非营利性养老院作为社会力量的代表，通常以医疗照顾（medicare）或医疗补助（medicaid）的形式获得政府保险补贴、政府采购来维持自身运转，无论是只提供老年照护的养老院，或医养康复型养老院，还是支持性的社区照料中心，在某种程度上都已成为不以营利为目的、以政府资金作为主要来源的社会企业。就美国而言，疫情对于养老院的冲击，也不等于提供了新的“在地老化”的机会，有相当比例的老年人希望获得长期照护服务。因为在机构中接受照护服务属于 medicare 的报销范围，而在家中的日常活动并不能被报销，但由于疫情下养老院的大量关闭，使得原本想在机构中享受服务的老年人转为居家养老，提高了养老成本。

（二）疫情下的欧洲社会力量参与养老服务供给

新冠疫情对欧洲地区养老服务供给市场产生了一定程度的影响：一方面，由于老年人对该病毒的抵抗力低，其在疫情后对新冠感染预防、治疗和

康复的风险提高，造成老年护理需求激增；另一方面，由于养老机构成为欧洲地区受影响最严重的场域，因此老年人更倾向于在社区或家中购买医疗护理服务。由于老年人担心在医疗机构中感染新冠以及对于医院是否仍然提供服务缺乏了解，致使门诊访问率和入院率较疫情前大幅度减少，越来越多处于社交隔离的老年人选择以远程医疗的方式，通过电子设备进行医疗咨询。根据欧洲各国数据，在欧洲新冠疫情大流行期间老年人的远程医疗服务量攀升。如在 2020 年 3 月至 7 月期间，爱沙尼亚人通过线上咨询系统预约的 28 万余次远程问诊中，44％是由 50 岁以上的人群发起的，其中在 50～64 岁的人群中尤其受欢迎，而 65 岁以上的人则较少使用。2021 年年初，50 岁以上患者在线问诊比例达到五成。①

另外，在新冠疫情期间，非政府组织以帮助老年人和老年人的照顾者为目标建立其他信息资源网络。如在法国，以打破老年人孤立状态为宗旨的网站 Rompre l'isolement des personnes âgées 通过在线留言和电话热线等多种远程协助的形式为老年人及其照顾者提供信息和支持。在克罗地亚，调查发现红十字会以及其他各种协会和志愿者组织正在向大约 5％的 65 岁以上老年人提供食品、药品或其他必需品的运送服务。

（三）疫情下的日韩社会力量参与养老服务供给

与欧美情况不同，在日韩国家仅有很少与新冠疫情相关的死亡病例发生在长期照护机构，其原因或是对养老院等长期照护机构的早期封闭式管理保护了新冠疫情中最脆弱的人群——老年人。

① Eurofound. COVID－19 and older people: impact on their lives, support and care [R]. Luxembourg: Publications Office of the European Union, 2022.

疫情大流行同样大幅度降低了日韩老年人使用家庭护理服务的频率，特别是可能产生社交接触的一些日间服务受疫情影响较大。家庭护理服务使用频率的下降不仅可能会致使未感染新冠病毒的老年人功能恶化，并且会对服务提供商的财务运营状况造成严重打击。统计数据显示，72％的家庭护理提供者遭到客户取消预约，家庭护理服务整体业务量缩减了 42.1％，这个缩减在家庭护理中比在机构护理中表现得更为普遍。

此外，日本长期缺乏护理人员，通常情况下每个长期照护机构(LTCFS)所需护理人员的标准人员配备水平由政府决定，由于新冠疫情的扩大，更是出现了照护机构员工相继离职的现象。鉴于养老院服务性质的特殊性以及新冠疫情较大的破坏力，日本不得不暂时允许养老机构保持较低的人员配备水平。日本非政府组织在疫情中及时有效的响应发挥了重要作用，如日本老年医学会、全国老人福祉设施协议会等组织机构积极科普防疫知识，采取弹性服务机制等。而韩国非营利组织在新冠疫情暴发后遭遇巨大挑战，据调查，超过 90％的组织表示其项目已经缩减，大多数非营利组织在新冠疫情期间收入减少约 61.5％，削减了 58.1％的项目支出。但约有 36.8％的非营利组织创建了或正计划创建特别应急基金，以应对新冠疫情全球大流行。①

疫情背景下，美国以养老院为代表的社会力量在提供养老服务供给的过程中受到了重大冲击，这给了我国社会力量参与养老服务供给一些启示，即需要充分考虑到社会力量资金来源的不确定性和为老服务的重要性，社会力量作为第三部门，是养老服务体系的重要组成部分。在面临重大突发

① Jeong B G, Kim S J. The government and civil society collaboration against COVID-19 in South Korea: A single or multiple actor play? [J]. Nonprofit Policy Forum, 2021, 12(1): 165-187.

公共卫生事件冲击时，在关注到弱势群体的同时，也要关注到为弱势群体提供基本服务的第三部门的力量，通过加强资金补贴、设立运营保险资金、政府购买服务等，提高第三部门应对突发事件的复原力。而欧洲在新冠疫情大流行期间的遭遇和做法，启示我们要首先做好养老机构安全健康防护、避免大型集聚感染，同时要重视智慧科技、信息化技术对老年人的赋能作用，探索远程医疗协助的发展有助于为老服务走向数字化、智慧化；另外，要积极发挥社会工作与非政府组织的正面作用，满足老年人在特殊时期多层次、个性化的养老需求。与我国文化背景相近的日韩两国的经验表明，疫情下的社会力量参与养老服务，应当注重养老人才的培养、提高护理人力资源储备，还要积极推进家庭护理服务的零接触化，探索远程医疗与非正式照护体系建设。总的来说，面对公共卫生危机，政府应当关注到面向老年人服务的非营利组织抵御风险的能力以及参与社会治理的能力，以提升组织韧性，保证老年人在困难时期仍可以享受到养老服务。

第三节　关于社会力量参与养老服务供给的实证研究

一、国内社会力量参与养老服务供给的主要形态与现状

（一）国内社会力量参与养老服务供给的传统形态

1. 古代和近代我国养老服务供给模式

我国史籍中记载的养老服务与宗教、宗族、行会、慈善等社会力量联系

紧密。其中官方多以与宗教合作的形式提供养老服务，南朝梁武帝(464—549)笃信佛教，下令设立“孤独园”以恤孤幼，安置无家可归的孤儿和收留无人赡养的老人，使老人得以颐养天年。《梁书·武帝纪下》记载：“又于京师置孤独园，孤幼有归，华发不匮。若终年命，厚加料理。”孤独园成为中国最早的官办养老机构。而后南朝齐文惠太子和竟陵王萧子良设立“六疾馆”、唐代设立了“悲田养病坊”、宋朝设立了多由僧人参与管理的“居养院”“安济坊”等，并且取得了较为明显的社会效益。民间多以宗族互助的形式提供养老服务。《尔雅》对宗族的定义为“父之党为宗族”，即“父系家长制”的关系。宗族族长建立族规家法以及伦理道德规范，拥有财产管理分配和事务裁决权力。自宋朝始，宗族福利开始制度化，范仲淹创设范氏义庄，定期向族人或族中贫困、孤寒人口发放钱米，是早期的公益基金的雏形。

2. 计划经济时期我国养老服务供给模式

在计划经济体制下，我国实行由国家负责、政府包办的救济型福利制度，但由于当时经济社会发展水平低，提供的福利性养老服务都是低水平的。1958 年人民公社化时期，对“五保户”实行集中服务和供养，形式上普遍为敬老院，开启了中国集中养老的第一个阶段。在这个阶段，养老对象并不是普遍意义上的老年人，更多是对孤寡等特殊人群的救助。

3. 转型期我国养老服务供给模式

改革开放后，我国的社会保障制度开始转向探索“社会化供给”，政府兜揽的一些社会保障、社会服务事业转向由国家、集体、个人协同参与。养老服务向有需求的社会老人开放，养老服务项目由单一的生活保障向医疗、护理、康复等转变。但在改革开放初期，养老问题并不是突出问题，因此主要还是由政府和家庭分别承担。2000—2013 年，由于老年人数量的增加，养老服务需求迅速扩大。养老服务被列入发展规划中,有关老年人服务和老龄社会治理的方案开始逐步被纳入顶层设计,提出加快建设更加全面的社会养老服务体系。2013—2016 年,老龄化进程明显加快,特色个性化养老服务开始迅猛发展,国外的较成熟的养老服务体系和模式也纷纷进入中国。随着居民购买能力上升,机构养老、医养康养并不是普通大众难以负担的选项,养老服务市场出现消费升级趋势,养老产业进入快车道。

（二）我国社会力量参与养老服务供给现状分析

民政部数据显示,截至 2020 年年底,全国社会组织总量为 89. 44 万个。截至 2020 年 9 月底,全国共设立慈善信托 463 单,合同金额 32. 42 亿元。2020 年,经过新冠疫情,中国志愿服务发展达到一个新的里程碑,其中实名注册的志愿者总数达到 1. 92 亿人,累计志愿服务时长达 37. 19 亿小时,贡献人工成本价值 1 620 亿元。①

课题组自 2020 年 2 月起,对参与养老服务公益活动的社会组织或为公共养老服务提供支持的企业等社会力量参与养老服务供给的案例开展研究,通过网络搜索、调研、老龄交流群等多种渠道收集到共 283 个主体。从模式创新、主体创新、政策创新等对案例进行观察调研,寻找积极应对人口老龄化的路径。根据对多样化案例的观察调研发现,国内的社会创新以模式创新为主,虽涉及领域众多,涉及层面广阔,但大多仍然属于萌芽起步阶段,有许多创新案例仅仅只是参与了小范围的试点,尚未形成大范围复制推广和较大规模的产业体系。具体来说,主要具有以下一些特征：政府主导；以

① 杨团,朱健刚. 慈善蓝皮书：中国慈善发展报告(2021)[M]. 北京：社会科学文献出版社,2022.

劳务服务为主,技术服务发展在老龄市场中的应用处于起步阶段;服务属性多为公共服务;服务方式的合作多元化、平台化趋势明显;以模式创新为主,技术创新较弱;主体创新方面,以职业化发展、社会企业为主;关系创新方面,社会主导的连续性创新增多,社会企业和政府等主体间的互动增多。

社会创新案例在国内的部分发起机构分布如图 6 - 1 所示,我国当前老龄社会创新研究的发起机构主要是政府,而社会企业和企业及社会组织的分布占比较为均衡。而从社会创新案例在国内部分行业类型的分布图来

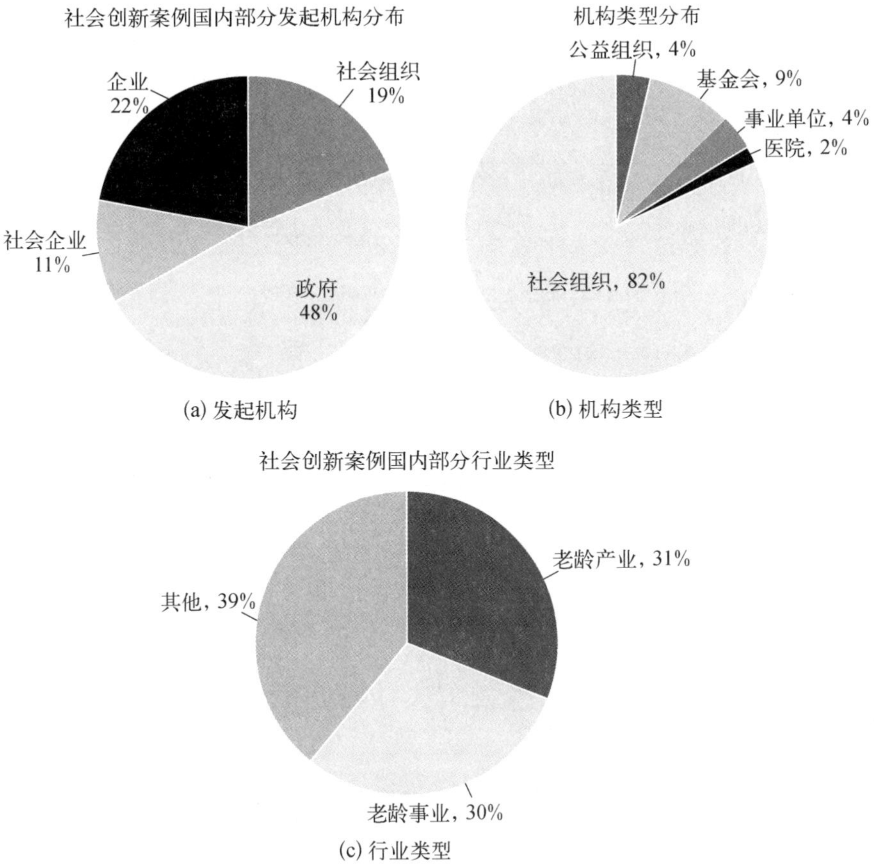

图 6 - 1　社会创新案例国内部分发起机构分布

看，老龄事业和老龄产业占比61%，其重要地位可见一斑。机构类型分布图又显示，社会组织占了将近一半(45%)，而其他公益组织、基金会、事业单位、医院等组织则占比较少且较为均衡。

通过对社会力量参与社会创新案例进行分析后发现，我国当今的老龄社会创新案例基本上以传统的劳务服务为主，占比52.3%，如老年人生活服务与部分照护服务等。专业服务占比达到34.63%，咨询、培训及医疗服务等老龄社会创新手段高效应用了某些方面的专业知识，根据老龄化社会的需要，提供某领域内的特殊服务，同时不断提升创新手段的知识含量和科学技术含量。而技术服务相对于以前虽有一定的发展，但在市场应用方面仍处于经验严重缺乏的起步阶段，其占比仅为12.38%，大部分人尚未意识到技术服务对老龄社会创新发展的积极影响，因此目前国内社会力量参与老龄社会服务的产品/服务属性多为智慧养老产品或远程医疗服务等(见图6-2)。

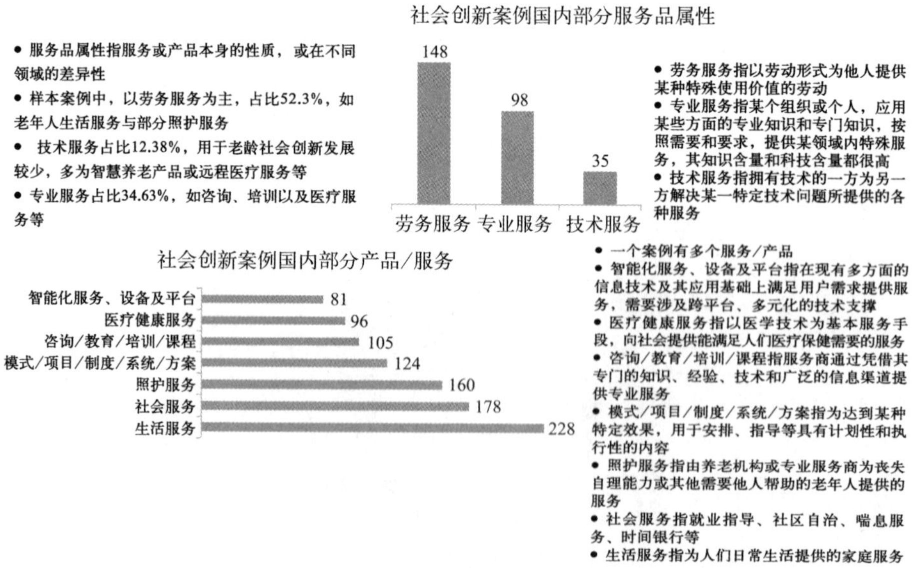

图6-2　社会创新案例国内部分产品/服务属性

老龄社会创新案例目前主要是由政府主导的，且服务于个人用户的趋势日益增长，其中约 43.8%面向老龄群体（指失能或半失能等无法自理、需他人照顾的老人），企业用户占比 19.08%，服务商逐渐转向 To B 的商业模式，不断扩展企业用户，通过这一方法分担其成本和有效扩展市场（见图 6－3）。其服务属性多为合作多元化、平台化趋势明显的公共服务，占比约 45.23%。由于开创发展历史较短，经验积累明显不足，我国老龄社会创新仍以模式创新为主，技术创新较为薄弱，信息技术和科学技术的应用情况仍不容乐观。以职业、社会企业为主体的创新有显著增多的趋势，而社会主导的连续性创新、政府和企业等多主体间的互动也在日益增多。

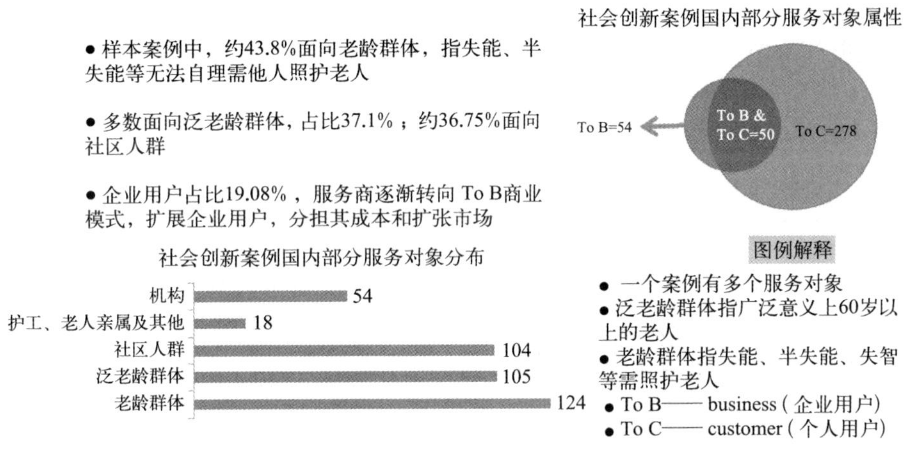

图 6－3　社会创新案例国内部分服务对象分布

除此之外，通过图 6－4、图 6－5、图 6－6 我们也不难看出，当今老龄社会创新研究每一个案例都是通过多个渠道或方式进行探索和追求进步的，其发展途径逐步从单一化走向多元化，且相比传统的创新模式更注重合作共赢。管理主体主要是政府和政府授权的社会组织、市场机构等。不仅如此，以2021年1月四大央企宣布合资成立养老公司为例，我国在老龄社会创新研究的过程中，还在不断挖掘并拓展企业、社会组织等围绕“商业＋公益慈善”服务形成的发展机遇，合理采用商业运作模式，以解决社会紧要问题、提升公众福利为目标，将追求自身利润放在次要位置，不断寻找可持续发展道路，试图实现资源、经济协调健康发展。而且，为了提高资源利用效率，我国当前老龄社会创新研究的数据资源基本上由多个部门共享，以达到合理化管理和最大化效率的目标。信息技术的不断发展，也深入影响了老龄社会的创新研究，不断打通线上线下有助于有效沟通的渠道，将线下提供服务的机构和线上有服务需求的客户紧密联系在一起，通过相应的平台，利用严密的规则和规范的管理手段进行匹配和对接，从而及时、顺利地完成服务任务。而为了适应模式化的需求，各部门、各企业也在不断完善相应的机制体

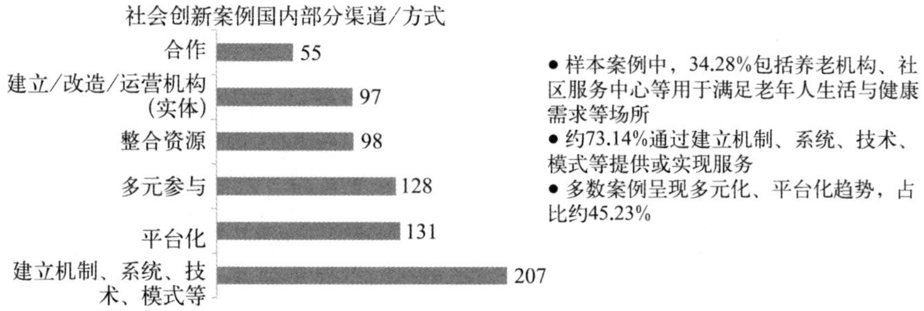

图例解释　样本数量≥283

- 一个案例有多个渠道/方式
- 合作指统一主体多个地方或机构一起参与（如国内企业与外国企业合作，或长三角区域内多个市政府合作）
- 建立/改造/运营机构（实体）指有实体建筑项目
- 整合资源指数据资源由多个部门共享（如民政部门和卫健部门共享老年人数据，或医院与养老机构互通数据）
- 多元参与指多个部门共同参与为服务主体（如政府、企业、社会组织等）
- 平台化指打通线上线下，连接线下提供服务的机构与线上需求服务的客户， 通过平台进行匹配或对接，从而完成服务
- 建立机制、系统、技术、模式等指服务模式或提供方式形成机制、系统，较多在扶贫、社会救助或社会治理等社会服务或社会互助领域中出现

图6-4　社会创新案例国内部分渠道/方式

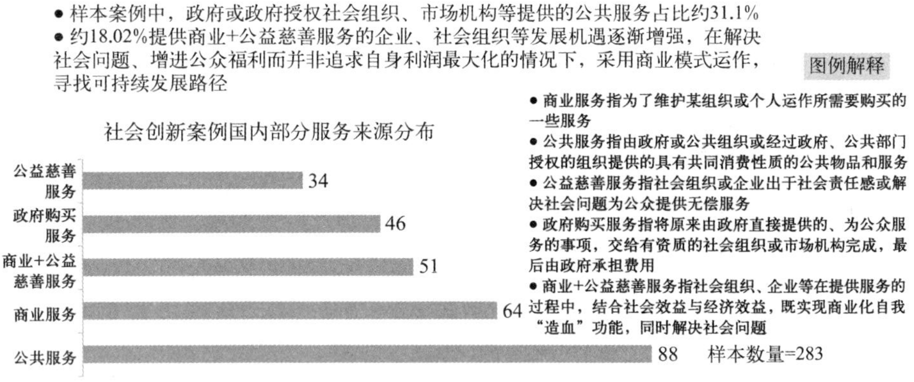

图 6-5　社会创新案例国内部分服务来源分布

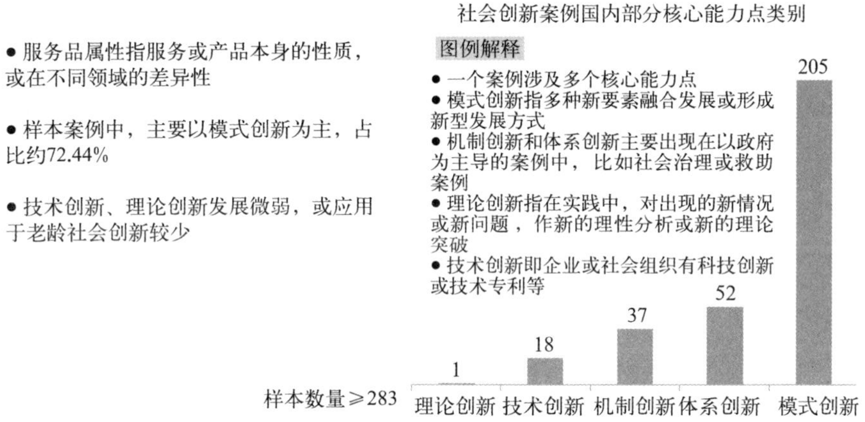

图 6-6　社会创新案例国内部分核心能力点类别

制，逐步形成完备详尽的系统，在扶贫社会救助和社会治理等社会服务或社会互助领域中发挥了不可替代的重要作用。

在地区分布上，社会力量参与养老服务供给的案例主要分布于人口老龄化程度较高的省市，其中北京市约 14.91%、浙江省约 9.45%、四川省约 8.36%、山东省约 6.14%、上海市约 5.45%、江苏省约 4.73%。而在省市内部，案例分布也倾向于老龄化程度较高的城市，如四川成都、浙江宁波等。

从中国整体人口分布来看，社会力量参与养老服务供给的地区分布情况基本符合“胡焕庸线”呈“张弓搭箭”态势。

1. 地区案例之四川省

根据四川省社会创新分类和主体分布饼状图（图6-7），四川省社会创新类型中，公共服务和社区居家养老占据绝对比例，而对比之下，适老化和机构养老则无足轻重；社会创新的主体主要是政府，企业和社会组织参与比例较低且力量薄弱。从图6-7中不难看出，四川省社会创新主要还是以社区发展为主，其中，政府仍发挥绝对性的主导作用，社区居家养老和各类机构有机融合，开创新型管理服务办法，合理拓宽创新涉及领域，有效提升养老资源开发利用的效率。占有主导权的政府或政府授权的市场机构所提供的公共服务，包括社会救助、社会治理等，以失能、失智、生活无法自理的老人与经济困难家庭及社会特殊人群等为主要服务对象，为这些行动不便的特殊人群提供相应援助，协助他们更好地完成日常生活行动。

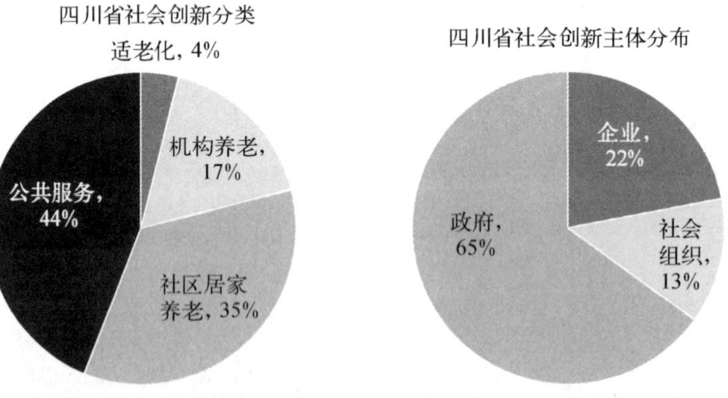

图6-7　四川省案例

2. 地区案例之宁波市

相比四川省,宁波市社会创新案例主体分布(见图 6-8)较为协调,其中社会组织和政府占比相当;而在其社会创新案例分类中,公共服务、积极养老、专业服务、生命关怀和机构养老五种创新模式比例相同,分布较为均衡。宁波市老龄社会的创新研究平台化趋势明显,根据各个行政区的实际情况,层层设立相应的社会组织,如鄞州区银巢养老服务中心的老年人力资源平台、江北区养老服务监管平台等;其类型也由传统的单一化向典型的多元化发展,不断开发宗教养老、机构养老、文化养老等养老新模式,如奉化佛教居士安养部、银巢养老服务中心、宁波颐乐园养老等。其创新趋势逐步走向多样化、全面化,涉及领域的范围较以前也更为广阔。

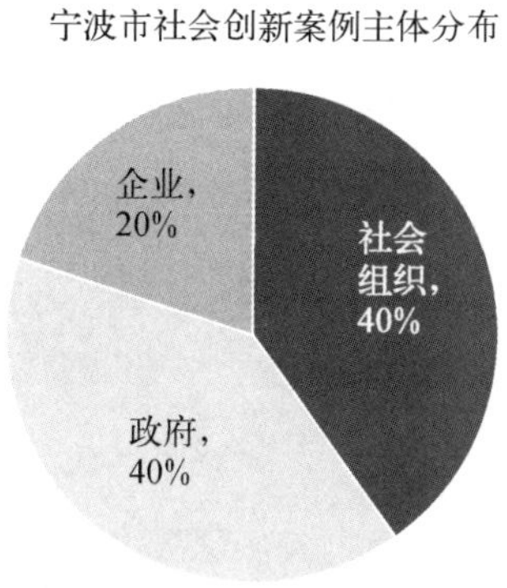

图 6-8　宁波市案例

二、国内社会力量参与养老服务供给的机制模式分析

(一) 社会力量供给养老服务基本机制模式

通过分析国内外社会力量参与养老服务供给的形态和现状可知,当前养老服务供给中政府与社会力量处于支配与被支配的双向关系,社会力量自主性受到抑制,同时专业性也有局限。因此,我们构建了社会力量参与养老服务供给模式。

图 6-9 描述了社会力量参与养老服务供给的基本机制模式,其基本机制模式依托政府、事业单位、企业、社会组织等供给主体,以政府财政和

政策引领、企业资金和专业力量、公众劳务生产为原始资源，通过协同参与、多方共治等方式，向社会供给养老服务。在资源的来源方面，资金可以由政府财政、市场调控、公益捐赠、社会捐赠等组成，社会力量提供一种非货币的资源——闲暇社会劳务，通过劳务的再分配，极大降低养老服务成本。

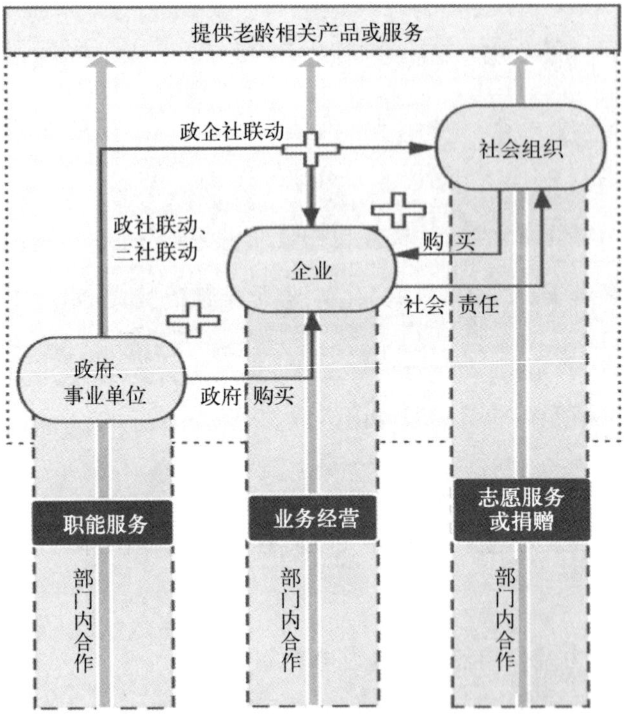

图 6－9　社会力量参与养老服务供给基本机制模式

总的来说，社会力量参与养老服务，不仅仅是社会力量自身的事情，也需要其他主体协同配合。而且社会力量本身存在的意义，即“行动倡导”，以实际行动促成社会思潮，引领公众价值观的转化，从而调动公众积极解决社会难题。社会力量要说服政府加入养老服务供给的合作协商中，努力将政府变为伙伴，使政府与社会力量在提供养老服务的过程中能够实现信任、合作、互惠。

（二）社会力量参与养老服务供给机制模式中各主体的角色定位

1. 政府角色定位

第一，完善养老服务政策法规，保障社会力量有序参与。在供给实践中，政府通过制定政策法规明确政府、社会力量各自的权利和义务，确定养老服务的基本法律体系，建立各供给主体的协同参与机制。

第二，监督、评估养老服务行业发展。提供养老服务时，政府要对养老服务领域内的社会力量予以监督和评估，对养老服务设立标准和规划，打击社会力量的机会主义行为，维护社会的利益。

第三，资金提供和补贴支持。由于养老服务的高投入门槛和低回报率，政府依然需要为养老服务社会力量发展提供所需的紧缺资金，通过各种形式的养老公共服务设施建设补贴、运营奖励，满足养老服务社会力量发展的资金需求。

2. 社会力量角色定位

在社会力量参与养老服务供给模式中，社会力量的角色变化在于从服务的提供到社会倡议，再到参与决策，真正成为养老服务领域的话事人。社会力量可以利用自身专业优势，保证提供的养老服务符合老年人需求以及更广泛的利益。社会力量在养老服务领域的布局，通常有一个资金实力较为雄厚的资金池作为后备，尤其是具有强大筹资能力的公益机构，由此可以实现养老服务的快速提供。

三、社会力量参与养老服务供给的创新模式研究：以时间银行为例

（一）时间银行内涵

时间银行概念最早由日本的旭子水岛女士提出，后在20世纪70—80年代在美国华盛顿特区大学克拉克法学院创始人埃德加·卡恩(Edgar Cahn)的研究和实践下广泛传播。卡恩在美国哥伦比亚特区首创"时间货币"系统，即在社区内达成1小时等于1个"时间货币"的协议，以"时间货币"作为社区内相互帮助积分和一般等价物，运用于换取社区内的各种志愿服务。通俗地讲，时间银行将时间和公益挂钩，倡导用户把闲暇时间积极利用起来，帮助有需要的人，把帮助所付出的时间以虚拟货币的形式存储起来，当自己需要时从中支取"被服务时间"。随后，时间银行的构想在世界各地得到传播，并被付诸实践。我国学者关于时间银行概念的界定有不同的表述，陈功认为我国时间银行又可以被称为"时间储蓄"，是一种邻里互助关系的扩大化与制度化，是"爱心储蓄"的形式之一。① 王泽维(2003)认为，广义上时间银行是不同年龄阶段的个体参加志愿服务活动，为自己进行了时间累积；狭义上指低龄老人为高龄老人提供志愿服务并积累服务时数。② "时间银行"目前已经被视作健全优化志愿服务体系以及积极应对人口老龄化的最有效的创新实践之一。

① 陈功，杜鹏，陈谊. 关于养老"时间储蓄"的问题与思考[J]. 人口与经济，2001(6)：67－73.

② 凌瑾. 以时间银行引领志愿服务新模式：由英国时间银行说开去[J]. 湖北经济学院学报(人文社会科学版)，2018，15(10)：77－79.

（二）时间银行在我国的发展历程

1. 时间银行的萌芽探索期（1998—2007 年）

基于互助互利在我国民间的深厚思想基础，以及日渐显现的人口老龄化所带来的照料压力，时间银行在我国的出现和发展水到渠成。1998 年上海市虹口区提篮桥街道开办首家"劳务银行"，宗旨是低龄老人为高龄老人服务并形成良性循环。提篮桥街道时间银行的运营标志着时间银行在我国的扎根，开启了时间银行在我国制度化发展的历程。1998 年年底，山西省太原市也成立了旨在促进为老人服务的时间银行，推动退休的低龄老人加入帮助其他老人，尤其是高龄老人的行列中，从而实现太原市老年人力资源的充分利用。值得一提的是，山西省太原市当时还推出了 85 岁以上的高龄老人可在无志愿服务存储的前提下获得一定数量的无偿服务的规定，开始了我国对于时间银行的地方化创新尝试。1999 年，广州的寿星大厦、北京的朝阳区松榆里小区和浙江的杭州市也建立了时间银行机构，并推出了结对子、发放"时间银行储蓄卡"等新措施。随后，时间银行的发展范围逐步扩大，2001 年哈尔滨市南岗区和南京市鼓楼区、2003 年重庆市沙坪坝区天星桥街道小正街社区、2004 年北京市丰台区大红门街道、2005 年南京市兆园社区等纷纷推行了时间银行，其中不少时间银行一直运作至今。与此同时，在我国港澳台地区，时间银行也落地生根，出现了如 2001 年的香港湾仔区社区经济互助计划、台湾地区的时间银行协会等，两地还进行了"分币""资源券"等较具地方特色的发展尝试，促进了社区居民在自立尊严的基础上建设社区人际网络与互信。这一系列发展和变化促使时间银行在我国的实践达到了新的高度。

在萌芽探索期内，我国时间银行的发展呈现的特点是规模的小型化、分布的零散性和发展的无序性。首先，这一时期所出现的时间银行规模一般较小，所参与的人群多以退休的低龄老年人为主，运作的范围一般仅以所在的社区为限，多数时间银行由社区所在地的管理人员进行运作。其次，时间银行分布十分零散，多出现于我国几个大城市的部分甚至一两个小区内，彼此之间也不往来。时间银行的分布自沿海向内陆发展，南方多于北方，但即便如此，时间银行在南方沿海也仅集中于广州、上海、南京等几个大城市中。另外，由于时间银行尚处于新生阶段，其具体运作和机制并不成熟，多数时间银行的管理依托于居委会，记录以纸笔进行，成员数据存取缺乏细致的规定等，运作并不规范，并且这一时期内时间银行的发展未受到政策制定者的注意，并无相关政策的出台对时间银行的发展进行指导和规范。

2. 时间银行的加速发展期(2008 年至今)

2008 年是我国志愿服务发展的重要一年。在北京奥运会的举办和汶川大地震的抗震救灾工作中，通过新闻报道，大众对于志愿活动的正面印象和评价，极大地推动了志愿者服务社会认知度、接受度和参与度，促使更多的人愿意投身于志愿服务之中。[①] 在“十二五”时期，我国注册志愿者已达到 6 600 多万，至 2013 年，民间志愿者服务团体达到 400 多个。志愿者活动已经成为一个被社会广为接受和认可的公共事业。

信息技术的逐步应用，促成了时间银行的快速发展。由于信息技术具有存储的稳定性和共享的及时性，十分适合时间银行的志愿者召集、需求发布和记录登记储存，从而使时间银行的运转更为便捷化。部分时间银行通

① 魏娜. 我国志愿服务发展：成就、问题与展望[J]. 中国行政管理，2013(7)：64－67.

过网站与APP平台建设，极大便利了志愿者的参与。例如，广东省南沙市通过时间银行的网站建设，方便会员通过电脑或者手机APP的方式，用账户密码登录网络平台，自主管理会员账户及查看时间币，并可自行发布和承接服务需求，还可进行积分兑换商城礼品等操作。另外，网站上可以查询有需要服务的对象的居住地点、服务类型、可给予的时间币和发布时间，也可查看某一次对接服务中的承接人信息、所提供的服务类型、受助方的评价、完成时间和完成状态等，使时间银行的运行一目了然。

（三）以时间银行促进养老服务供给的创新思路

1. 结合传统互助思想，推广时间银行

时间银行与我国传统的互助思想联系十分密切，中国自古以来就有全民参与慈善的传统，也有自成体系的慈善文化，中国历史上对鳏寡孤独者的各种救济方式决定了中国人的“仁爱”观与时间银行具有非常一致的社会伦理观念。通过结合我国传统互助思想的解释，社会大众很容易对时间银行形成形象而直观的认识，大众也会更有兴趣认同和认识时间银行。

2. 促进时间银行的电子信息化建设

时间银行的建设初衷在于资源的交换和流转，时间银行的信息化建设可使运作更加智能化，并促进各地之间的联网和信息共享。大数据时代，在区块链、云技术不断发展的背景下，传统的志愿服务管理不透明的问题有希望得到进一步解决。时间银行可以方便地让会员将所储存的劳务时间在各地之间进行通取通兑，使时间银行在更大的地域范围内发挥资源的交换和流转功能。

3. 注重青年群体特别是高校学生的参与

在人口老龄化、高龄化和失能化的背景下，时间银行必须改变单纯由老年人助老的模式，转而探索和加强由“青银共建”实现“仁爱社会”的模式，通过大力倡导和鼓励年轻人加入的方式来发展时间银行、扩大参与的覆盖面。一些高校创新了劳动教育模式，将时间银行作为劳动教育平台，建成了覆盖全校学生的劳动教育模式。因此，促进高校学生的参与、将大学生人力资源投入日常的老年人照护及其他服务中，对促进社会代际融合、解决养老服务需求非常有益。

第四节　构建中国特色社会力量参与养老服务供给的行动路径

一、政府主导：优化社会力量参与养老服务政策供给

当前，社会力量参与养老服务的政策文本较丰富，但应进一步优化政策布局，将政策文本进行整合优化，在现有的“鼓励型、方向型”政策基础上，出台进一步的“具体支持性”政策，将社会力量参与养老服务供给纳入相关的社会发展指标构建和经济社会发展评比中，将社会力量参与养老服务供给的政策支持形成体系化，覆盖到社会组织、社会企业及其他类型社会力量发展的各方面。同时，也应注意到，养老服务型社会企业，与其他社会企业相比有其特殊性，养老服务型社会企业投资大、见效短、需求迫切，不仅需要常规的促进社会企业发展政策的配套支持，还需要民政部、卫健委、老龄服务

等相关部门的专有性政策资源的扶持。

二、社会参与：营造养老社会力量多元发展的大环境

个体与他人的互动、行为者之间的互动，以及组织领域的制度环境互动，都对养老社会力量的发展起到重要作用。无论是社会组织，还是社会企业，作为社会力量的主体，最终目标是推动资源的有效配置，助力社会问题的解决。养老社会力量的主要功能是弥补现有的养老服务需求缺口，增强养老服务的供给。但与传统的养老服务模式相比，社会组织参与养老服务的持续性存疑、养老服务型社会企业的“公益性”与“社会性”之间的边界难以清晰界定，造成了公众对社会力量参与养老服务的整体认同程度不高。因此，中国特色的养老服务体系，需要考虑到社会环境的包容性，倡导不同类型的养老服务供给模式共存、共融。尤其可以从中国传统文化中去发掘与当下社会力量参与养老服务供给的相同之处，如“义庄”“宗教团体”“慈善团体”“宗姓氏族”等作为社会力量参与养老服务，在养老服务相对匮乏的旧时代得到了民众的认可和参与。由此可见，当下需要营造一种良性包容的社会环境，加强对社会力量参与养老服务的宣传力度，以政策公信力、服务美誉度、模式知名度等来提升养老服务中社会力量的传播价值。

三、融合创新：构建养老社会力量的赋能发展平台

社会力量参与养老服务供给，标准化建设和集约化建设是很重要的一个阶段。基于现有的一些社会组织、社会企业建设标准和建设规范，可以进

一步推行标准化建设，以区、县行政层级为单位搭建养老服务社会参与平台，完善“服务—评估—服务改善—再评估”的机制，将“以评促建、评建结合”融入社会力量养老服务的标准制定中。另外，还可以搭建政府主导、社会参与的养老服务共同体，在社会力量参与基层社会治理的过程中促成养老服务力量的整合，将基层社会养老服务融入基层社会治理，发挥养老服务的最大效能。

第五节　本 章 小 结

本章在社会力量参与养老服务供给的合作治理理论视角下，总结了国外经验教训，基于社会力量参与养老服务供给的多案例研究总结和分析，结合国内时间银行本土化实践的经验，构建了中国特色社会力量参与养老服务的路径。本书认为，社会力量是除了政府、企业之外的第三部门，即民间的或非官方的各类社会行业，具有非政府性、合法性和正当性以及自治性的特征。社会组织和社会企业互相合作，成为社会力量参与养老服务供给的中流砥柱，在参与养老服务供给中具有“参与居家社区养老”“参与机构养老”和“参与社会养老服务”的优势。在后疫情大环境下，新时代中国特色养老服务体系要吸取国外社会参与养老服务的优秀经验，充分发挥合作治理和社会创新理论的优势和价值，开创“互惠助力普惠”中国特色养老合作治理和社会创新模式。

我国的养老服务供给现状为：政府与社会力量处于支配与被支配的双向关系；社会创新以模式创新为主，虽涉及领域众多，涉及层面广阔，但仍属于萌芽起步阶段;老龄社会创新案例基本以传统的劳务服务为主。由此,依托政府、企业、社会组织等供给主体,采用行动倡导,调动各类社会力量的协同参与、多方共治,向社会供给养老服务是目前社会力量参与养老服务供给的新模式。在此模式下,时间银行是健全优化志愿服务体系及积极应对人口老龄化的最有效创新实践之一。本书探索了中国特色的社会力量参与养老服务的实践路径:结合传统互助思想,推广时间银行;努力探索时间银行的本土化创新,赋予地方特色;促进时间银行的电子信息化建设;注重青年群体特别是高校学生的参与。

构建中国特色社会力量参与养老服务供给的行动路径,可以从以下几方面入手:优化养老社会力量的政策制度安排、营造养老社会力量发展的社会环境及以评促建,构建养老社会力量的融合平台。具体来说,党和政府应该立足于当前社会力量参与的现实环境,进一步优化政策布局,将政策文本进行整合优化,在现有的“鼓励型、方向型”政策基础上,出台“具体支持性”政策;营造良性包容的社会环境,加强对社会力量参与养老服务的宣传力度,提升其传播价值;完善“服务—评估—服务改善—再评估”的机制,将“以评促建、评建结合”融入社会力量养老服务的标准制定中。

第七章
养老服务的科技支撑研究

随着老年人口比例的不断提高,养老服务问题日益凸显。如何利用科技手段提升养老服务质量,成为当前社会关注的焦点。本章旨在探讨科技在养老服务领域的应用及其发展趋势。通过对相关理论、现状和发展模式的探讨,深入剖析当前养老服务科技支撑过程中存在的问题和挑战,探讨养老服务科技支撑的未来发展趋势,以期为我国养老服务事业的发展提供借鉴。

第一节　研究背景及问题

一、研究背景

全球人口结构老龄化程度的不断提高对社会经济发展速度产生了影

响,中国人口老龄化现象也已成为各级政府部门关注的重点。① 国家人口老龄化的快速发展,在老年人力资本尚未开发完善的情况下,会造成老龄扶养比降低且适龄劳动人口比例下降,从而导致劳动力供应不足,影响经济发展,同时,也导致国家人口老龄化社会保障与服务体系的压力加大。因此,有效应对人口老龄化所产生的社会现实问题,事关国家经济社会发展全局问题。

为了加强老龄化工作,2019 年 4 月,《国务院办公厅关于推进养老服务发展的意见》提出了加强新一代信息技术、智能硬件设备在养老服务业中的深入融合与应用。积极探索基于技术支撑下的养老服务,既是全方位提升健康管理水平、有效应对人口老龄化社会问题的必要措施,又是运用新型技术,实现个人、国家、社会、经济组织等高效衔接与优化配置,形成现代智慧养老服务产业体系的关键途径。

把信息科技产品融入养老服务之中,以科技手段支撑养老服务体系是未来老龄事业发展的方向,代表了老龄社会的需求。通过构建养老服务科技支撑体系,能够充分利用科技和信息技术发展带来的便利,把信息科技效能与养老服务有机结合起来,面向老年群体个体化、多样化的需求,有利于提高养老服务质量,提升老年生活福利,减轻家庭照料负担,节约养老服务人工成本,增强养老服务的可持续性。在养老服务领域,科技的运用促进了养老方式的创新与变革,这对我国老龄产业的未来发展有极其重要的影响。它不仅有助于我们积极面对人口老龄化的挑战,还能够加快构建符合中国国情的养老服务系统,并对国家治理体系和治理能力的现代化进程提供强有力的支持与保障。

---

① 黄平.基于物联网技术的分级养老服务体系研究[J].中小企业管理与科技(中旬刊),2019(10):182-183.

随着人工智能、移动网络、物联网等技术的快速发展，发达国家将智能技术逐渐应用于养老领域，出现了智能居家、机器人养老、远程医疗等科技化养老服务。《社会养老服务体系建设规划(2011—2015年)》由国务院办公厅印发，强调了利用现代技术手段加强养老服务信息化的重要性。《国务院关于加快发展养老服务业的若干意见》也强调了发展居家网络信息服务的重要性，并支持利用互联网、物联网等技术创新居家养老服务模式。《“十三五”国家老龄事业发展和养老体系建设规划》进一步提出了“互联网＋”养老工程，鼓励社区、养老服务机构、社会组织及企业运用物联网、移动互联网、云计算、大数据等信息技术，开发智能终端和居家社区养老服务智慧平台、信息系统等。通过发展智能科技，能够克服因劳动力资源不足而造成的劳动生产率下降，还能够为老年人提供智能养老服务，从而促进智慧养老服务产业的蓬勃发展。

二、研究问题

随着我国老年人口数量的增加，关注老年人群的特定需求变得日益重要。相应地，市场对于养老服务的需求也在持续上升。在这种形势下，我国应当紧跟时代步伐，大力推动智能化养老服务的发展。利用新兴科技为养老产业注入智慧元素，这不仅会引起养老服务业的一场创新变革，也将成为推动我国经济增长的新兴力量。虽然国内智慧养老服务发展态势良好，但同时也存在诸多挑战。目前，中国在养老服务科技支撑方面的研究刚刚起步，研究成果较少，对科技化养老服务体系的分析仍停留在理念层面，且趋于表面化，缺少系统的理论框架作为支撑，因此，在科技化养老服务理论探讨和实证研究等方面都存在着一定的空缺与不足。

目前的研究存在基础性的理论研究不足、康护和科学技术联系薄弱、政策和制度建设研究滞后的问题。

首先，养老服务的科技支撑体系不是单一的科技问题，还涉及医学、经济学、人口学等多学科的理论和知识。同时，智慧养老、科技化养老服务属于应用性很强的研究领域，需要根据中国的现实国情探讨优先发展和重点发展的领域，从而集中人力、物力、财力满足老年人的物质、精神和心理需求，这就需要对科技化养老服务优先领域的运作模式和相应机制展开基础性的理论研究，更需要对一些基本概念、目标、框架、体系等进行必要的理论阐释、功能定位和政策分析。其次，老年健康、老年人照护需求与科技化照护技术应用等还存在联系薄弱的问题。纵观国内外研究现状，基于人口老龄化、老年人健康状况和残疾状况、照护需求状况等背景，应用智能技术来解决养老照护问题的研究还非常有限。最后，政策和制度建设研究滞后。中国政府已经开始关注科技手段在养老照护领域的应用，但是从目前的实际情况来看，一些政策对现有问题的系统论述及实践指导还非常有限，并且政策的落实成效还未显现，在运用互联网、物联网等技术手段创新养老服务模式方面以及科技服务现代化等领域，亟须开展有关的政策研究并探讨政策落实的有效途径。

本章将从科技的角度探讨养老服务的发展如何适应养老服务普遍性要求，增加养老服务供应，提高服务水平。适应全方位、个性化养老服务需求，是一项全新的课题，亟须探讨一个新思路。为提高老年人身体健康监测和看护服务水平，本章拟解决的主要问题包括：(1) 如何从理论上认识和分析科技手段对中国特色养老服务体系的支持？(2) 在养老服务领域，科技如何更好地支撑中国特色养老服务体系？(3) 养老服务的科技化和信息化发展面临哪些问题和挑战？

第二节 养老服务科技支撑的相关理论

一、科技支撑养老服务体系建设对老年人个体的影响

(一) 对老年人生理健康的影响

对老年人而言,生理健康既包括老年期疾病、残疾和患病的风险等临床医学的指标,又包括实际生活中,老年人的身体功能与活动的客观状况。一般来说,随着老化过程的发展,老年人的生理健康水平和身体功能水平都面临着衰退的风险。因此,老年人的各项活动都离不开生理健康,养老服务体系建设也绕不开生理健康这一关键领域。科技在养老服务体系当中的作用,是针对老年人在面对生理健康衰退等实际问题时,特别是帮助有生理健康问题的老年人,提供必要和有效的辅助,使其能够达到更好的甚至与健康老年人乃至年轻人相当水平的身体功能,以完成必要的各项活动。从这个意义上说,科技在养老服务体系中的作用,区别于旨在解决生理健康问题的现代医疗技术,主要表现在其无法直接作用于老年期生理健康问题本身。科技支撑养老服务体系与巴尔特斯等人(Baltes et al.)提出的选择、优化与补偿模型存在一致性,重点关注"补偿"功能在老年期可能发挥的重要作用,探索如何采用科技方法辅助老年人实现其在生理健康维度的老化目标。

在这一主题中,有关老年人辅具的实证研究和实践经验受到了最多的

关注。从辅具与老年人的角度出发，有研究指出，使用辅具会减少老年人的功能障碍。还有研究关注辅具与老年人所处环境的交互作用。在科技支撑养老服务体系的实践中，也涌现出许多结合了新科技的老年适用辅具。这些辅具能有效地提高老年群体，特别是有生理障碍的老年人，达到较好的生理功能水平。从辅具与照料者的角度出发，研究关注辅具在降低照料者负担中的作用。辅具技术的介入显著降低了正式照料和非正式照料的时间和经济负担。

（二）对老年人认知功能的影响

认知功能既包括记忆、注意等基础认知活动，也包括执行、控制、计划、情绪调节等高级认知功能。老年人的轻度认知障碍和阿尔茨海默病等认知问题受到越来越多关注，在养老服务体系建设中，老年群体的认知功能和问题也逐渐成为重要一环。科技支撑养老服务体系建设在老年人认知功能需求上，可以发挥独特的作用。一方面，现代科技具有灵活性，能够根据老年人的实际需求进行调整，使养老服务能够更好地匹配认知功能在各个维度上的复杂性；另一方面，科技的灵活性也使其可以迅速地融入不同的养老服务体系中，面对不同模式、不同老年人群，都能有效地发挥作用。

当前，许多研究关注科技在调节和促进老年人认知功能上的作用。安格拉等人（Anguera et al.）证实，视频游戏可以显著提高老年人在多任务情境中的表现。以往研究指出，参加典型的日常认知活动，如阅读报刊、书籍和观看电视节目，都与老年人更好的认知表现有关。[①] 而在科技支撑养老服

① 王大华，黄一帆，彭华茂，等. 老年人加工速度的干预研究[J]. 心理学报，2012，44(4)：469-477.

务体系的背景下，以5G技术、网络平台、VR技术、实时互动、体感控制等一系列高新科技为基础，能够有效促进老年人更好地参与认知活动，提高其晚年期的认知健康水平。

（三）对老年人社会参与的影响

社会参与在老年期表现出许多新的特点。退出理论认为，老年人会逐渐缩小自己的社会交往圈，并且逐渐退出以往的社会活动；社会情绪选择理论则指出，老年人更为关注与情绪相关的事件，通过各种途径保持积极的情绪状态，获得积极的情绪体验。从上述两个理论出发，“老化悖论”的观点开始出现。“老化悖论”是指，尽管老年人的社交圈受到自身条件和外界环境的影响而不断缩小，但老年人从社会交往和参与中获得的情绪体验却并没有降低，他们同最亲密的亲人、朋友的交往频率和质量都获得了提高，也从中得到了更多的积极情绪体验。从“老化悖论”的视角出发，科技支撑养老服务体系一方面可以通过发达的实时通信技术，帮助老年人维持甚至拓展现有的社交圈子和核心社会关系网络，使他们通过科技手段参与到熟悉或陌生的社会活动中来；另一方面，科技支撑养老服务体系也能通过其多元化的形式，帮助老年人从现有的关系中获得更高质量的社会交往与参与，有效地弥补现有养老服务体系在信息交流、情感交流上的劣势。

许多研究关注信息沟通技术对老年期社会参与和社会交往的影响。金等人（Kim et al.）的研究表明，使用信息沟通技术的情况与老年人，特别是老年男性的社会参与有显著的正向关系。总的来说，在当前网络社交媒体中，5G技术、大数据等技术为老年人提供了有力的工具和平台，能够更加精准地匹配老年人社会交往、社会参与的复杂需求。

(四) 对老年人主观幸福感和生活满意度的影响

老年人作为科技支撑养老服务的主体,他们自身对于老化过程的体验和评价是至关重要的。毕生控制理论指出,老年人会选择不同的手段,调整个人的目标,来达成自己老年期的主观目标。研究发现,科技可以增进老年人的主观幸福感和生活满意度,并作为一种保护性因素,调节 ADL 对于老年期抑郁的作用。总的来说,对于科技支撑养老服务体系而言,更加灵活多元的科技手段,能够在现有的传统养老服务体系基础上,有所侧重地关注老年人的情绪健康和精神需求,拓宽老年人的发声渠道,鼓励老年人表达自己对于养老服务和老化过程的需求。

科技支撑养老服务体系可以整合老年人的生理健康、认知状况、社会参与情况和自身老化过程的主观感受。罗兰(Roelands)等人的研究发现老年人使用辅具等技术的动机,与老年人的自我效能感、对辅具技术的态度和对使用辅具技术的主观标准有关。这说明,科技支撑养老服务体系不仅旨在促进老年人的心理健康水平,更应进一步关注他们对技术及其应用的主观看法,重视他们在技术运用过程中的心理体验和情绪反应,并结合这些结果进行灵活、适当的调整。总而言之,科技支撑养老服务体系是一项以老年人为主体、为老年人而设计,并以老年人的主观体验和评价为目标的工程。它应当有充足的条件具有鲜明的老年人主体特征。

二、科技支撑养老服务体系建设对社会治理的影响

(一) 从社会治理视角看待养老服务发展

“社会治理”这一概念已取代了传统的“社会管理”观念,将构建创新的

社会治理体系提升到国家发展策略的重要位置。这标志着党的社会建设理论和实践迈出了重要的一步，我国社会建设在顶层设计上步入了新的发展阶段。① 社会治理理念的不断演进是一个持续探索和深化的过程。党的十九届四中全会明确提出了要健全共建共治共享的社会治理制度，优化以党委领导、政府主管、民主协商、社会协作、法治保障和科技支持为特征的社会治理体系，打造一个每个人都负责任、尽义务、共享成果的社会治理共同体。

养老服务是社会建设的关键领域之一，它需要依托社会治理理论，从科学规划和提升治理体系、增强治理效能的视角来推进养老服务体系的发展。一方面，面对人口老龄化的挑战，完善养老服务体系是推进社会治理体系和治理能力现代化的关键环节。有效应对人口老龄化，实际上是在打造与现代化社会治理体系相匹配的养老服务体系。随着人口老龄化的趋势日益常态化，应对老龄化社会的治理不应仅是临时措施，而应成为社会整体的一部分。另一方面，需要构建居家、社区、机构相互协调，医疗、养老、康复一体化的养老服务体系。目前，养老服务的发展受到治理理念、认知、能力以及方式的多重限制，而社会治理现代化的理念、制度、机制和方法为养老服务业的发展提供了明确指引。因此，结合养老服务的具体内容，基于社会治理体系的逻辑结构，我国在构建养老服务体系时，应当从治理体系的科学规划和社会治理的两个维度进行完善，以提升和优化治理效能。

（二）科技支撑是社会治理理论的发展创新

将技术支持融入社会治理结构标志着社会治理理论的创新。这一

① 江必新. 以党的十九大精神为指导　加强和创新社会治理[J]. 国家行政学院学报, 2018(1): 23－29.

理念基于科技快速发展的时代背景，深入探讨科技创新作为关键的非制度性因素在提高社会治理效率方面的潜在作用。实质上，这是在调整生产关系，以便更有效地利用推动生产力发展的要素，推动社会的全面进步。信息通信技术的最新革命正在重塑社会结构和运作方式，与社会治理的创新紧密结合。依赖于科技的社会治理体系能够激发创新，改变制约社会发展的传统社会治理模式，使得社会治理变得更加精确、便捷和高效。

（三）科技在推动养老服务进步中的核心作用

《国家积极应对人口老龄化中长期规划》制定了五个方面的具体任务来积极应对人口老龄化的挑战，其中包括加强科技创新以应对老龄化，提升养老服务的技术化和信息化水平。在社会治理的视角下，科技为养老服务的发展提供了坚实的支撑，并且拓宽了传统养老智慧化的范畴和意义。从技术应用的角度分析，智慧养老涉及互联网、生物医药等技术在养老领域的应用与创新，特别是在技术与服务模式的融合方面，它旨在有效回应老年人的实际需求①，由此可见，科技对于推动我国养老服务的发展具有重要作用。

一是科技促进不同养老主体的共同协作。多元共治是达成共建共治共享的根本需求，同时也是我国社会治理现代化的重要标志。二是科技促进养老资源的综合调配。由于养老参与者的多样性，资源分散成为常态，有效整合养老资源成为推动养老服务发展的核心。三是科技推动多种养老模式

① 杜春林，臧璐衡. 从“碎片化运作”到“整体性治理”：智慧养老服务供给的路径创新研究[J]. 学习与实践，2020(7)：92－101.

的结合。养老服务业已由单一服务转向综合性民生服务，逐步形成了居家、社区、机构协同发展，医疗与养老、康复相结合的发展格局。四是科技迎合老年人多样化的养老需求。完善养老服务治理体系，提升治理能力现代化的根本目的是满足老年群体的养老需求。

第三节　养老服务科技支撑的现状

一、养老服务政策逐渐完善

党的十八大以来，我国把握老龄化日益加快的趋势，较早布局老龄科技支撑领域，以政策支撑这一领域的发展。从现有的部分老龄科技相关政策中，我们可以发现促进这一领域发展的政策导向。近年来的政策文本逐渐强调消除老年人在使用科技产品时的阻碍，不断推动现有的信息技术产品进行适老化改造，致力于推动多方力量搭建一个“老龄友好的无障碍信息环境”，将现有的信息技术产品也视作老年人应当享有的一部分成果，优化供给以实现老龄科技产品的合理布局。随着老龄科技的迅速发展，老龄科技支撑的政策激励已经不再拘泥于某一类、某些领域上，而是朝向科技支撑的全产业链、全局发展。政策关注的重点，也从“功能补偿”转变到与“技术培训、消除数字鸿沟问题”有关的领域。

2018年，全国两会中将“智慧养老”计划提升到较高层次的战略地位，标志着我国在“互联网＋”实践应用方面得到了国家的大力支持。

2019年，《国家卫生健康委办公厅关于开展“互联网＋护理服务”试点工作的通知》和《民政部关于进一步扩大养老服务供给 促进养老服务消费的实施意见》明确指出，需要加快实现互联网医疗与智慧养老医疗服务体系的健康融合，精准化对接养老服务需求资源与服务供给。

2020年，国务院出台《关于建立健全养老服务综合监管制度促进养老服务高质量发展的意见》，提出应充分发挥标准规范引领作用，不断提高养老服务质量，养老服务设施应严格执行国家工程建设体系标准规范。

2021年10月，民政部、工业和信息化部、国家卫生健康委联合印发的《智慧健康养老产业发展行动计划(2021—2025年)》，就智慧医疗养老综合服务及产品供给能力等方面进行了详细的规划，这有助于推进信息科技类企业参与到养老服务产业，进一步优化养老服务产业的健康生态。

2021年11月出台的《中共中央　国务院关于加强新时代老龄工作的意见》和同年12月国务院印发的《“十四五”国家老龄事业发展和养老服务体系规划》对“十四五”以及中长期我国养老服务科技支撑的发展进行了顶层部署，其中主要以老龄领域科技创新、“互联网+养老服务”、“互联网+照护服务”、“智慧助老”及产品应用与适老化升级等为主要发展方向。

四年来，党和国家有关主管部门累计出台的20余项养老服务政策中提到或包含与养老服务科技支撑相关的文本内容，从顶层设计的角度持续推动老龄科技创新体系建设。从政策出台时间上看，2019年4部、2020年6部、2021年7部文件都包含老龄科技的内容，政策数量呈逐年递增趋势。从政策效力级别上看，中共中央、国务院层面出台的规范性文件共有6部，部门规范性文件7部、部门工作文件6部，“十四五”规划1部。其内容包含：加快“互联网+养老服务”发展；推进智慧健康养老产品、服务；发展“互联网+老年健康”服务；推动医疗、健康服务数据共享；加快推进适老化改造和信息无障碍建设；破解数字鸿沟，便利老年人智能科技运用以及发展养老服务机器人等。我国养老服务科技支撑领域迎来较好的政策机遇期，恰逢供给转型、需求升级的战略机遇期，因此科技支撑养老服务体系不断健全，供给能力一定程度上得到提升，为不断满足老年人群美好生活需要提供了科技支撑保障。

二、养老服务需求不断增长

目前，养老服务的供需呈现出不平衡的特点。从老年人需求角度出发构建的智慧社区养老生态链，利用“互联网＋”、大数据、机器人等智能技术，使智慧化贯穿整个养老服务产业体系中，以解决中国传统养老服务产业供需的矛盾。目前，老年人对养老服务体系的供需现状主要体现在以下三个方面：

其一，机构化养老市场需求量显著减少，居家照料与智慧社区服务等养老服务产业的需求量逐渐增大。当今老年人大多数选择了居家养老，使得老年人家庭社会养老功能的必要性也越来越受到弱化。因此，需要逐渐扩大老年人对社区养老服务供给的内在要求，同时老年人自己对提升社会总体养老能力与服务的要求也逐渐加以细化，对社会服务能力水平机制的整体要求也变得越来越高。

其二，老年人自身对养老护理服务、医疗康复服务供给质量的需求提高。老年人由于相对年龄跨度较大、体质也偏弱，已成为传染性病毒的易感人群和死亡率最高的群体，因此目前不管是老年人还是其家人，他们对健康养老相关服务机构的管理需求日益提高，特别是近年来对健康医疗和服务的养老质量方面提出了更高的要求。

其三,将养老服务产业体系的内容逐渐做到“智能化”“网络化”。由于新冠病毒具有非常强的传染性,导致中国传统的面对面、互动性的养老方式受到了限制,老年人和他们的子女更偏向选用方便快捷、业务精确而且无需接触的“智能化”健康养老模式。例如,北京海淀区的民政部门结合辖区内的医疗条件,通过远程操控智能医养结合的养老服务平台,无偿地为辖区内的养老机构开展远程咨询和线上诊疗的服务。社区卫生服务中心或服务站也可以采取卫生防疫宣讲、远程教导和导医转诊等方式,为健康驿站、居家老人等提供一天二十四小时的专业性帮助。

三、科技在养老服务中的应用逐渐广泛

科技的进步正在逐渐拓展其在养老服务中的应用范围,并日益成为提升老年人生活质量的重要力量。在老年健康管理方面,传统的依靠医生定期面对面咨询的方式,因其时间和空间限制而效果有限。然而,随着科技的发展,智能健康监测设备得以普及,它们能实时追踪老年人的心率、血压和血糖等健康数据,并将这些信息实时传输至云端服务器。这样的创新不仅提高了健康监测的效率,还使得医生能够进行远程评估和诊断,有效减少老年人的医疗成本和去医院就诊次数。此外,科技的飞速发展还使得医疗服务更加精准和个性化。远程手术和机器人辅助手术技术的应用,大幅降低了老年人接受手术治疗的风险和恢复时间。而高级医疗成像技术如高清CT和MRI,提高了疾病诊断的精确性和时效性。物联网技术和传感器的进步,更是极大丰富了老年人健康监测设备的种类和功能。老年人可佩戴智

能手环和手表等设备，持续监控关键健康指标，并通过与智能设备的数据同步，实现健康信息的实时共享。这样的技术不仅让老年人及其家属能够及时掌握老年人的健康状况，还能够在疾病发生初期就发出预警，从而采取及时有效的预防措施。

科技支撑对养老服务具有促进作用。首先，科技进步也增强了老龄人口的社会互动和精神健康。互联网和社交媒体等工具为老龄人口提供了便捷地与他人沟通、获取资讯和参与社交活动的途径。他们可以通过在线社交平台、虚拟社区分享经验、参与讨论，并与亲朋好友进行远程交流，有效减轻孤独感，提升幸福感和精神健康。其次，科技还为老龄人口提供了终身学习和认知训练的可能性。借助虚拟技术和在线教育平台，老龄人口可以自主选择学习新技能或培养兴趣爱好，这对预防认知功能衰退和提升认知能力具有重要影响。最后，科学技术的使用可以帮助老龄人口展现他们的独立性和自主性，从而摆脱社会对衰老的负面标签。通过有效获取和理解健康知识，参与健康行为，老龄人口可以培养健康的生活方式，为身体健康打下坚实的基础。

第四节　养老服务科技支撑面临的挑战

一、养老服务体系建设不完善

其一，养老服务体系的体制机制不完善，导致养老服务资源和政策难以有效衔接。良好的制度环境是推动科学技术成果转化为社会生产力的重要因素，对科学研发、技术合作、市场的扩大等都具有良好的促进作用。科技养老事业的发展离不开国家政策和法规的支持。目前，我国的养老服务主要由政府、企业、社会组织和家庭共同承担，但各方职责不清晰，导致资源配置不合理，政策执行效果不佳。老年科技产业的发展与国家的宏观政策紧密相连，近年来我国颁布了一系列有关科技养老的政策，以促进老年信息科技产业的发展。但是这些政策对于我国巨大的养老需求缺口而言无疑还是不够的，我国科技养老对养老政策的需求依旧没有得到很好的满足。

其二，我国养老服务体系的资金支持政策不够细化，支持力度不足。虽然政府对养老服务有一定投入，但与实际需求相比，资金支持仍然有限。我国的科技养老产业市场供需矛盾十分突出，表现为有效需求和有效供给均不足。究其原因，主要是个人收入受限和市场细分不足，目前市场上提供科技养老产品和服务的企业和社会团体，没有很好地运用马斯洛需求层次理论对养老市场进行科学的细分，导致生产出来的产品和服务试销不对路，构成供需矛盾。

其三，我国养老服务政策的效果性和可执行性有待提高。现行政策在一定程度上存在制定不够科学、实施不到位的问题，导致养老服务体系建设进展缓慢。在养老服务政策的制定过程中，缺乏充分的调研和科学依据是一个重要的问题。由于对老年人群体和养老服务的需求了解不足，导致政策可能与实际需求存在较大差距。政策的实施涉及多个部门和机构的协同合作，一些地方政府配套措施不力，或相关部门之间协调不足，均会导致政策无法得到有效执行。此外，我国养老服务体系建设尚不完善，资源分配不均，这也给政策的实施带来了困难。

二、科技创新水平不高

首先，科技创新是推动养老服务发展的关键因素，但我国在养老服务领域的科技创新能力相对较弱。这主要表现在产品研发与创新方面，目前我国养老服务产品同质化严重，缺乏针对老年人特定需求的功能性和创新性。当前，我国众多养老服务提供商正致力于智慧养老服务和产品的创新与生产，如智能定位手环、老年手机等。但是，随着老年群体对养老服务需求的日益多样化，目前市场上的智慧养老产品和服务的同质化现象严重，相互之间易于替代，这与老年人的真实需求之间存在着显著差异，从而导致大量无效供给。此外，智慧养老产品和服务对老年人适应性的验证需要通过广泛的市场实践来完成，这不仅要求企业承担巨大的内部经济成本，还要担负额外的社会成本。因此，尽管表面上智慧养老产品和服务的种类和数量看似丰富，但实际上却难以满足与老年人需求的精准对接。

其次，我国在养老服务领域的数据搜集和共享机制不完善，数据标准不统一，导致数据质量参差不齐，难以有效支撑养老服务科技创新。养老数据具有分散性特点，目前分布在多个不同的数据库中。不同主体分别建设和管理的数据库，不仅耗费了大量时间和资金，也不利于养老数据资源和服务供给的集中管理。

此外，我国在养老服务领域专业人才的培养和引进体系尚不健全，专业人才缺乏，尤其是兼具多技能的复合型人才更是稀少。这种情况导致我国在养老服务产业的科技创新、项目管理、市场营销等关键领域面临人才不足的问题，从而限制了养老服务产业的发展。随着科技养老的推进，以科技为核心驱动力，养老服务行业已不再仅仅依赖于劳动力的简单投入，而是迫切需要那些掌握科技知识或能迅速适应科技设备的人才。

三、技术接受度和数字鸿沟

尽管科技创新为老龄人口带来了诸多便利和服务，但是一些老年人对于互联网和相关科技持有焦虑、恐惧、回避甚至排斥的态度，这使得他们无法充分利用科技创新带来的健康养老服务。

首先，老年群体的技术接受度是一个重要问题。随着年龄的增长，一部分老年人对新技术的接受能力和学习能力逐渐减弱。这导致了他们在使用数字设备和应用时存在困难，进而影响到他们的生活质量。智慧养老的许多智能产品大多由年轻或中年人群设计，往往忽略了老年人的知识水平、操作能力和身体机能。这不仅加剧了老年人和年轻一代之间的代际差异，还导致部分老年人无法融入信息化社会，无法享受到信息技术带来的便利，从而感觉被社会边缘化，长期下去可能形成一个社会风险群体。

其次，数字鸿沟问题在老年群体中尤为突出。数字鸿沟是指不同群体在获取、使用和受益于数字技术方面的差异。由于老年人普遍存在技术接受度低的问题，他们往往难以掌握和运用数字技术，导致他们在信息获取、社交交流、健康管理等方面处于劣势。这不仅影响了他们的生活质量，还可能加剧社会不平等现象。从供给侧来看，数字鸿沟限制了适合老年人的技术产品的研发和服务供给，这对发展面向老年人的经济是不利的。

第五节 养老服务科技支撑的发展模式

一、体制衔接与支持政策

（一）加速体系化建设，衔接体制机制

加强养老服务顶层设计，高度重视养老服务科技化支撑，加速体系化建设，将现代性与传统性有机结合。从宏观、微观两个方面整合各项政策，形成涵盖全面、主次分明的体系框架。在宏观层面，创造良好的政策环境，将养老服务科技化融入我国养老制度体系之中，出台一系列政策法规，形成一套完善的具备科技支撑的养老服务体系，尽快完善准入、运行、监督、评估、激励等监管机制。在微观层面，不仅需要从静态的角度制定符合中国国情的智慧养老政策和标准规范，还应当从动态的立法层面强化行政体制的改革、民生领域的运作机制以及政策之间的衔接机制等制度建设。

协调中央和地方的权责，加强部门之间的合作，密切协作配合，形成工作合力。从纵向来看，注重放权赋能，将权力协调分配，中央政府统筹协调，负责顶层设计，强化组织领导，厘清各地区、各部门之间的权力和具体职责。从横向来看，注重增强跨部门的协调合作，打破壁垒的制度性障碍，解决政策碎片化、管理部门化、执行困难等一系列问题，整合并有效利用资源，强调政策协同。

（二）细化产业扶持制度，完善资金支持政策

根据国际经验，智慧养老服务需要政府资源、社会资源、家庭资源的有

机整合。为充分调动社会资源，根据不同企业产品和服务的差异，进一步细化和提供差异化、合理的政策支持和价格。引导、平衡参与智慧养老的各行业的产业利润空间，利用社会资本推动智慧养老发展养老产业，探索多种模式，实现智慧养老。产业与社会资本合作共赢、共同发展，形成养老服务救助机制、联动机制、监督机制。

加大养老服务领域财政投入，完善财政支持、税收优惠等扶持政策，着力发展智慧养老。将其纳入财政预算，提高资金投入的制度化和利用率。通过贴息、保费等方式，拓宽融资渠道，发挥杠杆效应，调动社会力量，吸引更多社会资本参与，为智慧养老发展提供更加坚实的金融基础。同时，税收政策是政府宏观调控的重要手段。投资将向高科技智慧养老相关企业、高校和养老机构倾斜，并给予更多的财政支持和税收优惠。

（三）增强政策的有效性和可执行性

基于科技支撑的智慧养老政策需以老年人的需求为导向，避免宏观政策和养老需求不匹配的现象。在制定、出台政策之前，为保证其有效性，应做好老年人的需求调研，充分了解老年人的需求特点，进行分类研究，基于此再进行政策层面的研究和制定，不仅可以避免资源的浪费与闲置，还能促进智能产品的多元化服务。

此外，应增强对智慧养老服务和智能产品的推广力度，使老年人切实体会到以老年人群体需求为导向的科技化养老服务所带来的便捷和高效，让老年人更易接受，刺激老年群体的消费需求。地方政府应在养老服务的科学技术问题上进行深入研究，积极配合其他有关部门，进行养老服务大数据建设，通过有力的政策打破信息壁垒，细化产业的发展规划及标准规范，增加政策的有效性和可执行性，促进科技化养老服务的发展。

二、创新合作以促进产业发展

（一）注重产品研发与创新，精准对接老年人需求

企业应降低智慧产品的使用难度，提高智慧程度，合理设定产品价格，精准满足老年人需求。通过智慧养老平台的设计和持续开发，可以准确记录老年人的需求，从而更好地提供个性化定制服务，减少因沟通不畅造成的人力、物力、财力消耗，整合老年人服务。从原来的标准化、统一化向多元化、个性化方向发展。根据老人的生理和身体状况，产品不仅应在功能上适应老人的情况，而且在形态等方面也应适应老年人，从被动到主动。现阶段，由于大部分老年人，尤其是活跃老人、能自理老人的认知障碍以及对成本的考虑，难以负担高价的智能养老服务。智能养老服务是为残疾人和老年人服务的，是刚性需求，企业要细分市场，聚焦失能老人和全体老年人，抓住他们的具体需求，着力打造特色服务，培育和树立企业形象，推动智慧养老服务的普及。

强化企业责任感和自身的基本原则。企业和其他市场主体也应培养自身的社会责任感，实现经济效益和社会效益的共同增长，根据老年人的需求适时转化科技成果，实现“适度智能化”，促进发展优质养老。社会工作的价值信条之一是赋能，即通过服务来访者帮其恢复受损的能力、掌握对自我意志的主宰权。在这个价值观的指导下，对老人实行减法护理，尽量让老人可以完成生活中必要的动作，延缓残疾的发生，而不能本末倒置。同时，企业还应坚持数据共享和隐私保护的原则。数据不仅是智慧养老体系的基础，

也是提供养老服务的重要依据。尽可能让“高速、开放、安全”三要素共同发挥作用，完善后台数据库，实施信用管理，确保老年人信息的保密性和安全性。

（二）确立数据采集准则，优化数据共享方式

当下制约我国养老服务发展的一个突出问题就是对于需求的掌握和评估不够清晰、准确，应积极整合线上线下资源，借助云计算、大数据平台所提供的数据汇集、数据存储、数据处理和数据呈现功能，并针对老年群体制定统一的能力综合评估标准，养老服务供给方能够对目标老年群体的需求进行全面捕捉、合理划分和精准定位，做出多维度、多层次的需求结构评估和精确把握。

完善数据共享机制，推动整体性治理。养老大数据建设是智慧养老发展的重要基础，一个完善的养老大数据系统可以促进多方参与者共同协作，推进养老服务的全面治理。养老层面的共享壁垒普遍，而整体性治理是解决碎片化和适应新时代技术的重要理论。我们需从政府数据的共享与融合出发，协调不同部门间的信息整合，以提高治理效率。

（三）培养和吸引专业化人才，打造复合型人才队伍

智慧养老的发展需要打造多层次复合型人才队伍，包括公共管理型、科学研究型、养老服务型、信息技术型、商业运营型、市场推广型和志愿服务型人才，以弥补一般传统型养老机构在人才方面的需求失衡和匮乏。在未来养老服务队伍的构建中，需要具备交叉专业能力的复合型人才，提升人才素质，提高养老服务科技化发展的水平。

设立完善的智慧养老人才培育机制。第一，坚持人才培育需求导向。通过问卷调研或访谈等方式以及大数据收集与分析等技术，了解并精确定位人才需求，据此制定培育规划、评价标准、培训方式、培训内容等。第二，设立人才培育评价标准。设立统一的选拔标准，做到持证上岗，把好人才引进的质量关；建立完善激励保障机制，实现科学化、系统化人才绩效和薪酬评价体系，切实改善工资收入和福利待遇，留住关键人才，建立完善职称评聘体系，调动养老服务人员提升专业素养和业务技能的积极性。运用互联网技术实现人才信息互通，建立健全人才动态评价体系。第三，创新人才培育方式途径。鼓励企业、学校打破地域、行业的限制，共同研制培养方案，采取灵活多样的方式进行深度合作；加强产学研合作，政府发挥监管、辅助功能，促进企业、高校以及研究机构的知识、物质资料交换与共享；为各类人才创造走出国门的机会，借鉴、学习国外的经验和方法，积极引进好的技术方法，丰富国内供给；发挥科技支撑作用，创建智慧课堂，充分发挥网络信息技术实时性互动、不受时空限制、优秀资源共享的优势。第四，完善人才培育课程内容。在培训观念上，致力增强人才对智慧养老事业的认同感与职业价值感；在培训知识上，注重学科交叉，可涵盖老年学、医学、护理学、公共管理学、心理学、信息技术、市场营销等多学科内容；在培训方法上，注重因地制宜地组织培训，采取角色扮演法、多媒体教学法、案例教学法、仿真模型的使用等互动教学方法；在培训技能上，注重培训多方面的专业技能。

三、赋能老年群体，破解数字鸿沟问题

应致力于解决老年人面临的数字鸿沟问题，确保老年人能够平等享受

信息化发展的成果。科技的发展应以人为中心，不断为老年人提供支持，使所有老年人都有机会和能力适应并参与到社会发展中，共同构建、共享和共治老龄化社会。2021年，工业和信息化部发布的《“双千兆”网络协同发展行动计划（2021—2023年）》强调了网络速度提升和费用降低的重点应从“普惠降费”转向“精准降费”，并配套实施了助老化措施。科技的应用和普及应惠及全民，确保没有人被遗漏，尤其是要推动老年人对智能科技的接纳和使用，提高智能科技的人性化水平，合理降低成本，全面实施以人民为中心的发展理念。

在新基础设施建设过程中，全面考虑老龄化适应性建设，确保在设计、开发和生产各个环节以提高老年人生活质量为目标，同时考虑到老年人在心理、经济和技术方面的接受度。关注智能产品价格的“亲民化”，通过以旧换新、特价销售或捐赠等手段，使低收入老年人群能够以较低成本拥有智能手机；提升智能应用和设备对老年人的吸引力，考虑到老年人的需求相对固定，对新产品的接受速度较慢，甚至可能存在抵触情绪，因此，开发者和企业需秉持“以老年人为中心”的理念，基于老年人的生理特点和心理需求，深入分析他们的特定需求和消费习惯，优化产品，提高产品的易用性、适用性和亲和力，展现人文关怀。

第六节　本章小结

科技的发展为养老服务提供了新的可能性，我国应抓住这一机遇，加强科技在养老服务中的应用。本章首先探讨了养老服务的科技支撑研究背景及问题，强调了在人口老龄化日益严重的当下，科技在养老服务领域的重要性和应用的必要性。接着，本章介绍了养老服务科技支撑的相关理论，包括科技支撑养老服务体系建设对老年人个体的影响和对社会治理的影响，提出以社会治理视角看待养老服务发展，利用社会治理理论分析科技对养老服务体系的影响。在此基础上，本章详细阐述了养老服务科技支撑的现状，包括养老服务政策逐渐完善、养老服务需求不断增长、科技在养老服务中的应用逐渐广泛。进一步地，本章指出我国智慧养老服务体系面临的挑战。最后，本章探讨了养老服务科技支撑的发展模式，从政策支持、产业发展和老年使用者三个角度提出了具有针对性的建议。

第八章
国际养老服务体系建构的理念、模式及启示

世界范围内人口老龄化现象最早出现在 19 世纪中后期,得益于工业革命带来的食物供应、医疗卫生和生活水平的提高,人口死亡率下降和预期寿命增加使得老龄人口规模逐步扩大。世界人口老龄化发展可分为三个阶段:一是 20 世纪 40—60 年代,人口老龄化现象主要出现在西方国家,以轻度老龄化为主,世界人均预期寿命仍处于较低水平,经济水平较高的国家预期寿命也仅在 65—72 岁之间,人口结构基本仍处于红利期,人口老龄化带来的问题尚不突出。二是 20 世纪 70—90 年代,相比于前 30 年,老龄化程度加深,进入中度老龄化国家数量增多。与此同时,人口预期寿命增长迅速,尤其是高龄老年人死亡率持续下降,老年人数量增多,大多数老龄化国家人口扶养比呈现上升趋势,老龄化带来的社会负担等矛盾凸显。三是 20 世纪 90 年代后,西欧地区整体进入中度老龄化,世界范围内老龄化国家数量不断增加,到 2000 年,世界整体人口结构进入轻度老龄化阶段,人口预期寿命继续延长。根据 2019 年联合国《世界人口展望》预测,至 2050 年,全球人均预期

寿命将增长至77.1岁，65岁及以上老年人占比将达到16%，人口老龄化趋势不可逆转。

从全球老龄化发展趋势和特点来看，有两个基本特征。第一，人口老龄化现象前所未有。低生育率及寿命的延长使全球几乎所有国家和地区都在经历人口老龄化。较发达国家于1998年就已出现年轻人和老年人相对比例的历史性扭转，2018年，人类历史上第一次65岁及以上的老年人口人数超过了5岁以下儿童；到2050年，65岁及以上的人口数量还将超过15～24岁的青少年人群。[①] 第二，世界范围内人口老龄化发展存在差异。虽然人口老龄化是20—21世纪人口发展的独有特征，但其实际强度及影响在各个国家和区域之间存在较大差异。一方面，由于人口老龄化发展与地区社会经济水平密切相关，发达国家与发展中国家的人口老龄化进程截然不同。人口老龄化首先从较发达的国家开始，经过阶段性人口转变，这些国家到目前基本均已进入中度人口老龄化社会。而发展中国家在过去十几年间人口老龄化问题才开始凸显，但其速度远快于发达国家，且相比发达国家，发展中国家没有充足的调整适应其后果的时间，人口老龄化发生在较低的社会经济水平下。另一方面，发达国家和发展中国家内部进程也存在差异。发达国家以西欧国家和美国为例，其中德国老龄化进程最快，于1971年率先进入中度老龄化阶段；英国和意大利则分别于1980年和1989年进入中度老龄化阶段。1993年，西欧国家整体60岁及以上老年人口占比达20%，中度老龄化成为西欧地区的普遍现象。美国虽然进入轻度老龄化时间早，但直到2014年才进入中度老龄化阶段，与德国相比推迟了43年。

① Desa U N. World population prospects 2019: highlights[R]. New York (US): United Nations Department for Economic and Social Affairs, 2019.

发展中国家以中国、印度两个人口大国为例，中国人口老龄化自 20 世纪末 21 世纪初显现，已成为当前乃至较长时期的基本国情；印度 2018 年 65 岁及以上人口占总人口 6.2%，预计将在 21 世纪第三个十年间进入老龄化社会。① 一些低收入国家，如中非共和国、阿富汗等人口结构仍属于年轻型结构。

由此可知，人口老龄化已不仅是单一国家自身的挑战，更是全球性、全人类面临的共同议题。纵观全球，不同经济发展水平、价值观、规范、文化、结构和社会力量都会影响不同国家和社会人口老龄化的应对。至 2020 年，全球已有超过一半(54.1%)的国家在国家层面实施了与老龄化相关的规划和策略，近半数(49.5%)国家制定了长期护理计划相关政策，46.4%的国家拥有反对年龄歧视的立法，还有约三成(29.4%)的国家制定了支持老年友好型社区和城市的规划。② 在过去近七十年的养老服务体系实践探索中，既有值得借鉴的优秀经验，也有在人口老龄化发展过程中探索的警示教训。本章基于国际和比较视角，对国际上典型的养老服务体系的模式、内容及实践经验等进行梳理和总结，尤为侧重居家、社区和机构协调，以及医养康养结合的相关政策与实践，以为构建中国特色养老服务体系提供借鉴。

---

① 严运楼，严宇珺. 印度人口老龄化及养老保险制度改革策略研究[J]. 人口与社会，2018，34(6)：89-96.

② World Health Organization. Decade of healthy ageing: baseline report[R]. 2020.

第一节 国际社会应对人口老龄化的主要理念

在本节中，我们首先对国际社会应对人口老龄化的主要理念进行简单介绍，为从理念层面认识养老服务体系建设的着力点和基本路径提供理论框架。

一、健康老龄化

1987年，健康老龄概念在世界卫生大会上第一次被提出，并将“健康老龄化的决定因素”作为老龄研究项目的主要课题。1990年，世界卫生组织在哥本哈根世界老龄大会上把健康老龄化作为应对人口老龄化的一项发展战略，主旨是从老年人健康状况和医疗保健出发，提高老年人生命质量，缩短带病生存期并延长健康预期寿命。此时，健康老龄化被定义为发展和维护老年健康生活所需的功能发挥的过程，即进入老龄阶段的老年人能维持良好的生理、心理和社会适应功能，拥有较高的生活质量。

多年来，健康老龄化一词已被广泛使用，包括各种各样的评价与预测指标，但仍没有一个最终定义。健康老龄化通常包含几个主要方面的内容：较高的预期寿命、无慢性疾病、日常生活活动功能良好、生活质量较好、社会参与度高、仅轻度认知或功能障碍、轻微或没有失能（见图8-1）。

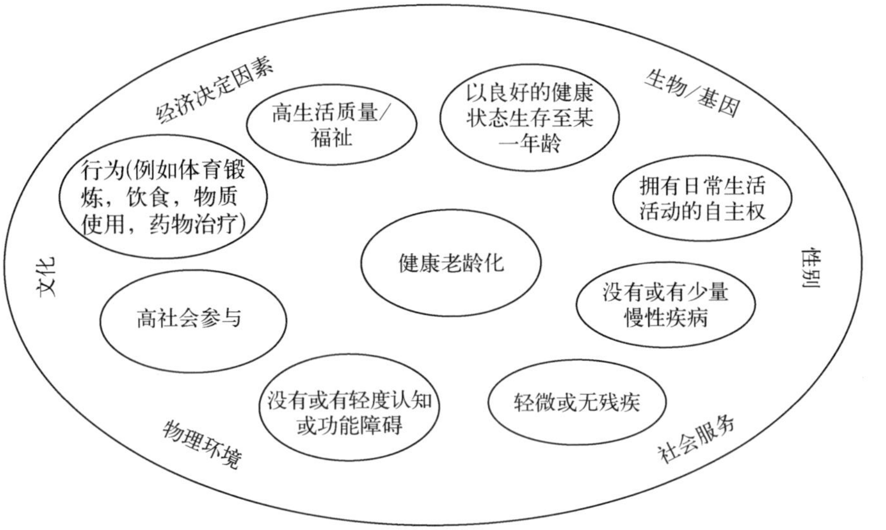

图 8-1 健康老龄化的组成部分①

二、积极老龄化

“积极老龄化”理念于 20 世纪 90 年代末提出，1997 年的丹佛会议上积极老龄化概念被首次提出。1999 年，欧盟召开了以积极老龄化为主题的国际会议，从理论上探讨了积极老龄化的问题及其解决的现实可能性。2002 年，马德里第二次世界老龄大会正式提出积极老龄化，将其定义为“优化健康，参与和保障机会的过程，以提高人们随着年龄增长的生活质量”，旨在为所有老年人(包括体弱、残疾和需要护理的人)延长健康预期寿命并提高其生活质量。会议提出，积极老龄化的核心概念和三大政策支柱是健康、参与

① Fuchs J, Scheidt-Nave C, Hinrichs T, et al. Indicators for healthy ageing: A debate [J]. International Journal of Environmental Research and Public Health, 2013, 10 (12): 6630-6644.

和保障，还指出“这些政策和方案应基于老年人的权利、需求、偏好和能力”。概念内涵上，“积极”是指老年人继续参与社会、经济、文化、精神和公民事务，而不仅仅是参加体育锻炼或是劳动力活动，且特别指出退休的老年人、患病或残疾老年人仍可为他们的家庭、同龄人、社区和国家做出积极贡献；“健康”则是指世界卫生组织对健康的定义，在积极老龄化的框架中，促进精神健康和社会联系与改善身体健康状况一样重要。此外，相互依存和代际团结是积极老龄化的重要原则。这一概念在《第二次联合国老龄化国际行动计划》中得到通过，自此，积极老龄化被视为一种全球目标和政治概念，并逐渐发展为应对人口老龄化的主要全球政策战略。

与健康老龄化相比，积极老龄化基于社会权利理论，传达了更广泛的内涵，认识到了健康之外的因素如何影响老年人及老年人群体，回应了老龄化带来的在养老金系统、劳动力、社会关怀与健康照护需求以及老年人群多样性和社会排斥风险等方面面临的挑战。积极老龄化强调活动(activity)与健康之间的联系及健康老龄化的重要性，关注更广泛的而不只是与产品和劳动力市场相关的活动，突出将老年人视为完全公民(full citizens)的参与和包容。有学者总结为六个关键原则：(1) 活动应包括有助于个人、家庭、社区或整个社会福利的所有活动，而不应只关心有酬的就业或生产；(2) 对象必须包括所有老年人，即使是在某种程度上虚弱和依赖他人的老年人；(3) 积极老龄化是一个预防性的概念，意味着整个生命过程中、所有年龄组都要积极参与老龄化过程；(4) 促进代际团结是重要特征，积极老龄化是两代人之间的事，关乎所有人的未来，而不仅仅是老年人；(5) 同时体现权利和义务，在享有社会关怀、终身教育和培训等权利的同时，还伴随着利用教育和培训机会以及以其他方式保持“积极”的义务；(6) 其策略是参与性和赋权性的，既有自上而下的政策行动,同时也有自下而上采取行动的机会,例如发展老年人自己的活动形式。

第二节　国际典型的养老服务体系模式

本节主要梳理国际上较为典型的三种养老服务体系模型,并对其代表国家及实践经验进行介绍,为完善中国特色养老服务体系的建设提供比较借鉴。

一、福利国家模式:西方国家的养老服务体系建设

福利国家发源于20世纪后半叶的西欧,建立之初是为了协调公平问题和市场经济有效运转之间的关系,被认为可以在制度上表达和维护社会团结。① 但自20世纪70年代末以来,全球化、人口老龄化、大规模移民等一系列问题对欧洲福利国家造成了冲击,欧洲内部的发达国家也都在重新调整其原有的社会保障体系的基本政策组合。② 根据去商品化和社会分层程度差异,福利国家包括三种模式:一是社会民主主义模式,去商品化程度最高,追求最高水平的公民平等,以部分北欧国家为典型;二是保守主义模式,是国家本位主义和保守主义的结合,既强调国家在社会福利政策中的主导作

① 齐天骄.欧洲福利国家长期照护服务变迁及对我国的启示[J].社会保障研究,2021(6):55-64.

② 刘慧,李文见.欧洲福利国家危机的政治经济学分析[J].政治经济学评论,2022,13(1):183-208.

用，也强调通过职业形成的社会地位的差异，以法国、德国、奥地利等欧洲大陆国家为典型；三是自由主义模式，去商品化程度最低，以英美等国家为主。[①] 因此，本节选取上述三类福利国家中的典型代表，对其社会保障体系中的养老服务体系建设进行系统梳理和评价。考虑到上述福利国家也都是人口老龄化进程较早、程度较深的国家，其对养老服务体系的探索和实践、经验和教训都具有较高的参考价值。

（一）社会民主主义模式：瑞典的养老服务体系建设

瑞典是世界上最早进入老龄化社会的国家之一，也被学者称为当前世界上养老服务公共投入最为慷慨的国家。在应对人口老龄化方面，瑞典主要以居家养老和机构养老为主，并通过对专业社工人才和养老服务从业人员的培养逐步实现了养老服务的专业化提供。将家庭、市场和国家三个主体有机结合，通过国家承担、政府购买、市场主体引入等方式，进行了较为有效的互动。

从人口老龄化的现实图谱来看，瑞典的人口比其他大多数国家都要先开始老龄化，因此瑞典高龄老龄化（80 岁及以上）也相当明显。2018 年，瑞典 65 岁及以上的老年人占比 19.9%，即在瑞典 1 000 万居民中，有近 20% 的人已经达到了标准退休年龄，而这一数字预计到 2040 年将上升至 23%；80 岁及以上的老年人占 5.1%，90 岁及以上老年人占比 1%，且到 2028 年，人口增长的最大百分比预计将发生在 80 岁以上的人群中。但与此同时，一方面，瑞典劳动力人口数量相对较为充足，2008—2018 年十年间瑞

① 考斯塔·埃斯平-安德森. 福利资本主义的三个世界[M]. 郑秉文，译. 北京：法律出版社，2003.

典人口结构变动小，相对稳定。另一方面，瑞典老年人身体健康水平也在提高，用于老年人护理的支出在国内生产总值中所占的份额正在下降，2015 年以来，其占比为 2.7%，而此前为 2.8%，这部分下降可归因于老年人身体更加健康。

1. 养老体系建设基本情况

从养老服务体系的主要内容来看，瑞典政府明确了三个方面的目标：一是延长人们的工作寿命，提高退休年龄；二是改善老年人的健康和加强社会照护措施；三是加强向老年人提供的家庭护理、健康保健，以及医院护理和机构中心之间的相互协调。

延迟退休方面，瑞典原有法律规定，所有瑞典公民退休后均有权获得国民退休金，人们可以选择在 61～67 岁之间开始领取养老金。其养老金构成主要来自三部分：普通养老金、职业养老金和可能的自有储蓄，但养老金总收入的 71%均来自公共养老金系统。在提倡延迟退休之前，2005—2014 年，瑞典年龄在 65～74 岁之间的工作人数增加了 127%，平均实际退休年龄为 64.5 岁。依据这一数据，瑞典最新养老金政策规定，从 2020 年 1 月 1 日起，将领取公共养老金的最低年龄从 61 岁提高至 62 岁，至 2026 年，可能增至 64 岁。此外，政策还强调应增加老年人就业，相配套地，2019 年 6 月 18 日修订了《就业保护法》，提出老年人有权继续工作至 67 岁，从 2020 年起，有权工作至 68 岁，而从 2023 年起，可以一直工作到 69 岁。同时，如果雇主同意，还可以工作更长的时间。同时，考虑到原有养老金系统在预期寿命迅速增加，而经济增长放缓时可能带来财政的不稳定因素，瑞典也计划对养老金系统进行更新，以适应社会经济和人口变化，保障养老金系统的长期财政稳定。

在改善老年人健康和社会照护方面，瑞典在国家层面颁布了《卫生与医疗服务法案》和《社会服务法》两项法案：《卫生与医疗服务法案》用于保障全国人民基本良好的健康状况；《社会服务法》则是社会服务政策的集中体现，也是政府开展社会服务的依据。此外，对养老服务进行区域分层设置，省一级为老年人提供初级医疗服务，综合医院、专科医院以及高度专业化的医院提供医护服务、相应的门诊护理；市一级为老年人提供家庭护理和社会服务。相关费用主要依赖税收，个人承担的费用主要取决于个人收入和退休金水平，收入越少，所需付的费用越低。[①] 整体上，瑞典大多数老年人护理是由市政府征税和政府赠款资助的，2014 年瑞典老年人照护总花费为 1 092 亿瑞典克朗(约合 127 亿美元或 117 亿欧元)，仅 4%的费用由患者自行承担，由老年人自己支付的医疗费用将根据规定得到补贴。

此外，瑞典在健康和照护方面还有两项突出特点。一是强调对痴呆等认知功能疾病的认识和预防。2018 年，瑞典政府制定了关于照顾痴呆症患者的国家战略，并确定了“知识和技能”这一重要领域，旨在增加对痴呆症的认识，并提高护理质量。2020 年，瑞典政府投入约 1 100 万瑞典克朗用于提高痴呆症患者的护理质量。通过培训、登记上报、监测家庭保健和护理服务等方式，在社会服务和卫生保健领域提高所有职业类别人群对痴呆症及其相关疾病的认识。二是引入老年人预防保健的新形式。如要求服用处方药配合体育锻炼，既用于达到预防目的，又是治疗的一种形式，由医生监控结果。此外，格外关注老年人跌倒等人身风险，通过健康信息的推广普及、特殊的市政服务(如帮助进行窗帘悬挂、更换灯泡等)方式来加强预防。还有

---

① 陈玲，Ingalill R H，孙丽芳，等. 中国和瑞典养老现状之比较及启示[J]. 中国实用护理杂志，2014，30(8)：23－26.

通过音乐、电影、阅读、绘画和其他文化活动来提升老年人幸福感,这一点在养老院等机构中越来越受到认可。

居家、社区和机构协调方面,瑞典的老年人照护以居家养老为主,这基于瑞典大部分老年人较为健康的事实,瑞典政府开展老年照护的目的之一,就是帮助老年人和残疾人过正常、独立的生活,以尽可能长时间居家。在瑞典,居家的老年人可以获得多样的支持:2014 年瑞典政府报告显示,约有 221 600 名 65 岁及以上老年人接受了家政服务;近一半的城市利用日间服务中心为老年人提供公共餐,少数城市帮助老年人组织成立自己做饭的小组;不能生活自理的老年人可向市政府资助的家庭服务中心申请援助,护理的程度取决于需求评估,获得的帮助是全天候的,这意味着一部分人可以终身居家,重病患者也可以在家中得到健康照顾和社会支持。此外,社区的日间服务中心还包括为需要康复的老年人和残疾人提供服务。机构方面,越来越多市政机构选择将部分老年护理服务私有化,让私人护理提供者来运营业务;社会组织,如瑞典红十字会也发挥了作用,志愿者会探望居家或是在机构的老年人,包括聊天、散步或陪同就医等,每年红十字会的志愿者会拜访大约 30 000 名老人。

由于老年人的社会照护向居家和社区下沉,过去由医院提供的大部分护理和治疗现在都在家中进行,这使得拥有一支与老年人及其家人合作的高效、专业的团队至关重要。因此,瑞典政府重视护理人才队伍的培养,为了保障服务标准,政府在 2011—2014 年投资了 10 亿瑞典克朗,用于对老年人护理工作人员进行额外培训。

2. 对中国养老服务体系建设的启示

从瑞典的养老服务体系建设内容来看,对中国的启示经验主要体现在以下几点：

第一，建立与人口老龄化和社会经济发展相适应的养老金体系。包括适当提高退休年龄，开发老年劳动力，营造支持老年人就业与再就业的社会环境，创新改革养老金平衡机制等方式来使人口发展变化适应经济发展，减轻国家养老财政负担。

第二，建立国家、社会、家庭和个人相结合的养老责任体系。从国家到地方设立专门管理机构对养老服务进行统筹管理，对不同层次的养老服务设定相应的服务内容和项目，统一操作标准和考核标准，规范化管理，同时发挥社区作用，完善社区基本养老公共服务。发挥社会组织在老年服务提供方面的作用，如红十字会等国家层面的公益组织。

第三，加强预防保健，提高老年人健康水平。瑞典经验表明，老年人良好的健康状况会降低老年人护理费用财政支出。面对数量庞大的老年人群，最为有效和根本的方式是提高老年人的健康水平，通过基础医疗、家庭医生、社区服务等多方面措施降低老年人生病、失能的风险。此外，创新老年人健康预防保健措施也是重要内容之一，如将健康锻炼加入健康处方等方式。

第四，重视对专业从业人员的培养。瑞典政府每年对人才培养的投资反映出瑞典正尝试建立起一支高水平、高效的工作队伍来应对未来人口老龄化挑战。我国也面临人才短缺、供不应求等人才队伍问题，如何将现有工作人员转为专业工作者，增加教育投入，储备未来养老服务人才，也是值得思考的方向。

第五，关注老年人精神健康。精神健康作为未来健康领域关注的重点，考虑到老年人患病的特点和表征，这一领域的专业服务也值得进行系统化、专业化的设计和准备,以满足未来托养和服务的需求。瑞典对于老年人精神健康的关注既体现在基础健康教育,也体现在对人才队伍的培养等方面。

(二) 保守主义模式:德国和法国的养老服务体系建设

德国在19世纪后半期就开始了人口老龄化进程,1930年左右进入老龄化社会,并于2009年进入了超老龄社会。而法国国家统计及经济研究所的数据表明,截至2019年1月1日,法国75岁以上老人已达621.88万,占总人口的9.28%。按照目前的人口老龄化趋势继续下去,到2050年,三分之一以上的法国人将是60岁以上的老人,并且85岁以上人口将翻两番。德国和法国不同的是,2010年后德国人口老龄化速度放缓,而最近20年,法国老龄化速度还在上升。德国人口老龄化进程时间跨度大,且德国经济状况对老龄化承受能力也较强,在2018年欧洲各个超老龄国家中,老龄化程度最高的国家为意大利(22.8%),程度最低的为拉脱维亚(20.0%),德国为21.5%,处于中等水平。但从人均国民总收入来看,德国的水平最高,为54 890国际美元,其次为北欧的瑞典和芬兰。① 法国经济实力远不及德国,法国65岁及以上老年人贫困率约10%,但某种意义上,法国老年人的福利是以牺牲年轻人为代价的,法国老年人收入与年轻人收入之比平均为1.02,远远高于欧盟28国0.93的平均水平。由于退休年龄仍然较低,法国养老金支出高。2016年,欧盟28国收入替代率平均为58%;英国和德国分别为53%和46%,法国则高达68%。

① UN DESA. World Population Prospects 2019. United Nations. Department of Economic and Social Affairs[R]. World Population Prospects, 2019.

1. 德国养老体系建设基本情况

在养老保险方面，调整退休年龄应对养老金缺口，出台政策鼓励民众购买个人养老保险。德国的养老保险制度分为三个部分：法定养老保险、企业养老保险和个人养老保险。法定养老保险的特点在于依据职业种类区分为不同系统；企业养老保险可以看作企业为吸引人才而提供的公司福利；个人养老保险是个体在以上两个层次之外，自己购买的养老保险，由银行和保险公司提供。为了应对人口老龄化带来的法定养老金缺口，德国政府自 2012 年起颁布了一系列政策：(1) 缓慢提高法定退休年龄。2012 年规定，1947 年以后出生的老年人年龄每小 1 岁则要延迟 1 个月领取养老金，到 2023 年，法定退休年龄会提高到 66 岁；从 2023 年开始，延迟增加到 2 个月，到 2029 年，法定退休年龄会提高到 67 岁。(2) 鼓励在法定年龄退休或延迟退休。提前退休相比于在法定年龄退休会损失一定的养老金，而延迟退休的话，养老金每月将会增加 0.5%。(3) 针对高收入人群，设定养老金领取金额的上限。对于个人养老保险，德国政府推行了补贴以及税收优惠的政策鼓励民众购买，以提升其老年期抵御风险的能力。

在医疗保险方面，法定医疗保险和私人医疗保险构成了德国的“双轨制”医疗保险体系。在双轨制不断趋同的背景下，私人医疗保险也出现了与法定医疗保险相同的固定费率制度。德国法律规定，私人医疗保险的投保人在年轻时必须缴纳老年储备金以应对老年的健康风险。此外，在长期护理保险方面，与医疗保险制度相同，德国的长期护理保险制度同样实行“双轨制”，法定医疗保险的成员自动注册进入法定长期护理保险；私人医疗保险的参保人可以购买私人长期护理保险，也可以注册参加法定长期护理保险。但长期护理保险基金支出增速相比医疗保险基金支出更快，2017、2018

年连续两年出现了赤字(分别为24.2亿欧元和35.5亿欧元),制度运行仍面临较大的财政风险。结合数据来看,从1996年到2015年,不同种类、各护理等级下的支付限额年均增长率最高为1.05%,如果考虑到通胀率等因素,实际的福利水平是在下降的。① 此外,针对有护理需求但难以负担护理费用的老年人,可以申请护理救助。

在居家—社区—机构服务方面,在德国,家庭护理是主要的护理形式。为了促进家庭护理的推广,德国于2008年颁布了《护理假期法》,并于2012年颁布了《家庭护理假期法》,对家庭护理假期制度进行完善。社区方面,通过多项社区支持项目保障老年人在地养老。德国政府在处理联邦和州、地方政府关系中秉持"辅从原则",即在养老领域双方有着相同的决策权,只有在州、地方政府面对无法应对的问题时联邦政府才会介入。联邦政府的首要任务是支持地方政府,使他们有能力为本地老年人创造一个可以独居的生活环境。其中较为重要的领域是社会网络的构建和老年人的社区融入。早在1990年,德国就开始实行名为"共居互助"的项目,通过促进不同年龄段的人群共享居住空间,来帮助老年人和年轻人一起进行生活安排。此外,德国联邦政府还会出资在一些州建设实验性的公寓,通过对实际居住空间进行调整,来达到增强老年人社区融合的目的。

在促进老年人社会参与方面,德国老年人的社会参与水平较高。德国联邦家庭事务、老年人、妇女和青少年部的调查数据显示,在2014年65岁及以上的老年人群中,约34%参与过志愿工作,这一比例仅次于14～29岁组和50～64岁组。德国通过设立专门的职能机构为老年人提供了大量形式多

① 刘芳.德国社会长期护理保险制度的运行理念及启示[J].德国研究,2018,23(1):61-76.

样的志愿服务机会，老年人事务处作为联邦层面的机构，会根据不同老年人所具有的能力与特定的志愿服务机会相匹配，地方层面目前已有超过 5 000 个地方老年人事务处，来支持、鼓励老年人社会参与，地方事务处的主管机构以及出资方形式多样，其中包括当地政府、政党、非营利组织、协会、教堂等。此外，联邦政府还通过多代际居住项目来促进代际联系以及增强社会凝聚力，具体是指在社区中提供一个所有年龄段人群均可以见面并进行活动的场所。2003 年至 2006 年，已经成功实施了 450 个此类项目。[①] 老年人在这一项目中可以参与的志愿服务具体有：为儿童提供基本的课业指导以帮助他们完成家庭作业、每周一次为儿童读书、为那些在职的年轻父母照看儿童等。相应地，青少年可以为老年人展示如何使用电脑、手机等设备，以帮助老年人更快获得使用科技产品的能力。到目前，德国几乎所有的行政区和城市地区都有其自己的多代际居住项目。

在基础设施建设、老年宜居环境改造方面，虽然德国公共交通系统的发展程度居世界前列，但对于老年人来说仍然无法做到完全可及，如只有约一半的火车站属于无障碍设计。[②] 为了填补老年人在公共交通方面未被满足的需求，德国于 2013 年修正并实施了新的《旅客运输法案》，同时设立了在 2022 年实现公共交通系统完全无障碍化的目标。从居住政策来看，德国现阶段的目标仍是让老年人能尽可能在自己的住所中独立生活。2016 年，只有约 5%的老年人生活在无障碍公寓中，83%的老年人生活在老旧的房屋中，这些建筑相比于新建的公寓便利性明显较低。为此，德国政府设立多个

① World Health Organization. World report on ageing and health[M]. Geneva: World Health Organization, 2015.

② American Association of Retired Persons. The Aging Readiness & Competitiveness Report: Germany[M]. New York: American Association of Retired Persons, 2017.

资助项目来进行住房、公寓的无障碍改造，对于那些有改造意愿的居民，银行会根据房屋的具体情况提供最高可达 50 000 欧元的低息贷款（年利率为 0.75%），并根据实际花费给予最高额度可达 6 250 欧元的补贴。

在科技方面，通过科技融入老年人生活，提升老年人福祉。从 2012 年开始，德国联邦内务部联合国有发展银行开始在全国范围内实施“智能家庭解决方案”，出资为老年人所居住的公寓安装网络化的紧急呼救系统以及可以远程操控房门、百叶窗、窗户的系统。通过提升老年人居住环境的安全性、舒适性来延缓甚至避免他们进入养老院。另外，为了应对数字鸿沟，德国政府使用“被培训者去培训他人”的方法，实施了多个为老年人提供有关使用科技设备基本能力的培训项目。2013 年，德国联邦教育和科技部连同老年人组织联邦工作小组开展了一项名为“老年科技大使”的项目，旨在将老年人使用科技产品的恐惧感降低到最低，并增加他们的可及性。项目在当年投入了 20 000 欧元，在 10 个州共培训了 367 名老年志愿者成为老年科技大使，为 1 400 名 50～90 岁的低经济活动水平人群提供个人支持，帮助他们获得使用科技产品的基本能力。但联邦政府在 2014 年中断了资金支持，在原有的 77 个项目中，只有 18 个项目在一些政府外资金的支持下维持运转。另外，还有科技指南针项目，基于“被培训者去培训他人”的模式建立了一个在线入门网站，老年人可以从中获得学习材料，并与其他老年人进行合作、交流。截至 2016 年 5 月，已经有 750 名科技指南针网站的订阅用户以及 12 000 名访问者。项目计划到 2018 年，通过入门网站形成 1 000 个老年网络小组，并与全国其他旨在提升老年人科技设备使用能力的老年小组合作，形成一个全国性的学习合作网络。但根据联邦工作小组的评估，科技指南针项目将会在未来面临与老年科技大使项目同样的资金中断问题，联邦政府提供的资金最多维持 3 年时间。

2. 法国养老体系建设基本情况

法国人口老龄化现状相比于德国，更应该被称为人口老龄化危机。一方面，法国家庭结构和生育情况矛盾突出。法国生育率下降早于其他欧洲大陆国家至少 50 年[①]，法国女性平均生育年龄由 1998 年的 29.5 岁提升至 2018 年的 30.8 岁，总和生育率先升后降，从 1998 年开始逐年上升，直到 2010 年前后达到 2，接近世代更替水平，之后逐年下降，到 2018 年，总和生育率下降至 1.87。法国虽然较早意识到了生育危机并及时采取鼓励生育的政策措施，在 20 世纪 90 年代就形成了包括提高生育补贴额度、增加产假及其他假期、认可非婚子女合法权利、提供生育补贴等在内的较为完善的家庭政策体系，但结婚率仍呈下降趋势，从 1982 年的 5.7‰下降到了 2018 年的 3.5‰，加之就业难度上升，最终生育率并未得到改善。

在养老金体系上，法国养老金财政赤字数额极高，据法国退休指导委员会 2019 年 6 月公布的数据预测，如果不采取任何措施，到 2025 年，法国的养老基金亏空将达到政府无法承受的地步。法国养老金制度较复杂，除了涵盖全社会劳动者的基本养老金制度，还有特别为某些行业人员如农民、铁路员工、医护人员等确立的特殊退休养老制度，二战以来根据不同行业制定的退休制度已经有 42 类，在退休年龄和退休金数额上有很大差别。2019 年 9 月，法国政府颁布了《退休制度改革白皮书》，主张将 42 套繁杂且不透明的现行工作年限制养老金体系更改为统一的单一积分制体系。新制度一经提出就立即遭到了多轨制获益者的强烈反对，2019 年 12 月，法国爆发了全国性

---

① Guinnane T W, Okun B S, Trussell J. What do we know about the timing of fertility transitions in Europe? [J]. Demography, 1994, 31(1): 1-20.

大规模罢工示威活动。在反对者看来，统一的积分制不能反映各工种之间的差别。

在养老产业方面，法国私营企业在养老服务市场中发展迅速，公立的养老院占比仅为40%。竞争机制的引入大大增加了养老服务供给，也使老年人能够在服务提供商中作出选择，提高养老体系的服务质量，降低价格，增加市场供给。[①] 2005年，法国政府推行了家庭服务业促进计划，将居家养老服务等相关行业纳入了国家战略规划。[②]

此外，年金式以房养老政策也是法国较为独特的养老服务提供方式之一。这与法国家庭财富形式的变化有关，从1980年到2012年，房产价值扩张中的70%归功于房价上涨，尤其是2000年以后。在法国，有两种年金式以房养老模式：一是银行抵押贷款式年金养老，二是年金式不动产交易合同，主要以后者为主。银行抵押贷款式年金养老是指老人将房屋抵押给银行，银行每月向老人支付养老年金直至其去世。老人去世后，其继承人可选择偿还银行本息，也可选择让银行出售房产来收回贷款本息。银行抵押贷款式年金养老模式在法国养老市场中的交易量和影响力都非常小。年金式不动产（房产）交易合同是一种传统的买卖契约，卖方（又称年金受益人，但年金受益人有时不一定是卖方，也有可能是他的配偶或其指定的其他人）将其房产出售给买方（又称年金支付人）以换取年金养老。但在法国，年金式房产交易市场明显供大于求，投入这块市场的老人远多于对此有兴趣的购房者，老人们不易找到买家，社会养老压力仍未得到充分缓解。为了刺激年

① 刘酉华，骆金铠. 法国医养结合模式对我国养老体系建设的启示[J]. 中国护理管理. 2016，16(7)：930－933.

② 班晓娜，葛稣. 国外发展养老服务产业的做法及其启示[J]. 大连海事大学学报(社会科学版)，2013，12(3)：15－19.

金式房产交易市场，2014 年 9 月，法国政府全资控股的法国国家信托银行宣布成立 CERTIVIA 基金，专项投资购买年金式房产，以国家金融资本助力养老市场，主要目标是提高老年房产业主的购买力，刺激法国年金式房产交易市场并提供安全保障。①

在主体方面，法国长期倡导多元化，即政府、社会和个人积极参与养老服务供给②，养老服务上也呈医养结合模式。例如提倡养老机构内可以开展相应的医疗服务；与医疗机构建立转诊体系；在家庭养老层面，医疗服务机构提供上门服务，解决家庭养老就医难问题，同时节约医疗机构的医疗资源。③

3. 对中国养老服务体系建设的启示

德国和法国具有不同的人口老龄化发展趋势和国家背景，整体上，德国对我国养老服务体系建设更具启示性，但法国也给出了应对人口老龄化过程中的思考。

从经验上，包括以下几点：

第一，拓宽老年人参与社会经济活动的方式和渠道。一方面，德国在鼓励老年人延迟退休的同时，也出台了一系列针对这一群体的就业保护政策。另一方面，除了就业/再就业等经济活动，德国也鼓励并支持老年人参与社会活动，尤其是在促进与年轻代际的联系方面，德国做了大量且积极的尝试。

---

① 蔡勇. 法国的年金式以房养老制度[J]. 中国公证，2019(7)：62－67.

② Jönsson I, Daune-Richard A M, Odena S, et al. The implementation of elder-care in France and Sweden: A macro and micro perspective[J]. Ageing and Society, 2011, 31(4): 625－644.

③ 刘西华，骆金铠. 法国医养结合模式对我国养老体系建设的启示[J]. 中国护理管理，2016，16(7)：930－933.

第二,多角度保障居家养老的落地实施。一方面推行家庭护理、提升老年人独居能力,加强对提供照护服务亲属的福利保障。另一方面,在基础设施建设中融入无障碍、适龄的理念,支持并鼓励老年人居所的无障碍改造。

第三,建立长期护理保险以应对老年期风险。这既要建立长期护理保险独立的筹资系统,又对于长期护理的待遇给付也需要探索科学的审核和评估机制。此外,德国通过补贴、免税等形式鼓励个体购买个人养老保险,以及将医疗保险法定医疗保险成员自动纳入长期护理保险,都是在国家层面引导民众为老年期风险提前准备。

第四,充分发挥养老服务中的科技力量。德国在解决老年人数字鸿沟方面,从平台搭建和互助网络构建方面做了有益的尝试,但与此同时,也提示应考虑其中的资金链条问题,在项目设计时考虑财政的可持续性。

第五,对老龄产业发展给予支持和政策优惠。法国养老市场中有多种类型的参与者,如公共机构和私营机构,私营机构又分营利机构和非营利机构,所有市场参与者都使用同一个政策和标准,不管是国有的还是民营的养老机构,它们的价格差异根据所提供的服务程度的不同来决定。此外,法国通过补助投资、信贷贴息、运营补贴及购买服务等多种方式支持社会力量开展养老服务。

第六,促进平等,逐步缩小养老保险和服务方面的差异。法国养老保险方面的双轨制并轨的尝试,及其对社会弱势群体的关注和保障都体现了这一点。

从思考上,则有两点:

第一,在刺激生育的政策很难奏效的情况下,养老金可持续发展应当如何改革？从法国的探讨来看，推迟退休年龄到 65 岁或许是一个可行的方案。① 同时一定要兼顾经济可持续发展，只有兼顾经济可持续和社会可持续的养老金制度，才是健康的养老金制度，才能具有长久的生命力。

第二，以房养老的方式是否可行？法国以房养老的尝试和实践既呈现了在老龄化背景下房产变现为养老保障的可能，又呈现了在实操中可能遇到的买方不足的困境，公共手段的加入是否会带来不一样的局面还有待观察。

（三）自由主义模式：英美的养老服务体系建设

英国也是最早进入老龄化社会的国家之一，2015 年 65 岁及以上老年人占 17.93%，85 岁及以上老年人占 2.43%，预计到 2030 年，65 岁及以上老年人比例将达到 22.04%，85 岁及以上老年人比例将达到 3.83%，老龄化、高龄化现象突出。英国上议院公共服务和人口变化委员会也曾表示，英国社会和经济也正在面临一系列严峻的公共服务和养老保障危机。与英国相比，美国人口老龄化速度相对较缓，虽然 20 世纪 40 年代美国就已进入人口老龄化社会，但直到 2014 年，美国才迈入中度老龄化阶段。从美国人口老龄化历史来看，一个重要的经验就是年轻人口增长与老龄人口增长之间的平衡，相对来说，其老龄化的应对是有准备的、渐进式的。

1. 英国养老体系建设基本情况

英国的养老服务体系建设经历了从以社区为主到以机构为主，最终仍回归社区的过程。20 世纪 70 年代，为了减轻政府的财政压力，英国提出了去机构化，并完成了由“在社区照顾向由社区照顾”的转变，形成了以居家、

---

① Blanchet D, Dutreuilh C. Pensions past and present：same equation，new constraints [J]. Population，2016，71(2)：325－325.

社区养老为主导，机构养老为补充的养老服务供给模式，目前英国有90%的老年人居家或社区养老，而机构养老的比例为10%。①

在养老服务供给方面，英国的定位是市场化。政府鼓励私营企业、社会组织等发展养老服务，并向各类服务机构购买服务再提供给老年人，而不是由政府直接提供养老服务。这些养老服务机构只有通过政府评估才能够与政府签订服务契约，并向老年人提供养老服务，整个购买服务和提供服务的管理体系较为完善。在此过程中，政府的主要职责是服务政策制定、标准制定、监督管理、养老服务质量评估等，有效保障老年服务供给的高效和高质量。

为了让老年人在社区内享受优质的老年生活，英国整合各方资源，提供一系列配套的社区养老服务。② 第一，居家照护(home care)针对居家但是互动不便的老年人，为他们提供清扫、做饭、个人照护、送餐等服务；第二，社区内医疗服务(health care in community)，这是将英国原有的全民免费医疗服务体系中每位患者配有的一位全科医生纳入社区医疗服务的体系中，担任社区内健康服务工作，负责在老年人病重或有特殊需要时进行住院等转诊服务；第三，社工支持(social worker support)，由社工、志愿者提供部分社区养老所需的辅助服务。

英国的社区养老服务体系，由国家、市场、社会相互支持、互为补充，在最大程度上优化资源分配、提供种类丰富的养老服务，保障老年人高质量的老年生活。

2. 美国养老体系建设基本情况

美国自20世纪60年代进入老龄化社会，在法律保障引领下，基于市场

---

① 孙碧竹. 我国社会养老服务体系发展研究[D]. 长春：吉林大学，2019.

② 柴化敏. 英国养老服务体系：经验和发展[J]. 社会政策研究，2018(3)：79－96.

化和福利制度，在探索基于专业机构服务需求评估基础上的机构养老服务、最大限度满足老年人在地安养需求的社区照顾型服务方面，有着较为成熟的服务体系。同时，为了解决医养结合需求，美国的全面照护服务（the program of all-inclusive care for the elderly, PACE）发挥了重要作用，其相关发展模式和服务经验值得思考与借鉴。

第一，完善的法律支撑保障。美国1935年颁布了《社会保障法》，自1965年来又先后颁布了《老年法》《老年人志愿工作方案》《老年人营养方案》《多目标老人中心方案》《老年人社区服务就业法》《老年人个人健康教育和培训方案》《住房医疗补助法案》等一系列法律，构建起了以法律为支撑的老年人完善社会保障及福利网络。

第二，发展建立在评估基础上的机构养老与社区养老服务模式。机构服务方面，美国的养老服务机构分类较为精细化，主要有以下三类：一是技术护理照顾型养老机构，主要收养需特护的老年人，以失能失智老年人为主；二是中级护理照顾型养老机构，主要收养无严重疾病但需长期照护的老年人，以半失能、失智老年人等为主；三是一般照顾型养老机构，主要收养需要提供日常照顾服务、无特殊医疗服务需求的老年人，以健康、自理老年人为主。美国的养老机构包括养老院、老年公寓、护理院、老年服务中心以及托老所等，会有专业的非营利机构对老年人的状况进行评估，之后针对性地提供相应的转介服务。① 与此同时，美国养老机构的等级评定、服务标准评价等已经形成了相对完善的机制与评估方案。对准入、服务以及退出环节，对老年人、机构工作人员、机构软硬件设施等各方面都制定了完善的服务评

① 吕永久. 浅析美国养老制度及对我国的启示[J]. 中国老年保健医学，2011，9(3)：94－95.

定方案。养老机构只有满足以上质量评价，才能获得联邦政府以及各州政府的补贴。以上精细化分类模式以及监管体系值得我们反思与借鉴。此外，大部分美国老年人仍然以居家以及社区养老为主，美国在探索社区养老中取得了显著成效。美国的社区养老包括居家养老服务（home-based service）和社区养老服务（community-based program），这种养老服务供给最大限度地满足了老年人在地养老（aging in place）的愿望。在具体做法层面，美国兴建了较多养老社区，主要分为四类：生活自理型社区、生活协助型社区、特殊护理社区和持续护理退休社区（continuing care retirement community, CCRC）。在美国大规模兴建的养老社区中，太阳城的建设是较好的范例。最后，美国在互助理念下，尝试推行村庄社区互助养老，即自下而上发起部分会员制互助养老组织，由老年人会员担任志愿者，面向社区居家养老的老年人提供部分非专业性服务，同时链接外部服务商（非营利组织以及营利性机构）提供相关专业性服务。①

第三，提供综合连续的医养结合服务。首先，在解决给付能力方面，美国建立了多层次的医疗保障体系，如面向低收入老年人的医疗补助，其中面向残疾人群还有特殊的补充救助计划；面向中等收入老年人的医疗保险，而面向高收入老年群体则有各种私人及商业性保险，购买个性化养老服务。这种多层次的医疗保障体系有效满足了不同程度老年人的医疗服务需求。同时，面向中等收入群体的长期护理保险计划也使得老年人能够享受全方位的医疗服务，有效扩大了覆盖面以及保障层级。② 其次，美国通过综合连

① 张彩华，熊春文. 美国农村社区互助养老“村庄”模式的发展及启示[J]. 探索，2015(6)：132－137，149.

② 王承慧. 美国社区养老模式的探索与启示[J]. 现代城市研究，2012，27(8)：35－44.

续整合服务，实现了医与养的结合。老年人全面照护服务(PACE)是一个针对老年人的养老医疗护理服务模式，将老年人的短期医疗与长期照护服务结合起来，尽可能延长老年人，尤其是高龄、失能老年人在社区内生活的时间。[①]

3. 对中国养老服务体系建设的启示

第一，提供连续、整合的以社区为基础的医养结合服务。无论是英国还是美国，其提供养老服务的基础均是在社区内的医养结合服务。例如英国国家医疗服务体系的居家照护以及在社区内提供医疗服务，美国的全面照护服务体系等。

第二，政府和社会力量职责明确。政府并不直接提供养老服务，而是鼓励私营企业、社会组织等发展养老服务，采用政府购买服务方式。在此过程中，政府的主要职责是服务政策制定、标准制定、监督管理、养老服务质量评估。

第三，针对老年人进行评估，以对应适合的机构养老服务。根据老年人的实际健康水平和需求状况进行养老服务机构的分类，以满足不同特征老年人的服务需求。

二、东亚福利体制：日本、新加坡的养老服务体系建设

(一) 日本型福利国家

日本是亚洲率先进入老龄化社会的国家，也是当今亚洲老龄化程度较高、世界人口平均预期寿命最长的国家之一，面临严重的少子老龄化问题。日本与中国同属东亚国家，同属儒家文化圈，在养老文化上有较强相似性，

① 鲁丽萍. 美国医养结合养老模式对我国养老服务业发展的启示[J]. 卫生职业教育，2021,39(1)：142－144.

日本建立的社区综合照护服务体系以及介护保险制度对中国应对人口老龄化具有较强的借鉴意义。

第一，构建起自助、互助、共助和公助四位一体的综合性社区居家养老体系。为有效应对老年人口数量激增以及家庭养老功能弱化的现实困境，日本自 20 世纪 80 年代起陆续开始探索托老所、日间照料、小规模多功能照护机构等社区照护模式。① 2010 年，日本政府明确提出以自助、互助、共助、公助这四个社会福利理念为基础构建社区综合照护服务体系，并到 2025 年建设完成的战略目标，即构建老年自助、亲邻互助、制度共助、政府公助的整合服务体系。自助的理念是“自立支援”的典型体现，即老年人以自我服务为主体，本着“用进废退”的原则，倡导自己做力所能及的事情，本质也是日本人性格中自尊的典型体现。互助是指在家庭、亲朋好友以及邻里的帮助下维系基本生活。鼓励老年人参与志愿服务活动，通过人群互助服务满足基本养老功能，而这也恰恰是老年人社会参与的重要途径。同时，互助也包含专业护理队伍提供的正式护理服务。共助主要指依托长期护理保险、医疗保险等在内的护理保险制度及其相关服务满足养老功能的方式，共助是对自助和互助的有益补充，因为单靠非正式服务是无法完全满足老年人多层次养老服务需求的。公助是指政府财政支持的各项老年人权益保障以及福利事业，政府主要承担兜底线的功能。②③ 社区综合照护服务体系是以家庭为核心、社区为单位，依托既有资源就近就便进行养老服务设施建设以及

---

① 康越. 日本社区嵌入式养老发展历程及其经验[J]. 北京联合大学学报(人文社会科学版)，2017，15(4)：110－117.

② 赵晓芳. 日本的综合性居家养老：制度效应与困境[J]. 社会福利(理论版)，2017(8)：20－26.

③ 邵思齐. 日本社区综合照护服务体系的构建与借鉴[J]. 东北财经大学学报，2018(6)：69－76.

资源供给，以中学学区为半径建设30分钟养老生活圈，其核心是五个要素，即护理、医疗、保健、援助和居住，借助养老服务的提供，日本希望打造共生社会，实现人人尽责的社会共同体建设。

第二，构建以介护保险为核心的长期护理服务体系。日本社会化长期护理保险即介护保险，是日本在家庭养老功能逐渐弱化，政府财政负担日益增大的背景下，发展社会化养老的探索路径之一。2000年4月，日本开始实施介护保险制度，并于2006、2012年对保险制度进行修订。介护保险的目的是帮助老年人自立生活，促使所有老年人在晚年生活中保持自己的尊严。[①] 日本的介护保险被保险者分为两类：第一类是面向65岁及以上的居民，被称为一号保险者；第二类是面向40～64岁的居民，被称为二号保险者。他们属于缴费人群，但达到特定需求也可以领取介护保险补助。在财政筹资方面，由参保者、中央财政和地方财政三方共同出资负担介护保险制度的运营费用。

总体来看，日本政府特别强调家庭在老年人赡养中的核心地位，主要构建以居家长期护理为基础，社区整合性服务为核心的在地化养老服务体系，这一体系对我国发展社区居家养老服务有较强的借鉴作用。一是要以社区资源充分整合、以推动基层社区治理为抓手，打造老年人15分钟社区养老生活圈。同时，引导低龄老年人加入社区治理以及非专业化养老服务供给，推广时间银行等互助养老服务。二是在现有试点基础上，尽快扩大长期护理保险覆盖范围，建设与长期护理保险相衔接的长期照护服务体系，着力解决失能、半失能老年人长期护理难题。

---

① 张小靓. 日本“介护保险”养老制度对中国养老政策的启示[J]. 齐齐哈尔大学学报(哲学社会科学版)，2016(3)：40－44.

(二) 新加坡养老服务体系

新加坡是一个具有多元文化的移民国家，快速的人口老龄化也给新加坡社会经济发展带来了包括社会文化、经济发展、社会保障和养老服务等方方面面的挑战。新加坡是亚洲率先进入老龄化社会的国家之一，新加坡卫生部预测，到 2030 年，每 2.1 个劳动年龄人口要照顾 1 个老年人，老年扶养比接近 50%。[①] 新加坡也开展了一系列应对措施应对人口老龄化挑战，最为突出的是其系统化特征，将养老服务作为一项系统工程，调动各方面力量积极为老年人提供照料。其体系建设涵盖家庭、个人、社区、国家四个层面，强调自助理念，家庭作为提供照料的基础，社区协助家庭担负照料老人的责任，国家只是提供基本框架，帮助家庭和个人各尽其责。[②]

新加坡养老服务体系仍以居家养老为主，在支持家庭养老方面，政府制定了津贴计划，以减轻赡养负担，同时通过住房政策鼓励子女与父母同住。社区服务包括行政事务服务、福利服务和商业服务三类，养老设施的投资主体是政府，与此同时引导社会团体、企业和志愿者共同参与到社区服务网络建设之中，在社区一级为老年人建立日间护理、康复/日托中心，还以选区为基础，设置公民咨询委员会、市政理事会和居民委员会来共同承担社区养老任务。[③] 为了支持在地养老，新加坡政府以个人与政府责任相结合的理念构建了居家和社区康养保障体系，包括建立由初级保健、急症护理和长期—临终护理构成的在地养老医疗护理支持体系。机构服务提供者包括私人机构

---

① 山娜. 人口老龄化背景下新加坡康养保障体系研究[J]. 中国保险，2020(10)：60－64.

② 杨宜勇，韩鑫彤. 提高我国养老服务质量的国际经验及政策建议[J]. 经济与管理评论，2020，36(1)：5－14.

③ 朱凤梅. 新加坡养老保障体系：制度安排、政府角色及启示[J]. 社会政策研究，2018(1)：26－46.

和社会组织，根据政府补贴程度不同有进一步的类型划分。

在养老保险方面，新加坡属于强制储蓄型养老保险，中央公积金制度是其主要特征，由国家立法并强制雇员为自己进行储蓄。① 中央公积金制度设计了三个账户：普通账户、特别账户和医疗储蓄账户。普通账户的公积金存款可用来购买房产、提前退休投资等；特别账户则用于老年应急，可用于退休养老、应急和投资与养老有关的金融产品等；医疗储蓄账户则用于支付住院、门诊医疗服务费用以及缴纳意外疾病保险费用等。同时，在长期护理保险方面，以政府主导、商业承办为主，在 2002 年推出了乐龄健保计划，实行政府与保险公司合作的 PPP 模式，旨在为长期卧床等生活不能自理的老年人提供基本长期护理保障，年满 40 岁的中央公积金会员自动受保。

此外，在养老金融方面，新加坡推进了以房养老等多元养老方式的发展，即住房反向抵押贷款，帮助老年人将住房资产变现，以补贴退休后的生活支出。② 在环境建设方面，新加坡老龄问题跨部委员会于 1999 年成立，提出就地养老理念，即在熟悉的家庭和社区环境中养老，实现原有生活和日常活动轨迹的最小化改变，也成为新加坡建设老龄友好城市的核心理念。围绕这一点，新加坡公共住房政策广泛采取了一系列措施，包括适老化公共住房类型演进、实验性老龄社区项目探索、老旧住区的适老化改造以及经济和社会性的政策支持。③

① 龚晗. 美、新养老保险制度的比较与借鉴[J]. 劳动保障世界，2019，(24)：30.

② 江世银. 国外典型国家金融服务养老实践及其启示[J]. 四川轻化工大学学报(社会科学版)，2021，36(3)：16－31.

③ 宁雅静. 基于公共住房制度的新加坡“就地养老”政策简介[J]. 国际城市规划，2023，38(5)：153－158.

(三) 对中国养老服务体系建设的启示

第一,发扬优秀传统文化,依托乡土社会和睦邻关系,构建自助、互助、共助和公助四位一体的综合性社区居家养老体系。这是日本为有效应对老年人口数量激增以及家庭养老功能弱化的现实困境做出的有益尝试。在政府和社会的制度政策、兜底保障的前提下,这既有助于老年人自立,也有助于开发老年人资源,增进社会参与。

第二,注重长期护理保险的风险防范作用。尤其是在预期寿命较高但健康预期寿命未能同步跟上的日本,尤为重视长期护理保险在养老服务体系中的重要作用,用以增强老年人在生命末期的风险抵御能力。

第三,加强老龄友好城市建设。用尽可能低的成本保障老年人能尽可能长地在熟悉的社区中养老。如新加坡开展的适老化公共住房建设、老龄社区项目等。

三、破产型养老服务体系的教训:债务危机下的欧洲国家养老体系

(一) 希腊养老服务体系

希腊的老龄化程度要高于大多数欧洲国家。联合国 2019 年世界人口老龄化报告中指出,希腊 65 岁以上老年人口数量已达到 229.8 万人,占人口总数的 22%(欧洲的这一比例为 19%),是超高龄国家,在所有欧洲国家中仅次于意大利(23%),与芬兰、德国和葡萄牙并列。根据联合国预测,希腊老年人口比例在 2030 年将达到 27%,老年人口扶养比(65 岁以上老年人口/20～64 岁人口)也将从 37%(2019 年)上升至 46%(2030 年)。根据希腊老

年医学协会(HAGG)的预测，到 2050 年，希腊将进入严峻的老龄化社会，65 岁以上的人口比例将超过三分之一，并且人口数量将减少 80 万至 250 万。

传统上，希腊作为一个欧洲南部国家，其代际共居率很高，家庭在为老年人提供支持(经济和社会)方面发挥着重要作用。[①] 希腊为老年人和残疾人提供家庭护理服务的计划始于 1996 年，并迅速推行至希腊的大多数城市。该方案最主要的目的是面对社会排斥和制度化，以及改善老年人和残疾人的生活质量。这一政策优先考虑那些生活无法自理、独居且财力有限的人，通过该政策提高这一部分人群的生活水平并使其具有独立生活的能力。[②] 为了实现这些目标，希腊政府已经使用了社会工作人员和护理人员为有需要的老年人提供生活援助服务。在最初阶段，社工会负责申请人的需求评估、家访安排以及确定所提供服务的范围。除此之外，社工还负责与当地政府部门和福利服务、志愿组织合作，并将家庭护理计划的参与者和当地社区联系起来。希腊的家庭护理服务政策对于老年人的护理是以预防为导向的，不仅解决被照护老年人正面临的问题，也为将来可能面临的疾病提供预防的护理措施。护理还解决了家庭护理计划中老年人的营养问题、血液检查(包括血糖检查)、生命体征检查和用药依从性等。同时，家庭护理计划还提供了培训家庭和其他护理人员的内容，以便他们可以在家庭中更有效地处理被照护老年人的问题。虽然如此，但与西欧和北欧部分国家的老年人相比，希腊老年人的总体身体健康状况更差，并且去看专科医生的比例

① Karagiannaki E. Changes in the living arrangements of elderly people in Greece: 1974 - 1999[J]. Population Research and Policy Review, 2011, 30(2): 263 - 285.

② Aletras V H, Kostarelis A, Tsitouridou M, et al. Development and preliminary validation of a questionnaire to measure satisfaction with home care in Greece: an exploratory factor analysis of polychoric correlations [J]. BMC Health Services Research, 2010, 10(1): 189.

更高。[①]

希腊的国家卫生系统是一个混合系统，其具有社会保障模式、国家医疗系统和私人保险三者的特点。[②] 它是一个高度分散，面向疾病和面向社区的系统。[③] 希腊的老年人长期护理基于正式和非正式护理的混合体系，其中包括通过社会服务直接提供，通过社会保险满足照护需求以及通过减税来有限支持非正式照护。正式的护理是由国家规定的，由以营利或不以营利为目的的私人组织所提供。国家通过慢性病诊所、精神病院和完整恢复中心为个人和社会康复提供机构照料。非营利性和营利性私人组织负责为老人提供住宿服务。前者由社会保险和国家预算供资，而后者则由私人资源供资。此外，希腊已建立减税措施，以帮助作为主要非正式照料者的家庭，通过社会保险基金提供福利。

希腊人民认为希腊的卫生保健系统需要改革，主要原因在于个人家庭在健康方面的支出比例(包括非正式支付)过高。2009 年前，希腊的医疗体系存在由于获得医疗保健服务的机会不平等而引发的公平问题，需要进行重大改革以纠正希腊医疗体系中的缺点并提高公共卫生服务质量。希腊已通过医疗保健改革法，通过加强初级保健，寻求在区域层面提高门诊和医院服务的质量和协作性。

希腊养老金体系的起源可以追溯到 1934 年，当时制定了第一项养老金

① Vadla D, Božikov J, Åkerström B, et al. Differences in healthcare service utilisation in elderly, registered in eight districts of five European countries[J]. Scandinavian Journal of Public Health, 2011, 39(3): 272-279.

② Durán A, Lara J L, Van Waveren M. Health system review Health Systems in Transition[J]. Health (San Francisco), 2006(8).

③ Groenewegen P P, Jurgutis A. A future for primary care for the Greek population[J]. Quality in Primary Care, 2013, 21(6): 369-378.

保险法案。2008年爆发的国际金融危机对希腊这一高福利国家产生了巨大的冲击，希腊原有的养老金制度也同样经历着严峻的挑战。在原有的养老金制度下，希腊虽然对于养老金的开支高，但由于收入分配不均衡，一部分退休人员领取的养老金不足以满足日常所需。OECD的统计数据显示，在20世纪90年代中期，希腊65岁以上老人有22%存在贫困风险。在欧盟委员会、欧洲中央银行和国际货币基金组织的外力推动下，希腊开始对养老金制度进行改革。[①] 2010年，欧盟委员会、欧洲中央银行和国际货币基金组织向希腊提供每年1 100亿欧元、为期三年的援助，但前提是必须满足备忘录中提出的一系列紧缩改革的要求，其中最为重要的就是养老金改革。同年，希腊针对养老金出台法令，将正式退休年龄延迟到65岁，并预计从2021年开始将退休年龄与预期寿命挂钩。同时，法令也将希腊养老金缴费年限由37年延长至40年，如果选择在60至65岁间提前退休，则每年减少6%的养老金。并且该法令还通过引入新的基本养老金计算公式，以降低希腊整体的养老金水平。此次改革过后，希腊养老金水平大幅下降，但同时，公务员养老金归入私人部门也提高了社会的公平性。但有调查研究表明，希腊的雇主大多数不愿支持延迟退休政策，原因在于人们认为老化的劳动力会成为公司的负担而不是公司进步的推动力。[②]

（二）波兰养老服务体系

波兰是前社会主义国家，是东欧较大的国家之一。随着20世纪末波兰

① 宋晓敏. 试析20世纪90年代以来希腊养老金制度的改革[J]. 经济社会体制比较，2017：118-127.

② van Dalen H P, Henkens K, Henderikse W, et al. Do European employers support later retirement? [J]. International Journal of Manpower, 2010, 31(3): 360-373.

政治、经济、社会制度的成功转型，以及社会经济的发展，与其他欧盟国家一样，波兰也面临着人口减少的问题。根据波兰中央统计局的统计，到2019年，波兰拥有3 838.6万人口，但人口自然增长率已下降到−0.8‰；总生育率从20世纪50年代的每名妇女3.7个孩子下降到2010年的估计的每名妇女1.4个孩子，预计到2030年将下降到1.3，远低于每名妇女2个孩子的人口替代率，预计到2050年，人口将减少到3 200万。① 资料显示，2008年至2018年，波兰人口老龄化趋势明显，65岁及以上老年人口所占比例增加，从13.5%上升到17.1%，增长了3.6个百分点；目前，波兰65岁及以上老年人口的增长速度已经超过总人口的增长速度，预计到2030年，老年人口比例将达到27.0%。2016年欧盟年度人口统计数据显示，波兰是欧盟农村老年人口比例最高的国家，尤其是在罗兹和华沙等城市。最新数据显示，波兰人口老龄扶养比(每100名工作年龄人口的非生产性人口)已达65，越来越庞大的老年人口将对波兰的养老服务、产业及政策产生重要影响。

在波兰，家庭仍然是基本的“照料机构”，旨在帮助和支持老年人。波兰医疗保健中的正式家庭护理形式之一是护士提供的长期护理，如果个人根据Barthel量表获得0分到40分的评估并从其全科医生那里转介到他们自己的家中，则他们就有权享受这种护理。② 家庭护士会根据家庭医生的推荐或患者的护理意愿，照料他所负责的患者。国家卫生基金每月为一名65岁以上的被保险人支付约5.50美元的护理费用。为保证满足患者及其家人的

---

① Leszko M, Zając-Lamparska L, Trempala J. Aging in Poland[J]. The Gerontologist, 2015, 55(5): 707 - 715.

② Ślusarska B, Bartoszek A, Kocka K, et al. Quality of life predictors in informal caregivers of seniors with a functional performance deficit - an example of home care in Poland[J]. Clinical Interventions in Aging, 2019, 14: 889 - 903.

需求，每一位家庭护士照顾的患者人数至多为 2 750 名。没有生命危险的无保险人，如果他们缺乏支付能力，也可以得到免费护理。如果需要更长的护理时间，则没有保险的人将自行承担社会服务的费用。但是，有支付能力但没有保险的人必须用自己的资金支付护理服务的费用(每小时护理费用至少 7.00 美元)。①

波兰通过公共资助的医疗系统——国家卫生基金会(National Health Fund，NFZ)向所有公民提供免费医疗服务。目前，政府提供的健康保险覆盖了 98%的人口。② 对于长期照护而言，波兰是显著的以家庭为基础的社会保障福利模式，非正式的家庭照料是活动受限的老年人得到照护的主要方式。而有关波兰长期照护系统的若干法规在医疗保健系统和社会领域是分开的。在医疗保健系统内部，主要存在由地区政府协调的三种类型的居家长期照护设施：护理和治疗机构，照护机构以及姑息护理院。长期医疗之家(ZOL)为有依赖或残障但不需要进一步住院的个人提供护理、康复和药物治疗。疗养院(ZPO)旨在根据服务对象的健康状况提供护理，还提供物理治疗师和心理治疗师的帮助。姑息护理院(也称为临终关怀医院)旨在提高患有不可治愈疾病的患者的生活质量，为他们提供护理、药物治疗、心理和宗教服务。护理和治疗机构、疗养院和姑息护理院均可提供 24 小时护理。③除了这些机构，老年人还可以选择住在私人长期照护场所中，费用由组织和

① Borowiak E, Kostka T. Comparative characteristics of the home care nursing services used by community - dwelling older people from urban and rural environments[J]. Journal of Advanced Nursing, 2013, 69(6): 1259 - 1268.

② Sagan A, Panteli D, Borkowski W, et al. Poland health system review[J]. Health Syst Transit, 2011, 13(8): 1 - 193.

③ World Bank. Long-Term Care and Ageing: Case Studies-Bulgaria, Croatia, Latvia and Poland[M]. World Bank, 2010.

客户自行商定。在波兰医疗领域，涉及长期照护的法规主要包括：1. 卫生保健部门法，1991 年出台，随后多次修订，主题是 ZOL 和 ZPO 这两种固定模式的 LTC 单元运行的可能性；2. 由公共来源资助的卫生保健福利法，2004 年出台，2009 年进行了修订，主题是在家庭中提供 LTC 服务的可能性；3. 护理和助产士法，1996 年出台，规定护士有权享有专业独立性，可以与客户签订单独的合同，但要求护士要拥有自己的护理室。[①] 另外，在社会援助福利系统中，还存在另一种形式的居家护理，包括两种形式的社会援助之家：居家(DPS)和成人日间护理院(DDPS)。居家形式的社会福利院提供全天候住宿。根据需要的护理种类，有不同的居家护理，例如，对残疾、精神病和慢性病患者的护理。成人日间护理院为家庭提供支持。成人日托服务限于每周 5 天，每天不超过 12 小时。有认知障碍和精神障碍的老年人或患有痴呆症的患者有资格使用成人日间护理，其提供的护理服务是免费的，包括各种治疗研讨会和课程。在社会领域，主要的长期照护法律法规包括：1. 社会援助法，1990 年出台，于 2004 年进行了大规模修订，修订后的法律扩大了社会援助的福利选择范围，并规定了提供这些福利的特定单位的责任；2. 家庭福利法，2003 年出台，该法律重新规定了可用的家庭津贴种类以及谁可以使用这些津贴，其中包括对生病的、残疾的和老年人及其护理者的护理津贴和护理福利；3. 来源于社会保险基金的养老金和伤残抚恤金的法律，法律保留了额外支付给残疾人和老年人的养老金，称为 75 岁或 75 岁以上老年人的护理津贴，还规定了养老金和伤残津贴的水平及其指数化规则。

在养老保障体系上，1970 年，波兰的国家社会保障体系覆盖了 76.6%的

① Golinowska S. The System of Long-Term Care in Poland[J]. Social Science Electronic Publishing, 2010(6): 26.

居民，1974 年，享受社会保障的居民几乎达到 100%。[①] 随着国家的社会制度转型，波兰作为社会主义国家时长期推行的国家保障型社会保障模式也有所转变，其中养老保险制度首先面临危机。改革的第一阶段始于 20 世纪 90 年代初，自 1989 年东欧剧变后，原有的现收现付制养老金制度不堪重负，波兰的养老金制度开始从苏联模式向社会保险模式转变，实行的是参量式改革，即政府对原来的制度进行重新评估，不改变养老金计划现有的待遇结构、公共管理和非积累制的性质，但调整了养老金计划的参数，以促进社会和经济目标的实现。改革的第二阶段从 1999 年初开始，实行全面的结构性改革，建立一种新的混合型养老金制度，主要借鉴了智利的成功模式。改革的原因主要在于人口老龄化程度的加剧和退休职工待遇的提高，导致波兰养老保险基金支出快速增加，收不抵支现象严重。在这一阶段，政策制定者的主要目标不再是保证待遇的充足性，而是保持财政的长期可持续性。

2018 年，波兰部长会议通过了《关于 2030 年老年人社会政策安全—参与—团结的决议》，该文件规定，在多领域采取行动保障老年人的身心健康权益，主要包括：第一，塑造社会对老年人的积极认识；第二，鼓励老年人参与社会生活并支持各种形式的公民、社会、文化、艺术、体育和宗教活动；第三，创造条件，使老年人能够根据其心理生理能力和家庭状况，积极参与经济生活和劳动力市场；第四，促进健康、预防疾病，获得诊断、治疗和康复；第五，增加人身安全，消除暴力和对老年人的忽视；第六，为团结和代际融合创造条件；第七，加强从老年人（护理和医护人员）教育，到老年人（整个社会），

① 宋斌文. 波兰养老保险制度改革及启示[J]. 河南工程学院学报(社会科学版)，2004，19(4)：31-34.

再到老龄化(从最年轻的一代开始)和老龄化教育(老年人)的活动。另外,该决议中首次设计了针对被扶养老年人的行动,通过增加获得服务的机会,增强被扶养老年人的功能独立性和生活环境适应能力,减少对他人的依赖程度;确保为被扶养老年人的需求量身定制最佳保健、康复、护理和照护服务;向被扶养老年人提供环境和机构服务网络;公共机构对被扶养老年人的非正式照料者提供支持系统。此外,波兰政府还实施了“75+护理计划”,为居住在2万人以下小城市的75岁及以上的单身老年人提供护理服务和专科服务支持。由于老龄化速度加快,为了扩大计划的覆盖面,家庭、劳工和社会政策部在2018年决定对该计划进行变更并扩大其适用者的范围,使其能够包含人口规模高达4万人的城市。

波兰是欧盟老年人就业率最低的国家之一,老年人退出劳动力市场的年龄相当低。2008年,波兰开展了第一个全国性的综合项目“世代团结”计划,旨在改善工作条件,促进50岁以上工人的就业,促进年龄管理,提高老年雇员的技能和资格,减少与雇佣有关的劳动成本,并激发失业的老年人再就业;在计划实施的最初几年中,该项目内的行动主要集中在立法和制度保障上,包括对提前退休劳动力进行成本核算、限制提前退休、保护雇员在退休前最后4年内不被解雇、延长退休年龄等。①

在波兰参与志愿活动的人群中,55岁以上老年人和养老金领取者所占比例最低,分别为10%、7%。近年来,志愿者组织中的老年志愿者参与情况有所改善,主要是由法律法规的制定和加入欧盟所推动,他们为志愿者组织提供了明确的运营和融资指南,以及来自欧盟的大量资金流入,从而促进了

① Perek-Białas J, Turek K. Organisation-level policy towards older workers in Poland [J]. International Journal of Social Welfare, 2012, 21(Supplement s1): 3-6.

该部门的进步，并推动了新活动的开展，包括针对老年人的活动。尽管一些旨在激发老年人活力的独立组织已经运作了 20 年或更长时间，但近十几年来，老年人在第三部门的参与实际上已经开始发展。2004 年，最早的老年人非营利组织的平台之一——21 世纪 50 岁以上老年人论坛成立。它由 22 个组织组成，主要是中小型组织，主要涉及社会服务、教育、保健和娱乐领域。此外，还开展了支持和资助老年人活动的行动中的老年人计划，来激励老年人进行社会参与。① 目前，吸引老年人社会参与最成功的例子就是第三年龄大学，这些大学不仅是老年人发展和提高专业技能的场所，还是其度过休闲时间的场所。

（三）对中国养老服务体系建设的启示

希腊养老金制度正处于改革的关键时期，但由于对养老金缴费比例的提高以及对养老金金额的削减，希腊民众对于政府不满的新闻层出不穷。养老金发展水平与一个国家社会、经济水平息息相关。我国幅员辽阔，在制定或调整养老金政策时要充分考虑到各个省市当地的社会经济水平，不能"一刀切"，仍要建立在充分体现社会公平性的基础上。

在老年人护理服务提供方面，要注意服务内部和服务之间的整合，即综合护理的概念。这种综合护理的概念在许多国家都能够找到，如病例管理、无缝护理等。老年人患有慢性病的比例较大，并且可能同时患有多种疾病。因此，在为老年人提供护理服务时通常需要在很长一段时间内满足老年人多方面的需求。考虑到老年人可能有多种不同的选择，例如对治疗地点、护

---

① Turek K, Perek-Białas J. Older volunteers in Poland: the heritage of a Socialist regime[M]// Active Ageing. Policy Press, Bristol, 2014: 173 - 196.

理人员(正式或非正式)的选择等，以及我国各个省区市之间、城乡之间具体养老需求与状况的不同，因此我国在制定老年人护理服务政策时，应充分考虑到老年人的长期照护需要，在充分的调研与试点实践后，结合各地老年人的实际情况与需求进行制定。在延迟退休政策方面，希腊曾多次推迟男女退休年龄，但均未成功实施。有研究表明，经合组织中的多个国家的实际退休年龄都低于法定退休年龄，也就意味着老年人口的劳动参与率普遍较低。

希腊通过社会工作人员贯穿老年人医疗护理服务的始终，包括家庭与医疗机构、政府、福利机构、志愿组织之间的联络。我国在养老体系的建设中也应完善、加强老年社会工作人员的职业化建设，提高专业人才待遇，从而促进国家整体的综合护理与医疗整合制度的完善。此外，希腊养老金制度长期以来在财政可持续性、社会公平等方面存在严重问题，因此带来了极其惨痛的后果。我国在进行养老服务体系的建立与发展中应充分吸取其失败经验，在公平性的基础上进行多地试点，要充分考虑到不同省区市间、城乡间的差异，从而逐步建立、完善我国的养老服务体系。

而波兰的国家养老政策起步较早，在发展过程中也根据经济发展水平、人口老龄化的发展趋势以及老年人的养老服务需求等状况对政策进行了调整，有效推动了养老服务水平的提高以及国家养老事业的发展。

第一，由于文化上牢固的家庭关系，在机构中接受长期护理的波兰老年人不到1%，超过80%的长期照护都是由家庭提供。在波兰社会领域的法律中，社会援助法和家庭福利法引入了有利于长期照护服务发展的重大政策，从而扩大了家庭和成人日托中心的护理范围。因此，将养老服务及其配套支持政策，以及失能失智老年人的照料问题尽快纳入国家法律法规并予以落实，对于完善我国养老政策具有极为积极的作用。

第二，在养老服务与政策方面，迫于人口老龄化的巨大压力，波兰对退休年龄和养老金缴费政策等进行了改革。自波兰养老保险制度改革以来，虽然仍存在信息系统不完善导致第一支柱未完全建立及第二支柱收拨费用不及时、管理成本高等缺点，但由于法律规定的强制性比较有效，还建立了较为完善的养老基金监督机构和信息管理系统，因而总体上运行良好，这对于我国缓解老龄化压力也具有较好的借鉴作用。

第三，在养老政策制定和改革的过程中，还需要明确国家在改革中的责任。不论是在养老服务政策还是长期照护政策的制定和推行过程中，波兰政府均起到了极为重要的促进和保障作用。同时，养老保险制度改革的顺利进行也与国家财政的全力支持密不可分。波兰政府明确规定，养老金体系中的全部资金缺口均由政府财政进行补偿，而且社会保险管理部门一旦出现养老基金赤字，财政部门也要及时弥补，这就保障了国家养老资金的完整性和可持续性。

第三节　对中国特色养老服务体系构建的经验启示

从国际社会应对人口老龄化的基本理念以及各个国家的养老服务体系建设现状与经验来看，具有以下几点共同特征：第一，在基础理念上，积极应对是基本态度，人口老龄化趋势不可逆转，应积极看待老年人、积极应对老年社会。从核心要义上看，应对老龄化健康保障是关键环节，是老年人不再成为负担的转折点。从经济与人的发展关系上，都强调经济发展与老龄化相协调的观点,只有可持续的经济发展才是应对老龄化的根本。第二,从责任主体上看,无论是何种意识形态的国家,基本认可在地养老的方式,即以社区、居家为核心,强调多种力量共同参与。第三,从养老服务体系的促进上,许多国家做了积极的尝试,涉及医养服务的整合协调、创新科技的纳入、志愿服务力量的加入,还有养老金融等市场手段的补充。从整体系统的协同上,涉及从上至下的职能分层,部门间的合作以及体系的改革创新等多个方面。

一、养老服务体系建设的基础理念

自20世纪末至21世纪初,在世界卫生组织等国际组织倡导的健康老龄化和积极老龄化理论框架之下,各个国家尤其是西欧国家开展了一系列应对人口老龄化的政策行动。其主要理念观点可概括为以下三点:

第一,积极应对是基本态度。主要体现在两个方面:一是积极看待老年人和老年生活。老年是人的生命周期的重要阶段,是仍然可以有作为、有进步、有快乐的重要人生阶段,应引导老年人树立终身发展理念,积极面对老年生活。二是积极看待老龄社会。人口老龄化是社会发展的重要趋势,也是人类文明进步的体现。尽管人口老龄化挑战前所未有,存在一定的不确定性和风险,但也不是洪水猛兽。人口老龄化是必然,同样也有机遇。人口老龄化可能影响潜在的经济增长率和高质量发展,影响社会保障和公共服务以及家庭功能和代际和谐等,但同时,在壮大银发经济、形成经济发展新动能、促进多层次资本市场健康发展、提高全员劳动生产率、助推产业升级等方面也存在发展机遇。

第二,健康保障是核心要义。将健康保障视作对人力资本的重要组成部分——“健康资本”的投资,是积极老龄化的内涵要义。从生命历程的视角来看,早期的预防和健康投资将有助于提高居民整体健康水平,减少老龄化的预期负担;从老年人群体本身来看,用于老年人的公共卫生支出也应当被视作一种投资,且这种投资能够降低家庭和社会的照护成本,并为老年人的参与和贡献创造条件。对全人口、全周期的全方位健康保障,是促进人力资本中健康资本积累的战略性投资,也是我国目前处于刘易斯拐点,利用建设和完善健康保障体系促进全社会尤其是老年群体人力资本恢复、积累和使用效益的积极方式。

第三,经济发展是养老服务可持续的根本保障。人口老龄化发展与经济社会发展密切相关,应对老龄问题的理论范式转变也与经济社会发展水平相适应。从历史发展视角来说,人口老龄化的发展及应对本身是百年来社会经济发展的重要体现。人口老龄化现象本身是社会经济发展的重要成果之一,同时老龄化社会的制度与政策安排又受到社会物质与资源分配、科技创新等社会经济发展要素的影响,呈现出随时间发展演变的特征。与经济发展相适应,保障养老服务体系的财政安全也是应对人口老龄化政策体系的重要环节。

二、养老服务体系建设的主体责任

在养老服务体系建设中,明确各参与主体的主要责任也是题中应有之义。首先,从养老服务的提供主体上,各个国家均提倡多主体参与制,强调“在地养老”,提供支持帮助家庭与社区功能的发挥;在政府力量上,虽责任承担大小不同，但绝大多数国家均以政府主导为主，由公共财政主要支持或引导养老服务的发展；积极推动社会力量参与养老服务的供给，包括企业、社会组织、志愿服务力量等营利与非营利力量。具体包括：

第一，养老服务体系建设以社区、家庭为本。无论是亚洲国家还是欧洲国家，在人口老龄化应对上，均提倡在地养老，即让老年人在自己熟悉的地方养老，利用就近的资源对老年人提供照护。在服务提供方面，以家庭护理为主，同时多角度保障居家养老的落地实施。一方面，推行家庭护理，提升老年人独居能力，加强对提供照护服务亲属的福利保障。另一方面，在基础设施建设中融入无障碍、适龄理念，支持并鼓励老年人居所和环境的无障碍改造。

第二，鼓励社会力量积极参与养老服务供给。既包括对老龄产业发展给予支持和政策优惠，以政府大力引导和鼓励养老服务产业的发展，增加养老服务的市场供给，又通过竞争机制提高服务质量、降低价格。发挥社会组织及非营利组织的作用，鼓励社会组织发展养老服务，提供政府购买的同时加强监管。利用志愿与公益力量增加服务的多样性，包括通过志愿者提供社区养老的辅助服务、鼓励老年人参与志愿服务、建立互助养老组织补充非专业性服务等多种方式。

第三，坚持政府对养老服务体系的主导、支持作用。一是在国家战略和计划层面、法律法规和政策上对养老服务体系进行统筹规划，包括养老金、退休、基本养老服务等方面进行引导，加强规范；二是在资金和财政支持上予以保障，通过福利金和服务、政府购买、补贴及投资等方式稳定养老服务供给市场；三是对困难、特殊群体进行托底，保障所有老年人基本养老服务需求的满足。

三、养老服务体系促进的要素支撑

在养老服务基本保障之外，还需进一步考虑养老服务的质量问题，即满足多种养老服务需求的能力，在这一点上促进养老服务完善和高质量发展的要素则主要包括四个方面：

第一，"居家＋社区"养老服务的综合统筹。居家养老的目标是帮助老年人过正常、独立的生活，但仅靠家庭难以完成居家养老的任务，需要社区和机构服务予以支持。从国外经验来看，以社区为中心，通过建立社区小型服务机构提供了大部分居家生活和照料服务，例如日间服务中心等，同时让专业医疗机构服务向社区下沉，如过去医院提供的相关服务通过远程支持、家庭医生签约、护理人才培养等方式将机构服务延伸至社区。此外，社区机构化也是重要方式，主要是利用现有社区资源，通过改建或改造方式适应老年人或为老年人提供服务，例如德国尝试建设的实验性公寓、老年社区网络建设等方面的内容。养老社区的建立也是其中典型的尝试，如美国的养老社区分为四个类型等。

第二，医疗与养老服务的有效联结。"医养结合"是所有地区应对老龄化都具备的组成要素之一，即通过提倡养老机构开展相应的医疗服务、与医疗机构建立转诊体系、医疗服务机构提供上门服务等方式来解决养老服务的就医难问题，同时也帮助节约老龄化程度较高的地区医疗机构的医疗资源。在这一方面较为突出的有美国老年人全面照护服务、英国社区内的医疗服务等。还有提供综合连续的医养结合服务，强调医疗和养老之间服务的衔接和连续。

第三,志愿服务力量的促进。志愿服务与老年人社会参与密切相关,这尤其体现在西欧部分国家应对人口老龄化的相关措施之中。例如德国通过设立专门的职能机构为老年人提供大量形式多样的志愿服务机会。此外,还体现在代际交流与相互支持上,例如美国社区互助养老的推行,面向社区居家养老的老年人提供部分非专业性服务,同时链接外部服务商(非营利组织以及营利性机构)提供相关专业性服务。还有德国的多代际居住项目,既一定程度上解决了养老服务人员不足的问题,又促进了代际融合。

第四,创新科技的纳入。在应对老年人数字鸿沟上,通过对应的能力培训项目解决老年人科技门槛,同时从平台搭建和互助网络构建方面做相应补充;在适老环境改造上,充分利用科技智能产品的优势,例如实施智能家庭解决方案,为老年人所居住的公寓安装网络化的紧急呼救系统以及可以远程操控房门、百叶窗、窗户的系统等,提升老年人居住环境的安全性和舒适性。

四、养老服务体系层级与部门的协同

养老服务体系是一个以老年人和老年群体为核心的,涉及多主体、多部门、多环节、多层级的综合系统,在构建养老服务体系、落实养老服务提供时,就需要一个合理、高效且权责清晰的行政体系以保障系统可持续运转。从国际经验上看,主要包括三个方面:

第一,中央—地方体系的分工与分层协调。在中央层面拟定应对人口老龄化的整体策略,包括法律、制度、服务项目等相应内容,此后根据各省市实际状况设定不同标准和服务。以瑞典为例,国家层面颁布了《卫生与医疗服务法案》和《社会服务法》两项法案，再根据市的大小、人口组成、收入水平和税收层次来确定不同的资源用于卫生保健服务。以医疗系统为例，有部分国家针对养老服务进行了分层设置，省一级为老年人提供初级医疗服务，综合医院、专科医院以及高度专业化的医院提供医护服务、相应的门诊护理；市一级为老年人提供家庭护理和社会服务，包括个人的和器械辅助方面、清洁、做饭和购买食物、日间护理或其他服务、家庭护理和康复等。

第二，不同公共部门的协同。从老龄服务来看，涉及社会保障、就业、福利、医疗政策等多个方面，由不同社会管理部门负责。从主体来看，多元主体也对协同共治的能力提出了要求。从应对来看，跨部门协同和跨层级纵向协同能力的提高都是其中的重要方面。从经验上，各国经验主要体现在纵向协同、横向协同上，除财政支持外，各国养老服务仍属于独立部门管理，主要以医疗卫生系统部门为主，在社会支持相关的养老服务上，以社会组织为主。

第三，服务体系的与时俱进。从希腊和波兰的经验可知，福利国家养老服务体系的财政负担自21世纪起开始凸显。为了应对这一问题，两国政府皆实施了一系列如养老金体制改革等措施，但目前来看收效甚微。因此，根据人口和社会经济发展实际状况及时、有效、分阶段、分步骤地进行调整与衔接，也是保障养老服务可持续发展的重要方面。

第四节　本章小结

本章认为，从全球发展理念变化来看，养老服务体系建设越来越倾向于构建一个综合、全面且具有“战略”特征的体系框架。从健康老龄化到积极老龄化，健康、参与和保障三大支柱已成为全球老龄化政策战略的核心框架。本章借鉴的主要发达国家在养老服务体系建设方面的经验也主要围绕着这三大支柱，并从老年人个体的内在能力和外在环境两个方面展开，得出以下结论：

建设时间长、体系相对完备且慷慨度较高的北欧国家，其尤为重视提高老年人的健康水平，强调建立人口老龄化与社会经济发展相适应的养老金体系和公共财政投入增长机制，注重国家、社会、家庭和个人相结合的责任体系建设。此外，建设专业人才队伍也是养老服务体系建设的重要环节。

在有限覆盖和慷慨度中等的保守主义和自由主义模式下，则格外强调拓宽老年人参与社会经济活动的方式和渠道，同时通过家庭护理、老年人个人能力提升以及照护亲属福利保障、社区层面服务的提供、环境改造等措施来促进居家养老的落地，尽可能最大限度地满足“在地养老”的需求。还有利用科技手段助推互助网络平台建设，支持老龄产业发展等方式增加养老服务的供给。此外，加强老年期风险应对能力，例如通过法定长期护理保险引导民众为老年期风险提前准备。

在东亚文化圈下，除了强调养老的个体和家庭责任，养老服务体系建设还更突出“互助”理念，即在社区服务体系建设上，发挥邻里互助的作用。在服务体系上，以政府为主导的养老保险、医疗保险是主要的风险应对措施，辅之以部分商业保险，而市场化和社会组织的作用则相对薄弱。

本章的主要贡献即基于国内外养老服务体系建设现状和趋势，总结经验教训，为我国养老服务体系建设提供借鉴。值得参考的方面包括：第一，理念上强调积极看待老年人、积极应对人口老龄化；第二，把老年人健康水平提升当作应对老龄化的关键环节；第三，注重经济发展与老龄化相协调，以可持续的经济发展作为应对老龄化的基础；第四，延续“居家＋社区”为主的在地养老方式，同时强调多种力量共同参与，尤其是市场手段、社会组织以及公益与志愿服务力量的共同参与；第五，在服务衔接和整合上，加强医养服务的整合协调、创新科技的纳入，还有养老金融等市场手段的补充；第六，从整体系统的协同上，促进从上至下的职能分层，加强部门间的合作以及体系的改革创新等。

第九章
中国特色养老服务体系的构建

中国特色养老服务体系的构建不仅关乎老年人的生活质量，也涉及社会和谐稳定及国家的长远发展。本章围绕“积极应对人口老龄化，加快构建中国特色养老服务体系”的议题，系统回答构建什么样的中国特色养老服务体系，以及如何加快构建中国特色养老服务体系两个基本问题，从理论体系建构、制度保障、手段支撑和行动主体建设四个方面展开论述，以期为“十五五”时期老龄事业和养老服务规划指明方向。

第一节　中国特色养老服务体系政策定位、基本原则与指导思想

一、政策定位：养老服务体系构建嵌入国家治理体系和治理能力现代化建设

（一）实施积极应对人口老龄化国家战略，构建现代化的社会治理体系

习近平总书记在党的二十大报告中明确提出：实施积极应对人口老龄化国家战略，发展养老事业和养老产业，优化孤寡老人服务，推动实现全体老年人享有基本养老服务。这一重要部署，为我国养老服务发展指明了方向，提供了根本遵循。实施积极应对人口老龄化国家战略，应将养老服务体系纳入统筹推进"五位一体"总体布局与"四个全面"战略布局，应从三个方面加强并创新社会治理，以推动中国特色养老服务体系的建构。第一，在国家政策方面，加强和创新社会治理。政府引导制定协调发展的长期人口发展战略与国家发展战略的政策，抓住积极应对人口老龄化带来的机遇，从人口红利支持社会发展向老龄经济支持社会发展转型，扩大养老服务的人力资本积累，提高要素生产力，加快建设创新型国家，增加国民财富储备，促进老龄消费与老龄投资的协调均衡，积极开发老龄市场，深化数字技术与养老产业的融合发展，增强供给能力，培育养老新业态。第二，在人口治理格局方面，加强和创新社会治理。优化生育政策，储备后继人力资本，发展普惠托育服务体系，增强代际和谐与社会活力。利用后发优势，总结西方福利国

家、东亚福利体制国家建设养老服务体系的经验教训，在重大战略、政策、规划和改革中，将人口老龄化置于我国的基本国情之中，考虑多方面的影响，规避风险。第三，在国家治理体系方面，加强和创新社会治理。我国需发展普惠型养老服务和互助型养老的社会基层治理格局；加快建设与国家基础治理体系相协调、覆盖率高、城乡和区域统筹力强的养老保险、医疗保险、长期照护保险等制度；建设符合现实国情的居家社区机构协调发展的养老服务体系，推动医养康养的融合发展，融合卫生与健康的工作方针，关注老年人的生命全周期和健康全过程，从聚焦个体预防保健向全方位、全周期健康需求延伸。

（二）坚持党的核心领导地位，加强现代社会治理能力

过去一段时间内，我国“未富先老”与“慢备快老”的问题共存，养老服务需求与供给的结构性矛盾突出，这决定了我国必须构建符合现实国情、顺应新时代发展的中国特色养老服务体系。2000 年以来，我国颁布了一系列促进多种生活场域的养老服务发展政策，政府、社区、机构、家庭和个人在建设居家—社区—机构相协调的养老服务体系中的责任定位是发展变化的，但只有确保中国共产党的领导地位才能整体把控局势、宏观调控资源、灵活调整政策。我国养老服务体系自 2000 年提出至今经历了八次优化，其主要趋势包括：从主要由家庭养老到重视和发展社会养老，再到构建全方位的养老服务体系；从重视养老机构的建设到推进居家—社区—机构协调发展；从托养服务到服务多元化；从补缺导向、碎片化向体系化、制度化、多元化转变。由此可见，在中国特色社会主义进入新时代的背景下，处于全面开启社会主义现代化国家建设新征程的关键时刻，构建中国特色养老服务体系应该继续坚持、确保中国共产党的领导及其在特殊领域的责任主体地位，善于运用国家和社会力量，更具主动性、责任性、统筹性、协调性地构建中国特色养老服务体系，将其置于国家治理体系和治理能力现代化进程之中，更加积极主动地应对人口老龄化。

二、基本原则：坚持中国特色养老服务理论与文化的传承与发展

（一）坚持中国特色马克思人道主义理论，弘扬孝亲敬老文化

探索中国特色马克思人道主义理论，应该继续强调传统孝亲文化、邻里互助家庭养老的作用。第一，从机构建设的角度转向居家—社区—机构相协调的方向。目前，应继续注重以家庭养老为基础，利用邻里社区等社会资源，强化家庭养老的功能。同时，更加关注养老机构的建设，对需要照护的老年人进行重点帮扶。虽然我国在一定程度上鼓励养老服务向市场化方向发展，但是也要注意“公平”和“效率”的问题，家庭承担主要的养老责任，社区通过强化基层养老服务能力对社区内的特殊困难老年人进行帮扶，机构作为区域养老服务的中心，应该带动社区和居家养老服务水平的提升与养老资源的调配。第二，中国特色养老服务体系应该从现在的补缺型、碎片化、单一化向体系化、制度化、多元化发展；应该注重特殊困难老年人的托养服务，以及特殊需求老年人的多样化服务；应该从以人为本的视角制定政策和措施，提出下一阶段医养康养相结合的发展方向。第三，应该完善家庭支持体系，营造亲老爱老的家庭氛围，推进传统孝文化与现代治理体系相结合的新时代幸福家庭建设。第四，应该建设老龄友好型社会，弘扬社会传统美德，加强老年人群的社会优待，打造全社会、全领域的适老化环境，推动孝亲敬老文化的制度性建设。第五，随着社会的发展，应更多地依靠市场力量和社会

力量进行资源配置,政府发挥主导作用,社会更加注重不同领域间的协调发展,多方协作推动老龄产业发展,并且推动养老产业与其他产业的协同发展。

(二)坚持马克思发展理论,促进养老服务体系建构融入国家治理体系和治理能力现代化进程

坚持马克思主义发展观,促进中国特色养老服务体系融入国家治理体系和治理能力现代化建设应该从以下两点发力。第一,全面统筹协调建设中国特色养老服务体系的需求端和供给端。在需求端建设方面,注重时代发展背景,利用数字化的工具推进养老服务信息平台建设;在供给端建设方面,以积极老龄的观念提升我国养老服务体系的供给水平,需要特别关注我国老龄化与城镇化、信息化之间的联系;发挥中国的政体优势,从党和国家统筹发展的高度做好个体与群体、家庭养老与社会养老、代际平衡与社会治理的三个层面的协调治理和资源调配。第二,顺应人口结构变动,聚焦民生热点与需求,促进养老事业向养老服务产业发展转变。中国老龄人口基数大,发展银发经济既要考虑我国特殊的政体又要注重市场活力,把发展老龄经济作为发展民生经济的重点领域。老年群体具有特殊的社会身份属性,老龄产业不同于其他产业门类,在推动产业发展的过程中尤其要注意保护好老年人的基本权益。我国通过建立系统性、整体性的养老产业发展政策,推动养老事业向养老产业转变,促进老龄经济的持续健康发展,加快探索具有中国特色的养老服务模式之路。

(三)坚持以人民为中心,从政府兜底养老走向普惠养老

就中国特色养老服务体系而言,坚持以人民为中心,要求在织牢兜底性养老服务网的同时,拓展普惠型养老服务的覆盖面。第一,以普惠养老回应人民群众的呼声,不断满足老年人的养老需求。“买不到、买不起、买不好、买不安心”是当前养老服务领域较为突出的问题。发展普惠型养老,其核心就是政企合作模式,政府提供土地等一揽子的政策支持包;企业按约定承担职责,提供普惠型养老服务包;政府和企业双方签订合作协议,确保提供价格可承担、质量有保障的养老服务。第二,通过发展普惠型养老补齐民生短板,化解社会矛盾,促进“供给侧”和“需求侧”的对接。近年来,政府逐渐加大对养老服务的投入,如发放养老服务补贴给有经济困难的高龄老年人;发放护理补贴给生活长期不能自理的经济困难老年人;发展高端养老机构满足经济条件相对优越的老年人。但是对于那些收入不高、积蓄不多,占老龄人口绝大多数的老年人来说,既没有充足的资金入住高端养老机构,又无法进入福利性养老机构。发展普惠型养老,就是为了满足大部分老年人的需求,促进资源的均衡配置。第三,发展普惠型养老,确保老年人的生活真正得到改善、权益真正得到保障。《“十四五”国家老龄事业发展和养老服务体系规划》从“老年人的获得感、幸福感、安全感显著提升”出发,要求推动老龄事业和产业的协调发展,构建和完善兜底性、普惠型、多样化的养老服务体系。我国扩大普惠型养老服务是其中的一个重要方面,重点培育以照护为主业,兼顾上门服务,能够辐射周边社区的养老服务机构。

三、指导思想：坚持中国共产党的领导,走中国特色社会主义道路

(一) 加强政府主导和统筹能力,实现福利多元化

在坚持政府主导的政治主旋律的基础上,促进养老服务的公共服务和

社会保障的社会化改进。在充分发挥资源供给主体作用的同时，坚持发挥国家、市场与社会对特殊老年人及养老机构的资助责任。我们既要考虑老年群体的高收入、中等收入和低收入三个层次，又要考虑老年人自身的活动能力及社会对老年人群体的偏见与歧视。对于老年群体而言，一方面，国家要保障老年人的基本社会福利，加强社区内老年人基本公共服务的资源供给责任保障，在政府治理体系中明确将老龄社区治理放在重要位置。另一方面，国家必须完善社会救助体系，在经济发展相对落后的地区，坚持公办养老机构、救助机构的兜底作用；对保底的民营养老机构，在货物、场地和工程等方面解除一定的限制，给予适当的财政支持或税收优惠。

同时，除特殊地区及起兜底作用的养老机构外，应该秉持公私养老机构身份平等的原则，切实推动养老机构的公办民营和民办公助的特质，缩小公办公营养老机构的规模；根据主营业务、社会效益状况，以及营利是否参与分配等特征，制定明确具体的税收优惠或补贴标准，确立养老福利所涉及的一切行动主体的奖惩制度，并且要根据具体实施情况来确定养老机构、养老社区、养老服务公司的基本公共服务机构的税收优惠条件与水平；利用基层政府的协调和统筹能力，积极探索养老在居家—社区—机构领域及国家—社会—市场层面的多层次福利保障制度，促进各类老年福利保障制度之间的互相补充和有效衔接。

（二）加强组织间的协调，发挥中国特色国体、政体优势

我国独特的国体、政体设计，赋予了中国政府强大的资源配置能力和组织协调能力，从而能够真正保障人民的利益得以实现。从发挥中国特色国体、政体的优势出发，以人民为中心，解决最广大人民群众关心的养老问题。

两会期间，人民代表大会代表代表最广大人民群众的利益，就人民群众最关心的养老问题制定了诸多提案，聚焦“养老健康”“银发经济”等议题。国家卫生健康委等 15 部门联合印发《“十四五”健康老龄规划》，重点对医养结合、医疗保障、养老机构等问题作出了规划。由此，在养老服务体系的构建中需要充分发挥既有制度的优势，通过完善权益保障、社会保障、老龄经济发展和老龄文化体制机制来进行改革和创新，补齐制度短板，优化和完善现代化的治理关系，推动各部门的共同协作，为老龄国家治理奠定合理完善的体制机制基础。我国各部门共同协作，注重效率和公平的协调，推动老龄友好社区和基层单位的老年活动平台的网格化建设，引导支持各类社会组织开展符合老年人特点及需求的活动和服务，营造互助、互爱、互亲的社会风气，引导家庭自觉承担家庭责任，加大对特殊、困难老年人的帮扶和支持力度，构建在养老服务领域多元主体共同参与和成果共同享有的良性互动体系。

第二节　中国特色养老服务体系的制度建设与创新

一、构建中国特色老年人权益保障制度

（一）完善法律法规体系，充分发挥各类老龄政策文件的指导作用

在我国法律法规体系不断完善的过程中，需要顺应养老服务体系的发展建设趋势，着重关注以下三方面。第一，补齐养老服务体系的短板，将法律法规作为中国特色养老服务体系建设的推动力；注重顺应人口结构变化

的客观事实，适时调整劳动法及老年人权益保障法等相关法律法规，加强老年人福利等相关配套规章的制定、修正和废止工作，促进中国特色老年人权益保障体系与经济发展、人口老龄化进程相适应；强化法律法规在推动老龄经济、科技创新及共享经济等领域融合发展中的作用，以促进老龄经济社会的持续发展，引入新的社会发展红利。第二，需要结合综合国力背景下民生领域的发展，顺应经济社会的发展规律，科学推进老龄社会发展与中国特色养老服务体系发展相辅相成，推动我国应对人口老龄化任务目标的有序完成。第三，应该注重我国传统以家庭为核心的养老文化对养老服务体系建设的影响，尝试将社会援助法和家庭福利法引入发展长期照护服务的相关政策之中，拓展家庭和成人日托中心的护理范围。

（二）推动监督管理评估机制的完善，健全权益保障机制

（1）我国应该在居家—社区—机构领域推动养老服务监管与评估体系的健全和发展，运用科技力量生产各类创新的养老产品和服务，构建涵盖全生命周期的衔接机制，进而形成一种全新的监管体系和监督手段，实现事前、事中、事后的全过程监管。为实现这一目标，我国首先需要完善养老行业的综合监管制度，特别是要建立标准统一且规范的管理机制；其次要加强老龄经济的风险预警和应急响应机制，建立覆盖所有老龄相关工作人员与单位的养老服务行业信用体系，对失信主体实施问责措施，加强运用“互联网+”和大数据等科技手段进行监管，建立黑名单制度和行业准入与退出机制。①

（2）政府、市场、社会组织和个人应该在监督管理评估机制中明晰责任

① 陈功，赵新阳，索浩宇.“十四五”时期养老服务高质量发展的机遇和挑战[J].行政管理改革，2021(3)：27－35.

分工，逐渐健全与完善老年人权益保障机制。政府应发挥主导、协调的作用，负责法律法规和政策制定、资源整合、资金保障及监督管理等职能，为多元主体参与治理提供监督管理评估的框架，明确社会组织和市场在养老服务体系中的具体参与领域和范围。但政府起主导作用并不代表政府应该担负起老年人养老的全部监督、管理与评估的责任。政府负责宏观规划与决策，为养老服务营造良好的法治环境，发挥调节作用，运用奖惩措施，引导并促进老年人权益保障机制的建立与有效运行。市场是养老服务的提供者，更多的是被监管的角色，应注重在国家法律法规的指导下，进行自我监督与管理，做好养老服务的过程评估和结果评估，以提供高质量的养老服务，增强其竞争力；应该强化老龄服务人员的自我管理意识，培养相互监督的行业氛围，以促进老龄市场服务品质的提升，推动养老服务模式的发展与创新。社会组织既是养老服务的提供者也是监管者，其更多的是提供非营利性的服务。我国要充分发挥社会组织在老年人权益保障机制中的监督、管理、评估的职能，在法律法规层面明确规定其权责，切实建立健全养老行业自我监管机制和行业监管机制。无论是开展养老服务、进行监管评估，还是负责协助政府部门开展各种为老服务工作，都应当确保有法可依，有明确的指导政策可循，并且接受行业联合组织的管理。在个人层面，老年人应当主动了解自身权益，明确可利用的法律支持资源，不仅要审视自身相关权益，而且还要对各养老服务组织、单位进行监督，提出政策建议，为推进监督管理评估机制的完善贡献最真实的声音，做热心、互助且具备法律意识的公民。

（三）完善老年人法律支持环境，提高老年人法律政策友好程度

（1）运用法律手段为老年人参与社会活动提供支持与保障，从根本上提

高老年人的社会地位，增强其法律政策话语权。一方面，国家鼓励老年人延迟退休，同时也应出台一系列针对这一群体的就业的保护政策。另一方面，除了就业/再就业等经济活动，鼓励并支持老年人参与社会活动，尤其应该倡导与促进老年人与年轻人之间的联系。

（2）完善老年人法律支持的工作机制，坚持由党政主要负责人亲自负责法治建设工作的推进，强化各级政府在落实法律法规方面的执行力和实施效果，督促各地政府结合本地的实际情况，制定并提出切实可行的养老服务实施方案，研究整个社会齐抓共管、整体推进老年人法律政策友好程度的基层治理格局。我国应将应对人口老龄化的措施纳入政策文件与国家治理体系和治理能力现代化建设的进程之中。

（3）从文化层面推动老年人法律支持环境的建设。互助、互亲、互爱的邻里文化是我国传统文化之一。我们应该鼓励社区内的社会组织和基层管理机构，充分利用线下的邻里互助优势及各类现代科技手段，对本辖区老年人的法律权益进行保护、倡导、宣传与推广。孝文化是中国传统文化的核心。在我国传统的养老思想与制度的影响下，我国的养老以家庭养老、子女赡养为主，以满足老年人最基本的生活需求。尽管老龄化问题日益严峻，空巢家庭数量逐渐增多，但传统孝文化依然占据重要的地位，因此我国应积极发挥家庭在促进老年人获取法律支持方面的作用。

二、构建中国特色的老年人保障体系

（一）加强国家宏观调控，健全老有所养的保障制度

在党和国家的全面领导及统筹规划下，加强宏观调控，逐步构建和完善

多层次养老保险体系及基本养老服务制度，以推动实现老有所养的目标。在此目标之下，以基本养老保险体系的健全为基础，扩大职业年金与企业年金的覆盖范围，促进个人储蓄型养老保险制度的发展。我国应完善兜底性养老服务制度，具体包括健全城乡特困老年人供养服务制度，提升特困供养服务设施的管理效能，深入实施临时救助制度；建立普惠型养老服务制度，着力补齐农村养老服务短板，加强农村养老服务体系建设，健全农村困难老年人关爱服务机制。此外，我国应重点关注大城市养老难的问题，采取有效措施予以解决，具体包括：开展养老服务设施规划和配套建设督导检查，加快老旧小区改造；深化公办养老机构改革；发展社区嵌入式养老模式，积极培育并发展具有品牌化、连锁化、规模化特征的养老服务企业，广泛普及社区养老驿站，构建15分钟养老服务生活圈等。

（二）坚持以人为本，完善老有所医的服务供给

在职责定位方面，各养老服务主体应当清晰界定并明确各自的权责范围。中国语境下的医养康养相结合的养老服务体系，应坚持将国家作为责任主体进行兜底，吸纳多方主体参与其中，如政府、市场、社区、老年人及其家庭。这些参与主体需紧密协作，首要任务是明确不同供给主体的角色定位、具体职能及供给范围，进而构建以政府为主导、社区或机构为平台、市场为主体、社会组织参与的一元多核养老服务格局。在行动路径探索方面，应该考虑建设医养康养综合体模式、医养康养联合体模式及社区居家医养康养服务模式，根据具体情况，分别构建各自的行动路径；对各行动主体的医养康养服务资源进行整合；对养老服务、医疗服务、康复服务的提供方式进行差异化处理。

此外，应该分别从供、需两个角度出发，系统研判我国医养康养服务资

源的配置情况及老年人的实际需求，了解我国医养康养养老服务体系的建设情况。探索医养康养相结合的养老服务体系构建路径，应从中国特色优势、理论与实践、法律保障、推动卫生体制改革、制定权责利及质量保障政策、资金保障等角度综合考虑，提出推进医养康养服务深度融合的对策建议，为我国医养康养养老服务体系的建设及未来发展提供理论依据。

（三）注重地区、城乡、个体间差异，优化照护服务

一方面，我国应根据当地经济社会发展的实际情况，推动居家—社区—机构养老服务的协调发展，促进医养康养养老服务的深度融合。这包括建设和完善针对特殊困难老年人的照护兜底制度，创新居家养老服务，强化社区养老依托作用，整合社区为老服务资源，以及提升养老机构的服务能力和带动作用。例如，应加快推进家庭病床和上门医疗的发展，完善老年人健康管理、家庭医生签约服务等基本医疗卫生公共服务体系建设，探索医疗机构与养老机构的转介衔接机制，以实现养老服务从健康预防到失能照护的全生命周期覆盖。另一方面，应总结我国长期护理保险的实施经验，借鉴国外相关领域的经验教训，建立独立的长期护理保险筹资系统。对于长期护理人员的待遇给付，也需要探索、建立科学的审核和评估机制。此外，我国尝试通过补贴、免税等形式鼓励个体购买养老保险，以及将法定医疗保险成员自动纳入长期护理保险等方式，采取在经济较发达地区先行试点的方式，倡导大众建立老年群体风险预防机制。

（四）关注特殊困难老年人，完善托底保障制度

国家和社会各界应当高度重视生活在贫困地区、孤寡及经济困难老年

人群体的养老服务。一方面，国家应遵循保基本原则，对特殊困难老年人实施经济兜底、养老服务兜底和医疗兜底政策，并且重视相关绩效考核工作。各级政府部门应协调配合，共同推进保底工作，建立健全社会福利体系的绩效管理制度，将考核结果作为当地领导班子综合考核评价的重要参考。同时，应规划并实施社会救助体系的动态监测机制，加强对生活困难老年人福利和救助情况的跟踪分析，定期开展专项评估和综合评估工作。另一方面，我国应加大对特殊困难老年人的服务投入。例如，合理整合社会各界资源，通过政府购买服务、利用时间银行、建立公益志愿机制等多种线上平台化的渠道，促进社区志愿团体为泛老龄群体、社区群众和社区企业商户提供相应服务并确保做好及时的对接工作，在建立养老服务资源反哺机制的基础之上，促进对特殊困难老年人公益服务活动的常态化运行。例如，我们要鼓励和引导社区居民参与社区事务的管理，吸引和组织尽可能多的居民和企业参与社会公益服务活动和各项服务工作，在提升居民社区事务参与感的同时，也能有效促进社会自治能力的提升，推动整个社会救助体系的完善，在社会中形成弘扬为老服务志愿精神的良好风气。

三、构建中国特色养老服务供给体系

（一）劳动力有效供给

1. 提高人口素质，推进人力资源的开发和运用

在养老服务人员培育方面，我国需要实现服务人员从业余向专业化的转变，吸纳更多行业的参与，以为老年群体提供更全面的服务。我们既要大力培养护理员、护士及养老社会工作服务者等专业人才，通过政府支持提升

其薪资待遇和福利水平,又要加强对现有养老服务从业人员的职业能力培训,以增强其服务意识和提高服务方法的科学性。同时,还需广泛动员家庭和志愿者的力量,为提升家庭和社区的互助水平提供相应的政策支持。在加强预防保健方面,我们需要以促进老年人健康水平的提高为目标。老年人保持良好的健康状况有助于减少政府在老年人护理费用方面的财政支出。面对我国数量庞大的老年人群,最为有效和根本的方式是提高老年人的健康水平,通过基础医疗、家庭医生、社区服务等降低老年人生病及失能的概率。此外,创新老年健康预防保健措施也是健全劳动力有效保障制度的重要内容之一,如将健康锻炼纳入健康处方等。

2. 充分发挥党建引领与社会参与的合力

我国应当积极调动社会组织、企业及其他各类社会力量,以促进福利的多元化发展。这就要求我们将现有的养老服务政策文本进行整合、优化,在现有的"鼓励型、方向型"政策的基础上,出台进一步的"具体支持型"政策,将社会力量参与养老服务供给纳入相关的社会发展指标构建和经济社会发展评比中,促进社会力量参与养老服务供给政策支持的体系化发展,全面覆盖社会组织、社会企业及其他类型社会力量的各个方面。同时,我国需要营造良性包容、助老为老的社会环境,如加大对社会力量参与养老服务的宣传力度,通过提高政策公信力、服务美誉度和模式知名度等手段,扩大养老服务社会力量的传播效应;搭建政府主导、社会参与的养老服务共同体,注重医养服务的协调、创新科技的纳入、志愿服务的参与,以及养老金融等市场手段的补充。在养老服务整体系统的协同方面,需要注重自上而下的职能分层、部门间的合作及体系的改革创新,在社会力量参与基层社会治理的过程中,推动养老服务力量的有效整合,将基层社会养老服务深度融入基层社会治理体系，以充分发挥养老服务的最大效能。

（二）养老服务和产品供给

1. 注重养老服务居家—社区—机构的协调发展

我国应建设完善以居家养老为主体和核心、以社区养老为平台和链接点、以机构养老为专业支撑的中国特色居家—社区—机构协调一体化发展的养老服务体系。在机构养老层面，应根据各地的实际情况，通过国家的宏观调控和养老资源市场配置等手段，解决养老机构床位的供需失衡问题。完善养老服务的法律法规体系，增加与养老服务相关的社会财富储备，提高养老服务人力资源素质并推进其开发应用以提升劳动力的有效供给，打造高质量的为老服务和产品供给，以及推动养老服务市场监管体系建设，来促进解决养老服务机构服务质量与需求内容存在较大落差的问题。

值得一提的是，在居家、社区养老服务层面，我国应协调城乡、区域和各类型的养老服务的提供。在城镇，政府应推进老旧小区改造工作，继续建设适老化基础设施，同时创新养老服务模式，提升养老服务能力。在农村，政府应该投入、下放公共养老服务项目，引导和利用农村基层管理单位开展必要的养老服务，加强养老设施建设，积极倡导“时间银行”“宅基睦邻四堂间”“农村幸福院”等互助养老模式，以促进农村养老服务的发展。此外，政府应该在各区域实现养老服务的有效供给与实际需求的精准对接，创新各类养老服务产品，充分利用科技支撑手段，增加居家、社区养老服务的覆盖面，扩大服务对象的涵盖范围，实现服务对象的精准匹配。政府部门在补贴基础性养老事业的同时，还应推动其向养老产业的转型升级，平衡经济性与公益性，增强其自我造血能力，探索创新的可持续性运营模式。

2. 发展多种类型、科技创新的养老服务和产品供给市场

国家应该为促进老龄经济社会的发展,对老龄产业给予支持和政策优惠。这包括加强养老服务的品牌建设,推动养老产业和其他产业的融合发展;完善养老服务和产品的标准体系,加强市场监管力度;强化科技支撑,提升服务产品供给能力和科技创新能力;加强要素保障,确保养老服务政策的落地与实施,如政策制定部门应对所有的市场参与者设立统一的规范与标准,以激发养老市场的活力,以及通过补助投资、信贷贴息、运营补贴及购买服务等多种方式支持社会力量开展养老服务。此外。在对老年人健康综合评估分级的基础上,考虑高龄、患有慢性病、失能等不同层次老年人的医疗与养老的多重需求,设计医养康养相结合的养老服务体系构建路径。

(三) 强化应对人口老龄化的科技支撑

1. 发挥技术和数据要素在老龄社会治理中的重要支持作用

利用国家治理能力现代化的优势,强化老龄经济社会在技术与数据动力要素方面的建设,并且借助养老服务体系建构的不断完善,进一步推动国家治理能力现代化的提升。第一,科技创新助力养老服务业发展。基于以服务对接需求的原则,精准推进养老服务的产品建设、服务能力提升及信息平台建设,积极推动“互联网＋养老服务”的发展。通过信息技术和智能化手段,为养老机构中的老年人提供可视化的安全管理,为社区居家老年人提供定制且方便快捷的智能化养老服务,为养老服务管理者和监督者提供智能管理系统。第二,发挥数据优势,提升治理效能。我国应依托大数据、云计算建立基本养老服务对象数据库等,提高数据支撑与数据管理下的养老服务科学决策能力。第三,通过养老服务体系建构的不断完善,刺激老龄经

济的发展，促进国家治理能力现代化的提升。

2. 利用数字工具推进养老服务信息平台建设

养老服务信息平台的建设，需要高度重视养老服务科技的支撑，加速体系化建设，将现代性与传统性有机结合，从宏观与微观两个层面整合各项政策，形成涵盖全面、主次分明的体系框架。在宏观层面，创造良好的政策环境，将养老服务科技融入我国的养老制度体系，出台一系列政策法规，形成一套完善且具备科技支撑的养老服务体系。在微观层面，建立符合中国国情的智慧养老政策及标准规范制度，加强行政体制改革、民生领域的运行机制和政策衔接机制等方面的制度建设。[①] 在各大城市的新基建和适老化改造过程中，应充分考虑消除老年群体的数字鸿沟问题，以促进老年人在物理空间和网络空间内均能享有生活的便利。

3. 利用科技手段推动养老产业的发展

我国应在积极老龄观的指导下，利用科技手段推动养老产业的发展，提升我国养老服务体系的供给水平，在运用科技手段的同时，需注重平衡我国老龄化与城镇化、信息化之间的关系，具体包括：做强养老产业主体，促进养老服务与其他产业的深度融合，打造产业链长、覆盖范围广、经济社会效益显著的产业集群和集聚区；促进老年用品开发，加快制定完善老年用品标准，实施科技助老示范工程；加强老年人辅具的研发与应用，充分发挥康复辅具在长期照护、康复训练和健康促进等方面的重要作用，推动人工智能、大数据、5G 等新技术在康复辅具产品中的有效应用；培育老年消费市场；健全市场规范和行业标准。

---

① 郑功成．习近平新时代中国特色社会主义思想开启民生事业新篇章[C]//哲学与中国(2017 年秋季号)．中国社会保障学会；中国人民大学，2020：5.

第三节　养老服务的资源配置与治理能力建设

中国特色养老服务体系的制度建设为政府、市场、社会、家庭的权责利分工奠定了基础。然而,要确保这些制度的落实,还需要强化养老服务资源的配置能力,包括人力资源(人)、财务资源(财)、物资资源(物)及科技资源(科技)等方面的建设,着力提升社会治理能力,如优化营商环境、加强品牌建设、完善标准体系及动员社会力量等。

一、优化人、财、物、科技要素,激发服务供给动力

人、财、物、科技资源是优化中国特色养老服务体系的支撑要素。其中,专业的服务人员是构建养老服务体系的重要条件,多元且充足的资金来源是构建养老服务体系的基本保障,物资投入是发展养老服务业的物质基础,科技支撑是提升养老服务体系效能的重要手段。

(一) 强化人才支撑

构建中国特色养老服务体系的基础在于人才。这里的人才主要包括从事经营工作的养老机构管理型人才,从事养老护理工作的技能型人才,以及从事老年康复、医疗、营养、心理和社会工作等的专业技术人才。强化中国特色养老服务体系的人才支撑,需要政府、社会、高校的通力合作,发挥各自

的职能。一是从政府的角度出发，建立省、市、县和养老院四级联动的培训体系；建立专业等级、在职培训与待遇挂钩的激励机制；开辟职业通道和上升空间，提高养老行业的职业地位；建立技能补贴等制度，健全企业职工培训制度，完善人才激励政策。二是从社会的角度出发，发挥行业协会的作用，通过授权委托、购买服务等方式，推动养老服务行业培训教材开发、教师资格标准研发等；提高养老服务人才培养的信息化水平，通过远程培训、在线培训等方式拓宽养老从业人员的培训渠道；建立健全职业技能鉴定和职称评定体系，提高养老服务人才专业化水平；做好专业人才储备工作，拓宽人才培养途径，做好养老服务人才的"选、用、育、留"工作。三是从高校的角度出发，通过学历教育、职业培训等拓宽人才培养渠道。其中包括进一步完善中职、高职高专、本科、硕士、博士老年服务人才培养体系，扩大教育规模；在相关专业增设有关老年学、老年服务管理等课程，培养跨专业人才；与养老机构合作建设培训、实训基地，培养能够从事健康管理、适老产品开发、养老机构运营管理等方面的专业人才；借鉴公费师范生制度，设立全国和区域性的专项基金，定向培养养老服务人才。

（二）增加资金支持

一是要健全现有的政府补助制度，使其更好地发挥对社会资本的导向功能，并且通过补助体制的变革，增强社区居家养老机构的自我造血功能，从而推动其从政府的财政保障向市场运作的市场化转型。二是要降低私人资本对老年服务的投入运营门槛，放宽企业的准入条件，精简和规范流程，减少政府管理费用，支持公建民营、民办公助等多种模式，通过购买服务、委托管理、股权合作、PPP 模式及运营管理等多种形式，对老年服务提供者进行管理。三是要加大对民营企业的融资扶持力度，拓宽其融资途径，解决民营企业融资难、融资贵、融资险等问题；促进金融组织与私人养老组织的深度合作，推动其在金融产品和业务模式上的创新改革，并持续加大对民营养老机构的贷款支持力度；鼓励私营养老组织利用土地使用权、产权明晰的不动产等资产进行抵押贷款，鼓励民营企业以股份等形式进行筹资；为满足市场需求，应适当放宽对营利性养老服务的信贷限制，并进一步优化民营企业的投资运营环境。同时，政府要积极引导全社会参与老年人福利的兜底工作，形成财政、民间资本、慈善基金等多种形式的资金支持。此外，需要构建长期照护服务与长期护理保险相结合的制度，建立多元化、多渠道、权责对等的长效筹资机制。

（三）加大物资投入

一是增加养老服务设施用地的供应。这包括在年度国有建设用地供应计划中纳入养老服务设施用地；优先安排新增的养老服务设施用地；将经营性高端养老机构的用地严格嵌在商服用地、住宅用地中供应，以防止“医、卫、慈善”用地的价格被推高；出台利用集体建设用地发展养老服务的细则，建立养老服务机构与村集体的合理收益分配方案；制定鼓励以长期租赁、先租后让、租让结合等方式的供地政策。二是科学规划养老服务设施建设。其中包括优化养老资源（设施）空间布局，科学区分服务对象和功能，合理配置服务资源，促进优质养老服务向老年人周边、身边和床边聚集，打造养老服务 5 分钟和 15 分钟生活圈①；统筹推进无障碍改造与适老化改造相结合，

① 程坦，刘丛红，刘奕杉. 生活圈视角下的社区养老设施体系构建方法研究[J]. 规划师，2021，37(13)：72－79.

老年友好型社区建设与居家适老化改造相结合，为老年人营造安心、舒适、无障碍的生活环境；结合城镇老旧小区改造，推进配套养老服务设施建设。三是建立多部门协作的养老服务设施用地监管体系。如国土、工商、规划、建设、民政、税务等部门应各负其责、协同合作；应将养老服务设施用地纳入年度国有建设用地供应计划，鼓励通过长期租赁、先租后让、租让结合等方式创新供地政策；针对新建居住区的配套养老服务设施建设，应加强常态化监管，确保规划、建设、验收、交付等环节的同步进行；开展老旧社区配套养老服务设施的专项治理，支持地方对未按养老服务用途使用的配套设施产权方依法实施合理的经济处罚。

（四）加强科技支撑

加速构建科技化养老服务的政策支持体系，需要从宏观、微观两个层面整合各项政策，形成涵盖全面、主次分明的体系框架。在宏观层面，创造良好的政策环境，将养老服务科技化融入我国现有的养老制度体系之中，出台一系列政策法规，形成一套完善的具备科技支撑的养老服务体系，尽快完善准入、运行、监督、评估、激励等监管机制①，对未来养老保障制度建设提供战略目标和指导。在微观层面，不仅要从静态方面建立符合中国国情的智慧养老政策及标准规范制度，而且要从动态立法方面加强行政体制改革，促进民生领域的运行机制、政策衔接机制等方面的制度建设。②

此外，还要实施老龄科技兴业工程，打造一批集技术研发、技术转移、

① 张博. 智慧健康养老产业发展困境与出路——基于有效供给视角[J]. 兰州学刊，2019(11)：179－188.

② 郑功成. 习近平新时代中国特色社会主义思想开启民生事业新篇章[C]//哲学与中国(2017 年秋季号). 中国社会保障学会；中国人民大学，2020：5.

成果转化、资源共享、企业孵化于一体的老龄科技创新平台；针对老龄产业发展中面临的关键领域和重点环节，需要加大技术攻关力度，支持企业研发、生产家用健康医疗器械、可穿戴设备、服务机器人等智能适老化产品，以推动产业链、创新链、价值链向中高端水平迈进；加快推进信息技术和智能硬件在老年用品和服务领域的应用，利用远程医疗、健康监护、数字化管理、个人可穿戴设备等技术满足老年人多样化的服务和产品需求；结合老年人的文化娱乐休闲需求，设计适合老年人的旅游、教育、健身的产品与服务。

二、推动养老治理现代化建设，提升养老资源配置能力

作为积极应对人口老龄化的重要手段，中国特色养老体系建设是国家治理体系和治理能力现代化的具体表现。从国家治理体系和治理能力现代化角度来看，不仅要加强要素资源的支持，而且更要优化要素资源的配置，统筹养老资源、加强品牌建设、完善标准体系、发动社会力量的积极参与。

（一）统筹养老资源，建立区域养老服务联合体

从养老资源的配置层面来看，《"十四五"国家老龄事业发展和养老服务体系规划》提出了养老服务整体解决方案，要求国家层面采取政策指引、地方层面制定具体的实施方案，为进一步整合资源、形成支撑体系、促进养老治理现代化指明了方向。

从国家层面来看，当前中国特色养老服务体系构建工作应从以下几个方面努力。一是将养老服务和产品的发展融入社会经济发展规划整体战

略，完善养老服务和产品政策体系，在土地供应、资金补助、信贷融资、税费减免、人才培养等方面出台一系列优惠政策，建立相应的配套实施机制。二是落实《中华人民共和国国民经济和社会发展第十四个五年规划和2035年远景目标纲要》《国家积极应对人口老龄化中长期规划》中关于发展养老服务和产品的部署要求，建立工作机制，完善政策体系，加强整体推进；优先支持康复保健服务、康复辅具制造、养老护理服务等产业发展，扶持为老服务的社会组织，培育养老服务龙头企业，加快推出一批专业机构和社区养老运营机构、养老辅具用品专业制造商、老年助餐服务企业、养老专业人才培训机构、智慧养老企业、专业为老社会组织，以及养老园区运营、专业展会运营、养老投融资服务企业等，不断延伸产业链。三是在全国范围内规划布局一批养老服务和产品重点发展及示范地区，带动其他都市圈和城市群争创养老服务和产品发展样板，最终形成核心突出、轴带清晰、节点均衡的养老服务和产品的空间布局。

从地方层面来看，基层政府应有效统筹、配置社会养老资源，实现供需的精准匹配，建立区域养老服务联合体。对于基层建设养老机构要积极引导落实，加强养老照料中心和农村幸福晚年驿站的服务功能衔接，使其成为养老服务机构建立区域联合体、跨区域联合体，以实现对老年人多样化养老服务需求的精准对接。为实现这一目标，我们需要做到：强化街道办事处、乡镇政府承担养老服务政策落实主责和区域养老服务统筹、资源整合等功能，整合统筹社区周边各类为老服务资源，由点及面、由易到难、由城到乡，促进各类资源的相互衔接。按照老年人的分布特点，在老年人相对集中的区域继续挖掘建设社区养老服务驿站的场地资源，合理布局和运用疏解腾退的养老服务场所。同时，由政府牵头构建街、镇、乡(区域)养老服务联合体，将家庭、社区与社会组织相融合，促进养老设施的规划与建设，形成完善的职能和服务体系，以满足老年人的多元化需要。对养老服务设施进行延伸，一方面扶持养老机构经营社区养老服务设施，包括城市日间照料中心、助老餐厅、农村养老服务中心、敬老院等；另一方面，为社区的居家养老机构开展专门的医疗护理培训，以残疾老年人照护、家庭病床和家庭护理等为主要内容。

（二）加强品牌建设，推动产业融合发展

品牌建设是提高养老服务企业市场竞争力的重要手段。近年来，随着越来越多的民企、央企加入养老服务业，养老服务产业也逐渐从最初的医疗、保险、地产等行业逐渐扩展到教育、培训、电商、旅游、互联网、人工智能等领域，未来将向精细化、品牌化、专业化的方向发展。国务院办公厅《关于推进养老服务发展的意见》提出“支持在养老服务领域着力打造一批具有影响力和竞争力的养老服务商标品牌”。当前，我们需要顺应产业发展的趋势，引导企业加强品牌建设，打造具有全国影响力的养老服务和产品品牌，支持养老服务和产品品牌创新商业模式，依托产业集群、国家新型工业化产业示范基地等培育区域品牌。

产业融合是养老服务产业发展的根本。《中共中央　国务院关于加强新时代老龄工作的意见》提出“大力发展养老相关产业融合的新模式、新业态”。这不仅是因为老年人的需求多种多样且相互联系在一起，而且代表着养老服务产业发展的要求，越来越多的企业认识到单业态发展模式所面临的发展瓶颈和限制。从党俊武所概括的当前十二种融合发展模式中可以看出，银行、保险、房地产、物业、家政、旅游与养老服务的融合发展相当

活跃。[①] 未来养老产业的融合发展趋势将会更加明显。这些养老产业内部与产业之间的资源整合、相互支撑与促进，将进一步带动其他相关产业链的发展。为了进一步推进产业融合，需要切实发挥好有为政府和有效市场的作用，保基本、兜底线，奠定中国特色养老服务的基础；开放养老服务市场，引进社会力量，提升中国特色养老服务的质量；推动养老服务与相关产业的融合发展，拓展中国特色养老服务的发展空间。

（三）完善标准体系，加大市场监管力度

完善的标准体系是养老治理现代化的重要标志，是养老产业良性发展的重要前提。标准化水平低及由此导致的市场无秩序、不规范是制约产业发展的重要因素。对老龄产业而言，标准化的促进作用主要体现在以下四个方面：一是有助于营造规范、公正的市场竞争环境；二是有助于维护良好的市场生产秩序，降低市场交易成本和政府监管成本；三是有利于促进老龄产业高质量、标准化发展；四是有利于推动中国老龄产业走向国际化，在国际市场占据一席之地。2021 年 10 月，《国家标准化发展纲要》出台，把开展养老服务标准化专项行动列为“推进基本公共服务标准化建设”的重要内容。

对照积极应对人口老龄化国家战略与构建中国特色养老服务体系的要求，我们需要从以下几个方面推进老龄产业标准化工作：一是将积极应对人口老龄化的理念融入标准化工作，积极回应老龄社会背景下老龄产业发展壮大的趋势，高质量发展养老服务体系的需求，加强老年人对美好生活的向往。二是将老龄产业标准化建设纳入国家标准化战略，严格按照《国家标准

① 党俊武.新时代中国老龄产业发展的形势预判与走向前瞻(上)[J].老龄科学研究，2018,6(11)：3－27.

化发展纲要》的要求做好养老和家政服务标准化专项行动，加大对国际标准的采用力度。三是加快建立健全老龄产业标准体系。对照《国家标准化发展纲要》提出的“到 2035 年，结构优化、先进合理、国际兼容的标准体系更加健全”的目标，对老年用品产业相关领域标准进行梳理和完善，提出改善的对策；推动基于产业链的多专业跨界融合，探索团体标准编制模式，形成政府主导与市场自主协同制定、协调配套的新型标准体系。四是加强对老龄产业标准实施的管理监督，建立健全老年用品领域标准化信息服务平台，广泛开展老龄产业标准方面的认证认可活动，鼓励和引导相关企业和组织积极参与认证，切实发挥规范老龄产业市场的作用；制定养老机构的等级评定制度。五是重视老龄产业标准化人才的培养，在老龄产业人才培养中贯彻标准化理念，提升对标准的认同度，加强对标准化专业人才的培养培训。

（四）发动社会力量，推动养老服务社会化

发动社会力量参与养老服务，是解决当前服务供需不平衡的重要途径之一。这里的社会力量，是指除政府和党组织外，依法在相关主管部门登记成立的企业，由国家机关举办或者其他组织利用国有资产举办的从事社会活动的组织机构等。《“十四五”国家老龄事业发展和养老服务体系规划》明确提出“充分调动社会力量积极性”，坚持“多方参与，共建共享”的原则，为发动社会力量、促进老龄社会治理创新指明了方向。

1. 优化养老社会力量的政策制度安排

现有关于社会力量参与养老服务供给的政策文本较为丰富，但仍有待进一步优化政策布局。具体而言，应将现有的政策文本进行整合与优化，在“鼓励型、方向型”政策的基础上，出台更为具体的支持性政策，将社会力量

参与养老服务供给纳入相关社会发展指标构建和经济社会发展评比体系中，从而构建系统化的社会力量参与养老服务供给的政策支持体系，该体系应全面覆盖社会组织、社会企业及其他类型社会力量发展的各个方面。同时我们也应注意到，养老服务型社会企业，与其他的社会企业相比有其特殊性，如投资大、见效短、需求迫切，因此，在对养老服务型社会企业的扶持方面，不仅需要常规的促进社会企业发展的政策配套支持，还需要民政、卫健、老龄服务等直接相关部门的专有性政策资源的扶持。

2. 营造养老社会力量发展的社会环境

无论是社会组织，还是社会企业，作为社会力量的主体，最终目标是推动资源的有效配置，助力社会问题的解决。养老社会力量的主要功能是弥补现有的养老服务需求缺口，增强养老服务的供给。相比于传统的养老服务模式，养老服务型社会企业的“公益性”与“社会性”之间的边界难以清晰界定，造成了大众对社会力量参与养老服务的整体认同程度不高。因此，构建中国特色的养老服务体系需要考虑社会环境的包容性，倡导不同类型的养老服务供给模式共存、共融。尤其可以从中国传统文化中去发掘与当下社会力量参与养老服务供给的相同之处，如中国传统文化中的“义庄”“慈善团体”“宗姓氏族”等作为社会力量参与养老服务，在养老服务相对匮乏的年代，得到了大众的认可。

3. 构建养老社会力量的融合平台

社会力量参与养老服务供给，标准化建设和集约化建设是很重要的一个阶段。基于现有的部分社会组织、社会企业建设标准和建设规范，可以进一步推行标准化建设，以区、县行政层级为单位搭建养老服务社会参与平台，完善“服务—评估—服务改善—再评估”的机制，将“以评促建、评建结合”融入社会力量养老服务的标准制定中。另外，还可以搭建政府主导、社会参与的养老服务共同体，在社会力量参与基层社会治理的过程中促进养老服务力量的整合，将社会养老服务融入基层社会治理中。

第四节　中国特色养老服务体系的行动主体建设

为老事业、老年工作事关国家发展全局。整合养老服务行动主体，首先需要明确养老服务体系在社会治理体系中的定位，系统谋划中国特色老年服务体系促进老年人整体福利的战略性布局和导向性目标。同时，还要将建设中国特色养老服务体系的行动主体融入和服务于老龄事业大局，纳入积极应对老龄化战略的针对性政策、指导意见、实施方案，坚持党的领导、强化组织协调、加强各方资源整合、把握发展方向，科学规划、积极引领、突出特色，建立规范化、体系化、全贯通的中国特色养老服务体系，紧紧围绕目标和定位，将构建、优化中国特色养老服务体系行动主体的方案和规划落到实处。

一、协调构建“三位一体”的供给主体

1. 逐步完善“三位一体”及城乡协调的社区—居家—机构养老服务体系

通过制度创新、法律规范和政策支持，鼓励细分行业突破、推动重点区域集聚、加强品牌建设和核心要素保障、发挥科技应用赋能，促进银发经济发展，扩大养老服务和产品供给规模，优化养老服务产业结构，为保障和改

善老年人生活、构建养老服务和产品发展的政策体系做出应有的贡献。同时，在加强老年服务和产品供给的过程中，我们面临着来自人口年龄结构、消费水平和经济状况等多方面的挑战和难题。这些挑战和难题包括：庞大的老年人口规模、日益缩小的家庭规模都对我国养老服务体系供给能力提出了极高的要求；人民群众日益提升的消费能力和消费意愿对养老服务体系的供给质量提出了更高的要求；在市场需要寻找新动能、经济需要挖掘新增长点的背景下，宏观经济实现动能转换、推动二三产业联动，从而促进消费、扩大内需的客观要求对养老服务体系的支撑能力提出了极高的要求。

2. 在构建居家—社区—机构相互协调的养老服务供给主体的过程中，加强人力、物力、财力等多方面的保障

具体而言，要提升养老服务人才的质量，完善地方财政投入机制，同时以社区为核心，多渠道进行资源链接，强化科技与数据动力要素的建设，围绕融合供给主体，促进居家—社区—机构之间的协调发展，围绕养老服务理念、制度建设、政府支撑、社会力量参与、信息技术应用、人才队伍建设等方面展开工作。第一，应优化养老服务理念，树立共同发展的意识，坚持以人为本的原则，强化产业思维；第二，应完善养老服务制度建设，包括建立和完善服务标准体系、长期护理保险制度、基本养老公共服务清单制度等；第三，发挥政府的支撑作用，尤其是在规划引导、财政投入、统筹养老服务资源等方面的作用；第四，应强化社会力量的联结作用，通过发挥联结作用来优化行业标准；第五，构建信息技术综合平台，实现资源互通、智慧养老；第六，应加强养老服务人才队伍建设，致力于培养一批高质量的养老服务专业人员，加强人才建设，为相关组织提供培训辅导、专业训练、人力配备及资金支持等服务。同时，本书还深入研究了中国特色养老服务产品供给体系，构建了

符合中国本土化特点的高质量养老服务和产品供给体系的理论分析框架；分析目前我国养老服务产品供给体系的现状和存在的问题，为供给侧结构性改革背景下高质量养老服务和产品的供给提供决策支持。

二、完善医养康养结合的服务体系

1. *在构建医养康养服务体系的过程中，应以老年人的实际需求为导向*

医养康养相结合的养老服务体系，是在“医养结合”基础上的进一步升级。相较于传统的养老护理模式，医养康养相结合是一种能够持续将“医、养、康、老”高效整合的养老服务模式。为实现这一模式，应通过引入医疗资源和医疗服务，提升老年人的健康状态、健康能力和独立水平，减少家庭、社区、医疗机构的救护压力，甚至鼓励老年人为家庭、社区和社会做更多的贡献，医疗成本、救治开支、照护费用都将下降。① 基于本书所述对老年人养老服务需求的调查，了解老年人养老服务需求的现状，据此搭建医养康养服务资源整合框架。在实际服务过程中，应对老年人健康服务需求进行评估，针对他们的需求提供服务，有助于提高医养康养服务资源的利用效率。对于医养康养相结合的养老服务的内涵与外延，已有研究认为，我国医养结合的概念基于整合理论的演进和发展，集中体现了整合照料。② 此外，还应通过完善法律法规、扩大长期护理保险试点、加大资金扶持力度等途径为医养、康养服务发展构建支撑环境。对人们日益延长的预期寿命和随之而来的长

---

① 赵晓芳. 健康老龄化背景下“医养结合”养老服务模式研究[J]. 兰州学刊，2014(9)：129-136.

② 高爽，杨陆，彭涛. 国外医养结合养老模式研究进展[J]. 护理学杂志，2021，36(3)：17-20.

寿风险，应当从增加健康、财务、照护资源总量三方面来分析，而这三方面的实现都需要个体、市场、政府的参与和贡献。具体而言，增加健康存量需要推进全人群、全生命周期的健康治理模式；增加财务存量需要完善多层次的保障体系；增加照护资源需要优化照护服务供给格局。①

2. 促进医养康养相结合的养老服务整合与开发

一是对现有的医养康养服务资源进行高效整合。纵观国内外，这类资源通常是不充足的，需要我们不断地探索更加有效率的整合模式。医养康养服务资源的特点是分散且各责任主体不同的，相互之间尚未建立较为合理的合作机制。这一点应主要从政策方面予以支持，逐步打通民政、卫生、社会等各主体间的壁垒，鼓励通过多种方式支持各类医养康养服务机构间的通力协作。二是应重视潜在医养康养服务资源的开发利用。基于我国老年人口基数大、需求高的基本国情，以及植根于中华优秀传统文化中的孝道文化、互助文化，可以考虑开发老年人力资源，同时将其他年龄段的人群纳入共同参与老龄服务事业中。例如，在西方国家发挥独特优势的时间银行，当前在我国也受到了高度重视，通过时间银行，各年龄段人群的人力资源得以充分释放，同时使尊老、孝老、敬老、爱老的传统文化得以传承。此外，医养康养相结合是针对不同年龄、不同健康水平的人群的一种服务方式，尤其能为老年人提供多层次、连续性的健康养老服务，从而形成从疾病筛查与预防、全周期监测与健康维护、健康教育与科学研究，到健康政策设计与实施评价的全方位服务链条。因此，在社区居家养老服务方面，应不断完善服务设施，夯实服务基础，创新服务模式，同时提供差异化服务。在机构医养康

---

① 郝晓宁，朱松梅. 长寿风险治理：健康、财务、照护资源的共同储蓄[J]. 人口与发展，2021，27(6)：79－94.

养服务方面，应合理规划、设置医养康养机构，不断拓展它们的服务内容，通过制定机构等级评定制度、夯实医疗康复服务基础、逐步探索智慧养老照护模式等途径鼓励支持各类机构提升照护能级。

3. **构建多种路径的医养康养服务提供方式**

基于社区、居家、机构三种养老场域，结合不同场域的特征、优势，构建合适的行动路径。例如，老年人更希望在家庭、社区等熟悉的环境中养老，因此，社区居家医养康养服务行动路径尤为重要，也是今后很长一段时间养老服务工作的重心，结合社区居家医养康养服务资源配置薄弱的现状，以及老年人的需求，充分利用家庭、社区“熟人圈子”的优势，构建互助养老模式，实现医养康养机构资源下沉至社区并进一步渗透到家庭的行动路径。针对在养老机构生活的老年人，基于近年来构建的医养结合服务体系的良好基础，我们根据养老机构的优劣势，积极寻求互补性的医养康养服务资源，通过协作的方式，增强养老机构医养康养服务能力，辐射周边社区，为老年人提供更加便捷的服务。同时，针对国内的医养结合存在服务主体定位模糊，服务客体界定不清，政府多头管理、服务功能和对接工作不完善、服务内容单一且僵化①等问题，我们研究分析了各行动主体在构建医养康养相结合的养老服务体系中的职责定位。对政府而言，在中国特色养老服务体系中，其应发挥主导作用，但这并不意味着政府需要承担起老年人群体养老的全部责任，政府的主导作用主要体现在为多元主体参与治理提供协作框架，明确市场和社会组织在中国特色养老服务体系中的具体参与领域和范围；对于市场和市场中的企业而言，作为养老服务的具体执行者，市场及其中的企业

---

① 廖芮，张开宁，王华平，等. 我国健康老龄化背景下的医养结合：基本理念、服务模式与实践难题[J]. 中国全科医学，2017，20(3)：270－277.

需要在产业发展和技术创新方面发挥自身优势；对于社会组织、社区而言，应当在养老服务，特别是健康治理层面，发挥更为重要的作用，它们应充分利用自身在该领域内的专业性和丰富经验，对“政府失灵”和“市场失灵”进行有效补充，赋能健康治理的多元参与主体。

三、规范协同治理的监管评估体系

1. 完善评估指标体系

对政府和机构而言，应当结合各地区的人口结构和养老实际需求，进行统筹规划与部署，分别制定实施意见、工作方案及行动方案等，在监督评估过程中关注服务质量、机构规范性、管理水平、运营能力及可持续性等。对参与个体而言，需根据个人能力和服务经验进行岗位考核，加强人才队伍建设，培养骨干力量和接班人，同时评估个人的能力与经验、兴趣与任务的匹配度，进行专业资格认证和培训(如急救员培训等)。同时，在监督评价过程中要极力保障老年人的合法权益，以规范性文件和相关标准作为支撑；促进线上线下融合发展；支持个人和单位加强国际交流与合作，重点关注理念、模式、技术等方面的先进性、创新性、带动性，在时间银行老年健康服务项目对接、人才培养、学术研究、管理运营、品牌化、专业化发展方面强化国际合作。

2. 强化社会规范建设，提升社会治理能力

有研究者认为，社会规范可以在一定程度上填补法律漏洞。① 此外，社会规范的外延广泛，涵盖了行业章程、行业行规、风俗惯例等多个方面。在

① 吴元元. 认真对待社会规范——法律社会学的功能分析视角[J]. 法学，2020(8)：58－73.

政策实施和执行方面，需与现有的政策、规范等紧密结合，如在构建中国特色养老服务体系的过程中，纳入并评选健康养老相关方案，“医养结合”试点单位、“一刻钟”居家养老服务圈、“区域养老服务联合体”、“老龄友好型社区建设”、“银龄行动”、“打造没有围墙的养老院”等重要举措，旨在打造优质的时间银行品牌和普惠养老专项行动的良好社会形象。同时，在构建中国特色养老服务体系的过程中，制定过程性政策，注重政策的科学性、可操作性及适应性，将养老、为老、助老融入国家政策和社会发展议程中，可以从部分地区先行试点，制定时间银行整合支持型“政策包”，为老年人提供一体化、个性化、便捷化的健康养老和为老服务。

3. 协同各方积极参与

用“去中心化”的方式不断增强不同主体之间的评价，通过这种方式，可以及时发现并分析养老服务的潜在问题，系统规划其未来发展趋势，并在实践中持续改进，从而推动中国特色养老服务体系的长期发展。针对此问题，笔者研究了我国养老产业建设中的 PPP 模式，认为这一模式的突出贡献是通过市场的调节和激励作用提高养老服务质量，一定程度上减少了政府的开支，能够缓解国家日益严峻的养老负担。例如，《关于推广运用争渡和社会资本合作模式有关问题的通知》《关于运用政府和社会资本合作模式支持养老服务业发展的实施意见》《国务院办公厅关于推进养老服务发展的意见》等文件均鼓励利用 PPP 模式促进养老服务体系建设。

四、赋能多元力量的资源配置体系

一方面，挖掘中国特色养老服务的内生动力。我们应从科技、人才、政策保障等领域进行优化和路径探索：以地级行政区为单位搭建养老服务社会参与平台，以“互联网＋”等技术手段搭建智慧养老服务体系，赋能社会力量，鼓励专业人才参与志愿项目，强化政社联动，加强第三方评估的“前置”作用，筛选优质供应方，加大社会企业政策宣传力度，鼓励地方开展社会企业转型孵化项目，激活民间资本参与养老服务，加强多元主体合作打造养老服务共同体等。具体而言，通过倡导“社会参与、全民行动”的理念，可以持续提升老年人的生活质量和生命质量，这也是构建中国特色养老服务体系的必由之路。基于老年人的实际需求，我们应紧紧围绕“大健康、大卫生”的理念，整合健康传播与科普、预防、治疗、康复护理等生命全链条的健康和护理服务，将其作为时间银行促进老年人健康的重要内容，并加大老年健康服务资源的供给和优化配置。我们应积极开发和利用老年人的社会、人力、文化资本，制定公众需求导向、政府监管、社会力量参与的全国时间银行配置指导标准和规范，优先满足留守老年人、空巢老年人、失独老年人、失能老年人、候鸟老年人等特殊老年群体的需求。我们要保证老年群体的权益和利益，鼓励和支持个人和机构、企业开发及实施养老服务。同时应向个人和机构提供补贴，如向个人发放实物、现金兑换券和消费折扣券，对企业和社会组织则采取税收减免和补贴的方式，以支持其为成员组织提供长期服务、培训辅导、专业训练、人力配备及捐款服务等。另一方面，要提升养老资源的配置能力。在服务选择、规划、实施、督办、监测、评价与管理，以及资源分配和利益分享等方面，需注重结果与过程的并重，以提升多元主体的绩效。政策制定者、计划者和执行者应平等参与，确保各方的意愿、知识技能、经验等得到充分的展现和发挥，同时强化仪式性、积累信息，并且增强效能。其一，我们需统筹养老资源，建立区域养老服务联合体，政府要落实政策规划，将养老服务和产品发展融入社会经济发展规划整体战略，社会和市场应在统一规划下配置社会养老资源，以实现供需的精准匹配，建立区域养老服务联合体。其二，要推动产业融合发展，切实发挥好有为政府和有效市场的作用，保基本、兜底线，逐步全面开放养老服务市场。其三，还要完善标准体系建设，在积极应对人口老龄化国家战略下，将老龄产业标准化建设纳入国家标准化战略，加快建立健全老龄产业标准体系，强化管理体制和管理队伍建设。其四，要优化社会力量参与养老事业的制度、环境和平台载体，争取将它们的效能发挥至最大。

五、统筹部署科技支撑的动力机制

1. 加强顶层设计，促进体制衔接，制定相应的支持政策

具体而言，我们要增强政策的有效性、可执行性和协调性，细化产业支持政策和鼓励性制度，完善和加大资金支持、财政投入，应当优先从宏观、微观两个方面整合各种政策，形成涵盖全面、主次分明的体系框架。在宏观层面，创造良好的政策环境，将养老服务科技化融入我国养老制度体系，出台一系列政策法规，形成一套完善的具备科技支撑的养老服务体系。① 我们需要协调中央和地方的权责关系，加强区域间、领域间及部门间的合作，进一步完善各部门之间的协调机制，以形成联动效应与合力，具体包括：注重增强跨部门之间的协调合作，打破制度性壁垒，解决政策碎片化、管理部门化、执行困难等一系列问题，整合并有效利用各类资源，强调政策协同，如利用

① 张博. 智慧健康养老产业发展困境与出路——基于有效供给视角[J]. 兰州学刊，2019(11)：179-188.

行业协会的联结作用探索 PPP 新型合作模式，构建政府、企业、社区的多元主体协商机制。①

2. 创新合作，推动产业发展

智慧养老产业在“打好地基”、建立数据搜集和共享的行业标准的同时，还需要通过产业链内外部合作实现产品研发与创新。在实践中，我们应充分利用数字技术、人工智能等创新手段来优化服务模式，在时间银行中实现老年健康信息采集、自助健康检测、健康状态监测和健康需求传递领域的深度应用。具体而言，科技可以在养老服务方式和内容上进行创新和优化升级，如设计和提供时间银行老年健康“服务包”“菜单式”精准对接，并通过平台化展示，远程收集和评估老年人的健康需求和高频基础健康服务需求，从而打造综合型与垂直型互助信息平台。就常规项目而言，提供包括挂号取药、上门护理、陪伴疾病诊治与复查、康复护理、安宁疗护等服务在内的就医帮助，以及助餐、助洁、助浴、助医、助急等“五助”服务。这些“五助”服务既是《国务院关于加快发展养老服务业的若干意见》中明确规定的居家养老服务内容，也是居家老年人迫切需要的服务内容；针对失能、慢性病、高龄、残疾等行动不便或确有困难的老年人，提供家庭病床、上门巡诊、日间照料、居家安养等居家医疗服务，为其家庭照护者提供喘息服务；在个性化项目上，应当根据老年人的生理和身体状况，在产品功能上适应老年人的情况，在产品形态等方面，从老年人适应智慧保健产品到智慧保健产品适应老年人，实现从被动到主动的转变。② 例如，鼓励作为互助养老平台的时间银行根据老

① 张泉，李辉. 从“何以可能”到“何以可行”——国外智慧养老研究进展与启示[J]. 学习与实践，2019(2)：109－118.

② 韦艳，徐赟. 智慧健康养老产业发展的困境与路径——以陕西省为例[J]. 西安财经大学学报，2020，33(3)：37－45.

年人的健身需求、不同的身体状况、体能水平，推荐与之匹配的且能够承担的康复、保健、强化项目。

3. 赋能老年群体，着力解决数字鸿沟问题

2021 年 2 月，《工业和信息化部关于切实解决老年人运用智能技术困难便利老年人使用智能化产品和服务的通知》提出，要进一步完善政策措施，明确工作重点，让老年群体能在数字信息化时代获得满足感，享用现有的信息技术。例如，将学习使用智能手机和电脑等相关课程纳入老年学校或社区中的老年学习中心等，提升老年人的信息素养；同时，根据老年人的特点对智能手机和电脑进行有针对性的设置和优化，以确保老年人能够便捷地使用这些设备；此外，预防老年人上当受骗等防骗技巧类课程也应该有所涉及。总体而言，正如政府和社会长期所强调的那样，科技发展应坚持“以人为本”“以需为本”的原则，秉持“科技向善”的理念。科技必须持续为老年人赋能，让全体老年人有机会且有能力适应、参与和享受社会进步，进而实现老龄社会的共建共治共享。①

第五节　本 章 小 结

本章围绕“积极应对人口老龄化，加快构建中国特色养老服务体系”的议题，系统回答了构建什么样的中国特色养老服务体系，以及如何加快构建中国特色养老服务体系两个基本问题。从理念上厘清了中国特色养老服务

① 刘鹏程. 科技赋能造福老人[J]. 中国社会工作，2020(20)：1.

体系政策定位、基本原则与指导思想。养老服务体系构建应嵌入国家治理体系和治理能力现代化建设，坚持中国特色养老服务理论与文化的传承与发展，坚持中国共产党的领导，走中国特色社会主义道路，以此明确了中国特色养老服务体系的架构。

在具体建设层面，通过制度建设与创新，构建中国特色老年人权益保障制度、老年人保障体系和养老服务供给体系。通过优化人、财、物、科技要素，激发服务供给动力，并推动养老治理现代化建设，提升养老资源配置能力。在中国特色养老服务体系的行动主体建设层面，应协调构建“三位一体”的供给主体，完善医养康养相结合的服务体系，规范协同治理的评估体系，赋能多元力量的资源配置体系，统筹部署科技支撑的动力机制。以此不断推动中国特色养老服务体系的构建。

总之，构建中国特色养老服务体系是一个系统工程，涉及政策、制度、资源配置和行动主体等多方面内容，需要从实际国情出发，全方位保障老年人的养老需求，从而积极应对人口老龄化。

第十章
总结与展望

本书旨在从理论和实践两个层面，系统探讨并回答“在国家治理体系和治理能力现代化的框架下，为积极应对人口老龄化，构建什么样的中国特色养老服务体系，怎样加快构建中国特色养老服务体系”这一重大研究议题。具体而言，本书依据三个维度来阐释和论述。认识论层面：第一、第二章基于过去的实践与经验，从理论层面深入剖析了中国特色养老服务体系的现状、存在的问题及其重要意义，并在“积极应对老龄化”“国家治理体系和治理能力现代化”的双重视角下，探讨了构建中国特色养老服务体系的理论创新。实践层面：第三章至第七章详细阐述了建设“居家社区机构相协调、医养康养相结合”养老服务体系的主要内容，并探讨了如何充分运用养老服务和产品供给、创新科技及社会力量补充完善这一体系。方法论层面：第八章提出借鉴国际经验教训，发挥我国后起优势的建议；第九章进一步指出，通过建设包含理论体系、制度体系、资源配置体系和行动主体在内的中国特色养老服务体系的架构，论述中国特色养老服务体系的宏观设计。基于此，本章做出以下总结与展望。

第一节 中国特色养老服务体系的核心内容

一、以习近平总书记关于积极应对人口老龄化的重要思想为指导思想

习近平总书记关于积极应对人口老龄化的重要论述是中国特色养老服务体系建设的理论基础。其主要内涵包括：坚持党的领导，秉持“积极老龄观”的基本立场，将“积极老龄化”“健康老龄化”理念融入中国特色社会主义现代化建设的全过程，全面、及时、综合地应对我国人口老龄化问题，同时与现代化发展机遇和目标紧密结合，开辟一条具有中国特色的应对人口老龄化的道路，为构建中国特色养老服务体系提供坚实的理论支撑和清晰的思路。

（一）坚持党的领导是积极应对人口老龄化的组织和制度保障

坚持党的领导是积极应对人口老龄化战略的组织和制度保障，是实施此战略的关键。只有坚持党的领导，充分发挥中国特色社会主义制度集中力量办大事的优势，才能做到及时、科学、综合应对人口老龄化，走出一条中国特色应对人口老龄化的道路。

在规律把握上，以习近平新时代中国特色社会主义思想的最新理论成果为指导，全面贯彻党的十九大和党的十九届二中、三中、四中、五中和六中全会精神，紧扣我国社会主要矛盾的变化，贯彻新发展理念，准确把握人口

发展趋势和老龄化规律。在体系建设上，各级党委、政府应按照“党委领导、政府主导、社会参与、全民行动”的老龄工作方针，完善党委统一领导、政府依法行政、部门密切配合、群团组织积极参与、上下左右协同联动的工作机制，形成老龄工作大格局。

在文化基础上，发扬我国养老、敬老、孝老，重视家庭伦理亲情、崇尚和谐等文化传统，为动员全社会积极应对人口老龄化奠定良好的文化基础和社会氛围。

（二）积极老龄观是基本遵循

2016 年，习近平总书记在十八届中共中央政治局第三十二次集体学习时强调：老年是人生命的重要阶段，是仍然可以有作为、有进步、有快乐的重要人生阶段；要着力增强全社会积极应对人口老龄化的思想观念；要积极看待老龄社会，积极看待老年人和老年生活。积极老龄观是国际“积极老龄化”和“健康老龄化”理念的中国式创新和升级，也是中国特色社会主义理论中互助合作的重要探索内容。积极老龄观蕴藏着坚持中国特色社会主义的道路自信、理论自信、制度自信、文化自信的思想基石，具有战略定力；强调动员全部力量、积极应对、全民行动的态势，充分调动政府、市场、社会、家庭包括老年人在内的群体的积极性，具有战略动力；包含可持续发展的积极内涵。这与我国政策实践得出的认识相一致，人口老龄化问题在发展中产生，也必能依靠发展来解决，可持续的经济社会发展才是应对人口老龄化的源泉。

（三）确保经济社会发展始终与人口老龄化进程相适应是基本原则

确保经济社会发展始终与人口老龄化进程相适应，是积极应对人口老龄化重要思想的基本原则。一方面，要增强应对人口老龄化的经济基础，通过保持经济持续稳定增长，优化经济发展结构，提高经济发展质量效益，促进经济发展与人口老龄化进程相适应；另一方面，探索构建与社会主义现代化强国相适应的应对人口老龄化制度。这需要按照现代化目标分步实施，需要党和政府从实际出发，最大限度地防范与化解人口老龄化风险，把握人口老龄化战略机遇而精心部署的时间表和路线图。我国人口老龄化进程与中国特色社会主义现代化进程基本同步，当前我国积极应对人口老龄化的制度框架初步建立；到 2035 年，我国积极应对人口老龄化的制度安排更加科学有效；到 21 世纪中叶，与社会主义现代化强国相适应的应对人口老龄化制度安排成熟完备。

（四）有效治理是核心手段

对人口老龄化社会进行有效治理是积极应对人口老龄化的核心手段。将人口老龄化事业与中国特色社会主义事业融合发展、有效应对人口老龄化，要立足当前、着眼长远，做到及时应对、科学应对、综合应对，探索、构建和部署确保经济社会发展始终与人口老龄化进程相适应所必需的各项制度，制定保障人民生活品质不断提升的必备政策体系。其中包括构建共建、共治、共享的老龄社会治理格局，将我国制度优势转化为治理效能，体现效率、促进公平；推进老年友好社会治理体系现代化，包括建立长远的制度框架和现代化服务体系，如养老、孝老、敬老的社会环境体系等；推进老年友好社会治理能力现代化，包括人口能力建设、创新能力提高和发挥科技与数据的作用等。

（五）走出中国特色应对人口老龄化道路是最终目标

《中共中央　国务院关于加强新时代老龄工作的意见》要求以习近平新时代中国特色社会主义思想为指导，深入贯彻党的十九大，以及党的十九届二中、三中、四中、五中、六中全会精神，坚持以人民为中心，加快建立健全相关政策体系和制度框架，走出一条中国特色的积极应对人口老龄化的道路。在过去几十年的认知与实践中，政府观念逐步实现由关心到研究，从应对到积极应对，再到国家战略等不同阶段的转变，个人观念逐步由被动消极等待到主动积极选择转变，提供主体逐渐从家人、亲属等单一主体向家庭、社会、政府、市场等多主体转变。在政策层面，各类政策法规的提出和推进全面贯彻了习近平总书记关于积极应对人口老龄化的重要思想，涉及面加宽、涉及领域增多，逐渐从被动变革到主动变革演进。在实践层面，结合我国国情，贯彻积极的人口老龄化思想，不仅在研究领域收获了多样化的养老新思路和新成果，而且实用领域的养老服务更加全面和贴近人民，逐渐从单一的家庭养老模式，向居家—社区—机构养老模式转变。

二、以国家治理体系和治理能力现代化为考核目标

以国家治理体系和治理能力现代化为手段，积极应对人口老龄化，是当前的应有之义。人口老龄化对国家发展全局和亿万大众的福祉产生着深刻且持久的影响，必须动员政府、市场和社会协同合作，共同应对人口老龄化所带来的挑战，探索、构建并部署一系列必要的制度，以确保经济社会发展始终与人口老龄化进程相适应，制定一系列必备的政策体系，以保障人民生活品质不断提升，通过改革红利和制度红利积极应对人口老龄化。

（一）以共建共治共享的社会治理格局，构建老年友好型社会

我国坚持人人尽责、人人享有的基本原则，倡导形成多元主体共同参与、各尽其责的基本格局，打造共建、共治、共享的老年友好型社会，形成老年人、家庭、社会、政府共同参与的为老服务的良好氛围。

第一，坚持全民共建，体现效率、促进公平，提高发展的平衡性、包容性和可持续性。一是倡导构建多元主体共同参与的发展格局。具体而言，包括引导多元主体参与，增强社会保障能力；构建上下联动、功能互补、密切协作的健康服务体系；提升居家社区养老质量，推行“三社联动”等机制；大力发展民办养老机构，逐步构建以社会力量为主体的养老服务格局。二是促进应对人口老龄化城乡和区域的平衡。具体而言，通过推进农村养老服务网络建设，充分发挥村民自治互助作用，并强调发展城乡互助养老等新型养老模式的发展。三是坚持普惠和特惠相结合的原则，以保障社会的公平与正义。在坚持“保基本、兜底线、促发展”的普惠发展方向上，确保养老保障和服务覆盖面的不断扩大，更加注重人群的异质性与多样性，以满足不同经济收入水平、不同健康状况人群对自身的多元化需求。

第二，以老有所养、老有所医、老有所为、老有所学、老有所乐为核心内容。我国为实现老年人的幸福生活，需要确保全体老年人能够享有基本养老服务，并进一步完善具有中国特色的养老服务体系；满足人民群众多样化的医疗保障需求，建立保障能力更强、更为均等化的医疗保障制度；提供老年人就业创业的政策支持，构建老有所为的就业环境；调动全民学习积极性，建立终身学习体系；鼓励老年人进行社会参与，通过搭建平台、完善老年精神文化生活设施网络、提高文化服务效能、完善老年精神关怀服务体系等措施提供老有所乐的设施条件。现代化的老年幸福生活是在保障老年人生

存的基础上，让老年人在共建、共治、共享中体现价值、实现尊严，以老年人的发展提高老年人的社会参与水平、社会融合水平和社会贡献水平，进一步提升老年人的幸福感和获得感。

（二）推进老年友好社会治理体系现代化

积极应对人口老龄化需要服务现代化发展目标，建立与人口老龄化发展趋势相适应、系统完备、科学规范、运行有效的社会治理体系，走出一条中国特色应对人口老龄化的道路。

第一，构建管长远的制度框架，探索现代化服务体系的建设。通过完善多层次养老保险制度、健全老有所医的医疗保障制度、建立多层次长期照护保障制度、完善社会福利和社会救助体系，实现社会保障和社会福利政策体系现代化。同时，我国应加快建设居家—社区—机构相协调且医养康养相结合的养老服务体系；打造高质量的为老服务和产品供给体系，实现服务能力现代化。第二，构建养老、孝老、敬老的社会环境体系。我国应强化应对人口老龄化立法制度支撑，加强老年人权益保障；通过优化家庭发展环境、推进幸福家庭建设，构建家庭支持体系，充分发挥家庭养老、孝老、敬老的重要作用；建设老年友好型社会，弘扬孝亲敬老的社会传统美德，形成多元主体参与的良好氛围。第三，坚持世界眼光，立足中国国情，构建全球开放体系。人口老龄化事业是开放的事业，是全人类的共同事业。在人口老龄化现代化进程中，需要以开放的中国养老环境和市场为基础，推动国际人口老龄化政策的对话和项目对接，积极吸纳国际养老的智慧、科技、人才、资本等资源。在互惠互利的发展格局中，注重国际和国内资源的整合，注重国内养老市场与国际养老市场的融合，在两个市场和两种资源的互动中，促进国内养老市场的发展，提升国内养老资源的国际供给能力，同时积极为全球人口老龄化事业的发展贡献中国市场、中国资源、中国智慧，以人类命运共同体的视角，积极应对人口老龄化。

（三）推进老年友好社会治理能力现代化

发展是解决我国一切问题的基础和关键。积极应对人口老龄化是实现经济高质量发展的必要保障，加快积累人力资本，提高全要素生产率，加快建设创新型国家，推进治理能力现代化，是化被动为主动，对冲老龄化不利影响的重要举措。习近平总书记在党的十九大报告中，针对国家治理体系和治理能力现代化的统筹规划，提出到 2035 年时要基本实现的目标和到 21 世纪中叶时要全面实现的目标，并作出了相应的部署，包括提出要使人民当家作主制度体系更加健全，将建设法治国家、法治政府、法治社会作为制度建设和治理能力建设的重要内容。党的十九届二中、三中全会继承和发展了党的十九大健全制度体系的目标，在制度建设和治理能力建设方面取得了新的进展，并在修改宪法和深化机构改革两个方面作出了部署。其中，党的十九届四中全会对推进国家治理体系和治理能力现代化作出了全面部署，更是首次提出积极应对人口老龄化，加快建设居家—社区—机构相协调、医养康养相结合的养老服务体系。党的十九届五中全会、六中全会进一步细化和丰富了党的十九届四中全会关于养老服务体系的理论内涵，将继续深化和拓展积极应对人口老龄化的政策定位，为老龄社会治理现代化融入新发展格局提供了制度建设、法治建设、国家应急处理、党的工作建设方面的理论指导。基于党和国家的政策规划，我国推进老年友好社会治理能力现代化，应重点关注以下四点。

第一，加快人口能力建设。推动人口质量对人口数量的替代，促进我国从人口大国向人力资源和人力资本强国转型；充实为老服务人才资源储备，加快培养养老护理员队伍，壮大老龄产业从业队伍、社会工作者队伍和志愿者队伍等，实现从人口红利向人才红利转变。

第二，提高创新能力。我国应深入实施创新驱动发展战略，把技术创新作为积极应对人口老龄化的第一动力和战略支撑；通过加大老年健康科技支撑力度、加强老年辅助技术研发和应用、提高老年服务信息化水平、推广智慧老龄化技术应用等科技手段，提高老年人福祉，形成老龄社会发展的动能。

第三，开发数据的作用。数据是当前最具时代特征的新生产要素，提升老龄社会的数据支撑力，促进老龄社会治理的智能化、科学化、精准化。一方面加快完善人口基础数据库建设，促进部门间数据共享，建立人口预测预报制度；另一方面也要推进人口大数据研究与智能化融合，构建统一权威、互联互通的全民数据信息平台，加强数据的开发与应用。

第四，提升服务现代化水平和能力。我国要深化供给侧结构性改革，促进服务能力现代化；把高质量的为老服务和产品供给体系作为工作任务之一，优化经济发展结构，促进消费和投资协调，加强银发经济创新引领、绿色低碳、共享经济、人力资本服务等领域的融合发展，适应人口老龄化社会的需求，培育老龄社会发展的新增长点、新动能，实现对劳动、资本、土地、科技、资源、环境等要素的有效激励和优化配置；提升健康服务能力、养老服务能力、高质量产品供给能力，从而多渠道、多领域扩大适老产品和服务供给，提升产品和服务质量，加快推动服务现代化。

三、以服务综合连续、主体统筹协调的居家—社区—机构发展为基础

中国特色居家—社区—机构相协调的养老服务体系，强调政府主导，充分发挥市场配置资源的决定性作用，最大限度地调动社会力量的积极性，同时突出家庭尽责和个人主体作用。具体包括以下几个方面：一是充分发挥政府“兜底线、保基本”的主导作用，保障好面向全人群的基本养老服务供给；二是充分发挥市场配置养老资源的决定性作用，要深化“放管服”改革，最大限度地激发市场活力，非基本养老服务应该由市场推动创新；三是充分发挥社会力量的积极作用，发挥社会组织优势，通过政府购买、公建民营等多种形式，推动社区居家养老服务多样化供给；四是充分发挥家庭在养老服务中的支持性作用。在社区居家养老服务中，构建家庭支持体系，重视家庭建设，支持家庭承担赡养老年人的责任和义务。此外，我国还特别强调发挥老年人的主体作用，发掘老年人自身价值，促进老年人的社会参与，增强在养老服务中的自助与互助行为。

我国旨在立足居家社区养老服务，推动机构服务向社区居家延伸的养老服务，其核心是从家庭养老走向社会养老，从以机构养老为重点走向由机构带动社区来实现居家养老。在此过程中，尤其需强化社区居家机构养老服务之间的衔接，补充家庭养老的功能；加强社区养老支持，通过优化社区养老设施布局，整合社区为老服务资源，构建“15分钟”服务圈，实现“养老不离家”。此外，强化养老机构的服务能力与带动作用，加快完善机构服务向社区居家延伸的“三位一体”衔接机制。中国特色“三位一体”的养老服务体

系基于国家治理体系和治理能力现代化的制度框架，立足老龄社会治理，除了建立统筹协调的服务体系，还需要高效率的人、财、物、科技等资源配置能力来提供“引擎”，以达到最优效果。具体以以下几个方面为重点方向。

1. 完善“三位一体”、城乡协调的居家—社区—机构养老服务体系

第一，推动居家—社区—机构协调一体化发展。在居家社区养老方面，建立区域养老服务联合体。由街乡整合统筹社区周边各类为老服务资源，由点及面、由易到难、由城到乡，促进资源间的衔接导流。同时，将家庭、社区与社会组织相融合，促进养老设施的规划建设，形成完善的职能和服务体系，以精准地满足老年人的多元化需要。在机构养老方面，着力提升机构照护能力。这需要重点扶持发展康复护理型的养老服务机构，推动公办养老机构和公建民营养老机构重点转型为康复护理型养老机构，除收住政府兜底对象外，主要收住失能、失智的社会老年人。此外，我国还需要探索与支持国有企业布局养老服务领域并做大做强的体制机制，推动龙头企业“走出去”，实现连锁化经营；强化养老行业的综合监管，加快建立风险防范机制；开展养老机构等级评定，建立全国统一的养老服务评价体系、质量评估和行业信用管理体系及信息公开体系。

第二，补齐农村居家—社区—机构养老服务体系建设短板。创新农村养老服务供给模式，加大投入力度，动员各方力量，补齐农村养老服务短板。一是在国家乡村振兴战略、美丽乡村建设行动中，要把养老服务体系建设纳入其中，同步规划与实施；二是加强对农村敬老院的资源整合、提升改造，推动农村养老服务设施建设，鼓励城市养老机构向农村开展延伸服务，探索城乡互助养老服务模式；三是设立农村居家养老互助点，整合有限的服务力量，支持社会组织和志愿者为老年人服务；四是支持城乡社区定期上门巡访

独居、空巢的老年人，帮助他们解决实际困难；五是充分发挥村民委员会自治功能和老年协会作用，提供丰富多彩的老年人关爱服务。

2. 提升人、财、物、科技等养老服务要素的配置能力

第一，提升养老服务人才质量。我国需要提高老年护理员职业素养和专业能力，建设一支专业素质过硬、服务意识够强的养老护理员队伍。

第二，健全地方财政投入机制，拓宽投融资渠道。一是要健全现有的政府补助制度，使其更好地发挥其对社会资本的导向功能，通过补助体制的变革，增强居家—社区—机构的自我造血功能。二是要降低私人资本对老年服务的投入运营门槛，放宽企业的准入条件，精简和规范流程，减少政府管理费用，支持通过多种形式对老年人服务进行管理和运营。三是要加大对民营企业的融资扶持力度，拓展其融资途径，解决民营企业融资难、融资贵、融资险等问题。此外，构建长期照护服务与长期护理保险相结合的制度，建立多元化、多渠道、权责对等的长效筹资机制。

第三，以社区为中心，多渠道链接资源。在社区中，对现有的医疗卫生、养老设施等进行整理和利用，提供社区居家养老服务；鼓励社会组织等为老年人提供个性化、多层次的养老服务和养老产品，以充分发挥各类社会组织的潜能和生命力，拓展养老服务的市场；利用多种场合呼吁、倡议属地单位直接建设或运营养老服务机构，积极开展为老服务工作。

第四，强化科技与数据动力要素建设。一是推进养老服务信息平台建设，对接服务供需信息。二是大力发展“互联网＋养老服务”，通过信息技术和智能化手段，为老年人提供方便快捷的智能化养老服务。三是推动“互联网＋医疗健康”的发展。从医疗健康信息互联互通和信息共享、标准体系、安全防护体系、法规和政策体系等四个方面构建“互联网＋医疗健康”政策

支撑体系。在数据要素方面，要发挥数据优势提升治理效能。如建立养老服务大数据平台；开展全国统一的老年人能力与需求综合评估；依托大数据、云计算建立基本养老服务对象数据库等，提高数据管理与数据支撑下的养老服务科学决策能力。

四、以覆盖全老年期、全方位、高质量的医养康养服务为保障

医养康养相结合是针对年龄不同、健康状况各异的老年人提供多方位、可持续的健康养老服务，形成从疾病预防、全周期监测与健康管理、健康教育，到健康政策等内容的全周期服务。具体包括以下几个方面。

（一）加强医养康养相结合服务的连续性和可持续性

老年群体的健康状况在照护缺口期内较为脆弱，“医—养—护—康”连续性的服务体系填补了老年群体医疗与长期照护之间的缺口。同时，这一体系为老年群体从健康到疾病提供了全周期的服务，其服务对象不仅包括失能失智、慢性疾病、高龄、残疾等老年群体，还包括身体状况较为健康和认知功能较佳的老年人群。同时，我国应从可支付性、可得性、可用性三个方面确保医养康养结合服务的可持续性。

（二）完善医养康养相结合服务的多维度支持体系

我国应从价格、保险、土地、财税等维度完善医养康养相结合服务的支持体系。在价格方面，公立医疗卫生机构为老年人提供上门医疗服务，采取

"医疗服务价格＋上门服务费"的方式收费；公立医疗卫生机构开展养老服务收入单独核算或单列备查账管理。在保险方面，我国应及时将符合条件的养老机构内设医疗卫生机构纳入医保定点管理单位；鼓励商业保险将老年人的预防保健、健康管理、康复、护理等纳入保障范围。在土地方面，我国需要优先保障接收失能老年人的医养康养相结合项目的用地需求。在财税方面，我国应支持社会力量提供多层次、多样化的医养康养相结合服务；通过政府购买服务等方式，统一开展老年人能力综合评估等。

（三）增加医养康养相结合服务的供给，促进多元服务主体的深度融合

我国应促进包括政府、市场、社区、老年人及其家庭等多元主体参与养老服务的供给。为实现这一目标，我国需要促进多元主体之间的密切配合，将明确不同供给主体的角色定位、具体职能和供给范围放在首位，形成以政府为主导、社区/机构为平台、市场主体实施、非营利性社会组织参与的多元医养康养养老服务格局。一方面，坚持以居家为基础、社区为依托、机构为补充的基本形式，同时推动机构和社会力量向居家、社区延伸；积极提供居家医疗服务、增强社区医养康养相结合服务的能力，同时推动医疗卫生机构，尤其是公立医疗卫生机构提供居家医疗等医养康养服务。另一方面，促进养老和医疗卫生服务主体的融合与资源共享。如支持医疗卫生机构开展医养康养结合服务，以提升养老机构医养康养结合服务能力。

（四）以老年人的需求为导向，构建覆盖全老年期的医养康养相结合服务网络

以老年人医养康养服务需求为导向，注重医养康养服务资源的存量整

合、增量开发与利用,构建强大的医养康养服务支撑体系为总体原则,面向不同养老场域中的老年人,构建医养康养服务体系。在老年人健康综合评估分级的基础上,重点考虑高龄、慢性病、失能等不同层次老年人的医疗与养老的多重需求。

(五)推进“互联网+”医养结合服务方式,提高智能化、信息化水平,优化医养结合服务衔接过程

信息化是提高医养康养相结合服务效率和水平的重要手段。《关于加快实施老年人居家适老化改造工程的指导意见》提出,要推进“互联网+医疗健康”“互联网+护理服务”等创新方式,为有需求的老年人提供便利的居家医疗服务;此外,要积极发挥信息化作用,通过建设全国老龄健康信息管理系统、全国养老服务信息系统,以及实施智慧健康养老产业发展行动等方式优化医养康养相结合服务的衔接。

五、以规范协同治理构建养老服务综合监管和评估体系

养老服务的监管评估体系在建设中国特色养老服务体系中扮演着关键角色,是问责机制和监管机制相结合的整合性规范。基本养老服务是应当优先发展的老年人迫切需要的服务项目,在市场供给不足的情况下,应由政府进行规划、资金扶持和引导;非基本养老服务是由市场自主提供的个性化的养老服务,主要依靠需求拉动市场自发供给,政府进行引导和监管。

第一,加快转变政府职能,强化政府在制度建设、兜底保基、政策引导及行业监管等方面的职责,履行社会福利服务提供者和监管者的角色。在政

府与市场的角色定位中，政府负责提供社会保障和基本养老服务，当市场失灵时及时加以监管。

第二，完善监管制度。从立法和制度上保障监管实施，推动《中华人民共和国老年人权益保障法》有关养老服务监管内容的修订，推动制定关于养老服务发展管理的条例，加快建立全国统一的养老服务质量标准和评价体系等。

第三，健全监管机制。我国需明确养老服务事中、事后监管的部门职责分工和机制，严控安全风险；加强行政管理与标准规范的衔接配合，把养老服务质量监管落实到位；加强风险监测与防控；建立覆盖从业人员和服务对象的养老服务行业信用体系，建立黑名单和行业禁入与退出机制。

第二节　加快建设中国特色养老服务体系的动力要素

一、构建高质量养老服务产品供给体系，满足老年人的多样化需求

随着我国人口老龄化即将进入快速上升期，老年群体消费规模不断扩大、消费能力持续增强、消费意愿日益升级，银发经济将持续推动形成消费主导、服务业引领、二三产业联动的产业发展新格局。为积极应对人口老龄化，提升养老服务体系的支撑能力，加强服务与产品的结合，需要通过政策和市场双向发力来扩大养老服务和产品的供给，不断满足老龄社会多层次

多样化的需求。总体而言,本书建议,应致力于构建以“供给主体多元、供给数量丰富、供给品质卓越、供给城乡均衡、供需调控模式精准智慧”为五大特色的高质量养老服务和产品供给体系,通过政府、市场、社会、家庭和个人“五位一体”的联动机制,合力扩大养老服务和产品的供给,促进养老事业和产业的融合发展,并将产品供给体系融入具有中国特色的养老服务体系之中。

从银发产品供给发展上看,一是要加强品牌建设,推动产业融合发展;引导为老产品相关企业加强品牌战略管理,加强对银发产品的宣传推介和消费引导,促进养老服务业与其他生活性服务业的融合发展。二是强化科技支撑,提升产品的供给能力。在打造智能适老化科技产品的同时,在社区、养老机构、医疗机构等场域内广泛铺设应用场景,挖掘用户需求;推动老龄社会与数字社会融合发展,广泛开设智能应用、智能保健、风险防范等老年学校课程;通过产品的发展,撬动需求侧改革,以需求牵引供给,供给释放和创造需求。

从银发经济产业发展来看,“十四五”时期,加快推动我国银发经济创新发展恰逢其时。银发群体是我国实施共同富裕战略的蓄水池。劳动参与率、受教育程度是制约老年人就业的主要因素之一,因此要让老年人成为中等收入群体,一是要提高劳动参与率,消除技术鸿沟,提供更好的培训;二是要提供更好的社会保障,使老年人的生活水平不断提高,不让他们有后顾之忧,还要为他们的子女提供保障。我国应持续发挥有为政府、有效市场、和谐社会的国家优势,通过制度创新、法律规范和政策倡导,支持细分行业突破、推动重点区域集聚、加强核心要素保障、发挥科技应用赋能,持续推动银发经济,以扩大供给规模、优化产业结构、提升发展水平,为保障和改善老年人生活质量、支撑国民经济持续发展、推动社会和谐稳定进步作出积极贡献。

因此，一是要加强顶层设计，进一步加大政策扶持力度。将银发经济的发展，特别是养老服务和产品的开发，纳入社会经济发展的整体规划之中；完善养老服务和产品政策体系，在土地供应、资金补助、信贷融资、税费减免、人才培养等方面出台一系列优惠政策，并将政策措施具体化，建立相应的配套实施机制。二是深入优化营商环境，扶持养老服务和产品供给企业做大做强。持续推进"证照分离""多证合一"等改革措施，降低市场准入门槛，科学界定老龄产业与事业的边界，为各类市场主体平等参与市场竞争提供制度保障；畅通养老服务和产品供给企业融资途径，鼓励社会资本投资养老产业，尤其是要充分释放国有资本的独特优势，培育更多养老服务和产品市场主体。在此基础上，实施养老服务和产品市场主体培育行动计划，积极引导传统企业进军养老服务和产品领域，推行老龄产业链"链长制"，引导企业集聚集群发展。

二、打造时间银行为老志愿服务队伍，建设老龄社会治理共同体

党的十九届四中全会提出"完善党委领导、政府负责、民主协商、社会协同、公众参与、法治保障、科技支撑的社会治理体系"，将社会力量视作国家治理体系现代化的重要组成部分，强调了社会力量参与国家治理的重要性。社会力量是构建中国特色养老服务体系不可忽视的重要主体，社会组织参与养老服务供给契合了党的十九大报告强调的"加强和创新社会治理，维护

社会和谐稳定”“打造共建共治共享的社会治理格局”的要求。新时代背景下，多地社会组织积极探索创新尝试，但养老服务仍在城乡、地区之间存在供给需求不对等、资源整合调配不充分等问题。其中最核心的问题是为老服务人力资源短缺的问题，本书提出，中国特色养老服务体系建设要在坚持党的领导、政府主导和市场参与的同时，最大限度地调动社会资源，充分发挥社会力量和家庭的作用，发挥中华民族守望相助、邻里互助的文化传统，通过引导全人群参与互助服务的方式为现阶段养老服务人力资源短缺的困局提供一条中国特色的道路。

2021 年 9 月，习近平总书记在河北省承德市考察社区养老服务时明确指出，“要把老有所为同老有所养结合起来，研究完善政策措施，鼓励老年人继续发光发热，充分发挥年纪较轻的老年人作用，推动志愿者在社区治理中有更多作为”。时间银行将“时间”和“公益”挂钩，倡导社区成员将空余时间积极利用起来，帮助有需要的人，把帮助别人所付出的时间以虚拟货币的形式存储起来，当自己有需要时从中支取“已存储时间”。作为一种互助养老、为养结合的养老创新方案，在时间银行 20 多年的本土化进程中，其概念、模式和运作机制也不断被大众认可和接受，逐步成为积极应对人口老龄化的第三条道路。老龄社会治理的本质是供需平衡，主要是解决养老服务体系建设和养老服务资源配置的问题，而当前面临的主要困难和挑战在于养老服务的供需结构性失衡。当前我国时间银行主要采取的是政府、市场和社会力量参与的混合模式，时间银行这一创新探索能够在供需匹配、环境建设及机制创新方面发力，在老龄社会治理中发挥更大作用，将老有所养和老有所为结合起来，推动老年人更加积极地参与社会治理。

中国时间银行最成功和最广泛的探索应用是与社区结合的时间银行互

助养老模式。把时间银行中的储蓄机制和激励机制引入互助养老服务之中，进行合法性、规范性的结合运行，从而形成具有可行性与持续性的时间银行互助养老服务模式。时间银行是养老服务社会协同过程中不可或缺的环节。一方面，时间银行是社会协同机制的产物，党、政府、市场、大众在养老服务领域的有机配合催生了其快速发展；另一方面，未来时间银行能够反哺养老服务协同合作。时间银行的运行理念是“年轻存时间，年老享服务”，通过养老服务的代际交换，实现青年与老年的结合，积极推动“青银共建”。时间银行的参与主体在进一步扩大，充分引入青年人的力量，弥补低龄老年人的缺口，通过完善青年人参与的激励制度，鼓励青年人参与共建共治共享的社区治理环节。

其一，时间银行能够超越养老的空间限制，鼓励老年人走出家庭，在扩大基层养老服务受众的同时，通过互助的方式提高了老年人参与社区志愿服务的积极性，将传统意义上的养老服务对象转化为服务提供者。其二，时间银行是一种服务回馈、志愿激励的互惠机制，为家庭中的老年人提供了更宽广的服务获取渠道。对于成员分散的家庭而言，时间银行能够保存其服务所产生的志愿服务时长记录，使得分处不同地域的家庭成员能够实现志愿服务回馈的共享，为广大空巢老年人建立了新的服务渠道。跨地域的时间银行，在人口流动日益频繁的背景下，将进一步激发全社会成员参与为老服务的热情，构建遍及全国的为老服务流通网络。其三，时间银行不仅可以满足个体的基本养老服务需求，而且还可以充分整合不同情境中的个体社会资源，是老有所为新形式的积极探索，可以强化老年人在老龄社会治理中的治理主体地位，提升社会治理效能。

总结来看，当前我国老年人最主要的养老模式仍然以居家养老为主，在家庭养老功能弱化、社会化养老服务供给不足的情况下，面向居家社区照护的养老护理人员短缺成为制约老年人享受高质量养老服务的重要问题。时间银行通过组织低龄老年人、年轻人等群体参与养老服务供给，扩大了养老服务的供给人群的范围。本书建议，一是要推动打造全国层面的“时间银行”系统，建立通存通兑标准，促进家庭成员间实现养老服务资源的跨地域存储使用。二是要不断完善时间银行的相关法律法规，政府应该发挥主导作用，对时间银行组织的合法性与职责、模式运行机制与管理体制、服务提供者与服务接受者的权利义务作出顶层设计方面的指引。三是要完善时间银行信息平台记录系统，以技术赋能时间银行的发展，使时间银行在需求识别、供需匹配、时间价值评定等方面做到高效与透明，最终将时间银行建设成中国特色积极应对人口老龄化的重要平台、机制和工具，运用时间银行为老互助服务机制，建设“人人参与、人人共建、人人共享”的老龄社会治理共同体。

三、发挥科技支撑的动力要素优势，加强服务链接与资源整合

科技是现代社会发展的新动力，深刻影响着现代人的生活福祉。科技支撑是国家治理体系和治理能力现代化的重要手段，基于科技支撑的智慧养老服务作为养老服务的一种创新方式，便捷性高，未来前景广阔。科技支撑是指运用数字化的手段为促进社会沟通、改进管理服务、实现跨界融合、推动共建共享提供强大支撑。具体到养老服务领域，借助科技的支撑作用，可以让政府主导下的多元养老主体实现超越时空的交流，促进沟通与互动；可以收集和整合老年人各类服务需求信息，更好地满足老年人多样化的需

求；可以将居家—社区—机构三种养老模式融合在一起，为老年人提供连续化的、综合性的养老服务；可以建立全国统一性的数据平台，实现养老服务供给和需求的精准化、精细化、智能化对接和匹配。① 科技支撑养老服务发展应该基于以下四点：实现多元养老主体的协同、实现多类养老资源的整合、实现多种养老方式的融合和满足养老的多样化需求。以社会治理的视角看待科技支撑的养老服务体系发展，可以在"互联网＋"养老服务智能化建设的基础条件上，解决"互联网＋"养老服务智能化建设问题，为现已投入和预备实施的"互联网＋"养老服务智能研究进行前瞻性管理和逻辑性支持。

新兴技术的发展为智慧养老提供了条件，也是突破传统养老产业中服务模式和服务质量瓶颈的重要支撑。互联网技术的普及，以及物联网、大数据、人工智能和区块链等新技术应用场景的不断开拓，给智慧养老的发展提供了广阔天地。为进一步发挥科技支撑对养老服务的链接和资源整合作用，应做到：一方面，依靠科技创新引领产业升级，加快新兴技术与养老产业的融合，如智能服务机器人的研发与应用，辅助器具技术的研发与应用等。同时，大力发展"互联网＋养老服务"，将智慧养老延伸到老年人饮食起居、医疗医护、休闲娱乐等各个方面，以提供更加及时、高效、普惠的养老服务。另一方面，发挥数据优势，提高治理效能，打通数字壁垒，推动建立统一的养老信息平台；利用"金民工程"建立全国统一的养老服务政务系统，推动各地建立省级或市级层面统一的、面向公众的养老服务信息平台，助力科学、精准决策。

---

① 孙计领，刘尚君，索浩宇，陈功. 社会治理视角下科技发展支撑养老服务的理论思考[J]. 人口与发展，2022，28(1)：50－58.

第三节　本书的创新与不足

一、理论创新

本书系统诠释了党的十九届四中全会精神，将养老服务体系建设融入国家治理体系和治理能力现代化建设中。党的十九届四中全会精神具有统筹性、协调性、体系性、发展性、创新性五大特性，是在继承了党的十九大精神的基础上，基于当前中国人口老龄化的国情、国家社会经济发展情况作出的研判。本书在党的十九届四中全会精神的指导下，重视党的十九届五中、六中全会精神的延续与拓展，坚持党的二十大精神，坚持党和国家的统筹规划，将养老服务体系建设融入国家治理体系和治理能力现代化建设。具体来说，有以下几方面的理论创新：(1) 将养老服务体系建设融入国家治理体系和治理能力现代化建设进程之中，从被动应对人口老龄化的挑战到积极抓住机遇。本书对我国养老服务体系建设进行了系统且全面的梳理，展望了"十五五"时期中国养老服务体系的发展方向，形成了养老服务体系建设的新视角，把握了我国的大国优势和政体优势，提出了应该充分把握政策的延续性与大局观，在党和国家的统筹规划下，集中力量建成更加完备、兼顾公平和效率的中国特色养老服务体系；党和国家各部门共同协作，注重效率和公平的协调，推动老龄友好社区建设和基层单位的老年活动平台的网格化建设；引导支持各类社会组织开展符合老年人特点及需求的活动和服务，营造互助、互爱、互亲的社会风气；引导家庭自觉承担家庭责任，加大对特殊、困难老年人的帮扶和支持力度，激发低龄、中龄老年人的活力和社会参与程度，大力倡导老有所为，构建在养老服务领域多元主体共同参与和成果共同享有的良性互动体系。

(2) 从基本国情、体制、理论、文化角度系统总结中国特色养老服务体系的特点与优势，主要体现在我国具备中国特色社会主义制度优势、孝老敬老的文化优势、区域和城乡发展多样性的大国优势、汲取发达国家经验教训的后发优势，提出了加快建设居家—社区—机构相协调的养老服务体系，深化了对中国特色养老道路和积极应对人口老龄化方案的认识。本书提出了在党和国家的统筹规划下，我国应该立足国情，通过党和国家的政策促进多种生活场域的养老服务发展。政府、社区、机构、家庭和个人在建设居家—社区—机构相协调的养老服务体系中的责任定位是发展变化的，但是只有确保中国共产党的领导地位才能整体把控局势、宏观调控资源、灵活调整政策，强化养老保障，促进资源融合，加强科技支撑的作用，促进城乡、区域养老服务的协调发展。

(3) 在世界各国应对老龄问题的大形势、大视野下，构建了覆盖全生命周期、医养康养相结合、逐步走向联合健康支撑的养老服务体系。一方面，提出了坚持全国“一盘棋”，调动各方力量，从医疗卫生资源、养老资源、康复护理资源及医养结合资源四个方面，协调我国城乡、区域的医养康养服务需求和供给，以积极应对人口老龄化，注重协调党和国家的改革步调，将老龄治理置于现代治理系统的框架内。另一方面，提出养老服务体系建构的负责职能部门由民政部和国家卫生健康委到多部门的协同，运用多部门联合的优势，建设老龄友好环境，助力老有所为，将政策目标人群覆盖至全生命周期，即由老年人向老年群体再向全龄群体拓展；坚持以人民为中心，关注人民在养老问题中最关心的“医、康、养”问题，系统总结医养结合、康养结合的服务实践经验，厘清医养康养相结合服务体系的内涵与边界，紧密联系、利用医养康养的政策，研发养老服务与产品，利用科技创新手段，攻克中国养老服务体系建设中医养康养结合的难题。

二、实践创新

本书认为人口老龄化问题本质上是社会治理问题。人口老龄化是人口年龄结构老化的一个过程，人是社会的主体，是社会组织的重要组成部分，人口老龄化必然引致社会结构和社会关系的显著变革。我国要应对这种变化带来的风险和挑战，必须在国家治理体系和治理能力现代化的框架下构建中国特色养老服务体系。因此，积极应对人口老龄化、构建中国特色养老服务体系、实现国家治理体系和治理能力现代化，这三者之间具有不可分割的联系。

(1) 本书提出结合我国特色国情、体制优势，逐步推进中国特色养老服务体系的建设与完善。当前，我国养老服务体系建设一方面存在蓄水不足和资源碎片化的缺陷，另一方面还存在较大的城乡和区域差异。本书面向中期2035年、远期到21世纪中叶的养老服务发展战略目标时，需要在完善养老服务体系和提升养老服务人、财、物、科技等关键要素治理能力的过程中，发挥集中力量办大事的体制优势，在厘清政府、社会、市场、家庭和个人的责任边界的基础上，从重视兜底到发展普惠、多样且高质量养老服务的转变过程中，既要尽力而为、又要量力而行。

(2) 发挥家庭养老的基础性功能，保障居家—社区—机构协调发展。本书认为与西方个人本位相比，中国自古以来注重家庭建设，因此应该充分发挥我国孝亲敬老的文化传统，充分发挥集体主义的优势，夯实家庭养老的基础性功能，完善我国家庭支持政策，依托家庭发展家庭社区机构养老服务。因此，笔者提出应建设完善以居家养老为主体和核心、社区养老为平台和链接、机构养老为专业支撑的中国特色居家—社区—机构协调一体化发展的养老服务体系，建立并完善综合连续、统筹协调的养老服务体系和监管体系，提升居家—社区—机构相协调的养老服务资源配置能力。

(3) 应该从"分蛋糕"转向"做大蛋糕"，从消极应对到积极抓住机遇，以发展老龄产业和银发经济撬动经济社会发展新动能。当前，我国正处于转型发展时期，银发经济作为富有潜力的新兴经济增长点，亟须在厘清需求、扩大有效供给的基础上，由国家给予相关政策扶持，充分发挥市场配置资源的能动性。

(4) 养老服务的概念应当贯穿于个体的整个生命周期，坚持实现老有所养和老有所为的目标。第一，在老有所养方面，构建涵盖了中国特色养老服务体系政策定位、基本原则与指导思想的理论体系，如老年人权益保障制度、老年人社会保障制度和养老服务体系供给保障制度；还包括养老服务和产品的资源配置体系，如医养康养相结合的服务体系、养老服务的监管与评价体系、资源配置体系和科技支持体系。这一理论体系为加快构建中国特色养老服务体系提供实践指导，增强养老服务供给的精准性、灵活性、有效性，为满足人民个性化、多样化、动态化甚至定制化的养老服务需求提供了根本遵循，解决养老服务供给不平衡、不充分的问题，增强了人民群众的获得感、幸福感、安全感。第二，在老有所为方面，将发掘老年人的潜能与塑造老龄友好环境齐头并进。我国需要开发和利用老年人的社会、人力、文化资本,形成公众需求牵引、政府监督管理、社会力量参与的全国时间银行配置指导标准和规范;应确保老年人的权益和利益得到充分保障,积极鼓励和支持个人、机构及企业开发和实施养老服务。同时,应向个人和机构提供补贴,如向个人发放实物、现金兑换卡和消费折扣券,向企业和社会组织提供税收减免和补贴等激励措施。此外,还应为老龄成员组织提供长期服务、培训辅导、专业训练、人力配备及捐款服务等一系列支持。本书认为,时间银行是中国积极应对人口老龄化挑战,完善老龄社会治理体系的一种创新路径。

(5) 将养老服务体系建设纳入经济社会发展总体规划之中。养老服务机构应勇于面对经营压力,借助科技创新手段和基层治理能力现代化体系,有效协调养老服务和养老产品的供给;社区居家养老的服务供给应该尽力延续老年人原有的养老方式,利用社会组织以及社区资源等多种手段应对困难和挑战。

三、研究不足

本书在国家社会科学基金重大项目总报告的基础上编著而成,该项目的研究周期为2年,立项时间紧、研究任务针对性强,书籍的编写时间相对紧迫。因此本书还存在一定的不足之处,主要体现在:一是研究方法主要以定性研究为主,基于微观数据库的养老服务需求剖析不足,一手数据的采集仍然比较薄弱;二是对新时代老龄群体的特点关注相对较少,特别是在老龄群体更替对养老服务体系建设的影响方面着墨不足。

以上研究不足背后的原因主要有:一是本书依托于国家社会科学基金

重大项目，其立项与实施过程受到了新冠疫情的影响，尤其是全国局部疫情的暴发给课题组原有的线下调研计划及问卷收集工作带来了诸多不确定性。为此，课题组采取了线上调研、案例收集等多种替代方案，但仍面临缺乏定量研究一手数据的挑战。二是本书紧密围绕课题的立项目标，深入阐述了中国特色养老服务体系的内涵与构建路径，侧重于宏观政策的分析与解读，以及理论创新与应用创新的探讨。然而，对于微观个体层面的关注相对较少，未来有待进一步加强相关研究。

第四节 展 望

基于本书对积极应对人口老龄化、构建中国特色养老服务体系的理论认识、实践方法的系统讨论，笔者认为“十五五”时期的中国特色养老服务体系建设有以下四个重要方向。

一、社区—居家—机构一体化，医养康养相结合，提供覆盖全生命周期的整合性服务

未来中国养老服务的优先发展方向的大趋势是从兜底、普惠到多样化的转变，具体来说有六个方面：政策目标由老年人向老年群体再到全龄群体扩展；从主要由家庭养老到重视和发展社会养老，再到构建养老服务体系；从重视养老机构的建设到推进居家养老社区机构相协调，重视社区嵌入式养老服务；从重视医养结合到医养康养相融合；从托养服务到多样化服务；

从补缺型、碎片化向体系化、制度化、多元化转变。

一方面,优化养老服务体系必须继续坚持党的领导,紧跟党和国家的政策定位,总结政策发展规律及发展趋势。在中国特色社会主义进入新时代的历史背景下,处于全面开启社会主义现代化国家建设新征程的关键时刻,构建中国特色养老服务体系应该继续坚持确保中国共产党的领导地位和在特殊领域的责任主体地位,善于运用国家和社会力量,更具主动性、责任性、统筹性、协调性地构建中国特色养老服务体系,将其置于国家治理体系和治理能力现代化进程之中,从应对人口老龄化,到运用各类优势、抓住机遇,更加积极主动地迎接挑战。另一方面,应该完善长期照护制度,并且逐步推进规模适度、覆盖城乡、完善的社会保险体系,为 2035 年的多层次养老保险制度体系的建立和老年友好型社会总体建成的目标打下基础。

二、发挥科技支撑的动力要素作用,提升养老服务质量

未来的研究应该重视科技支撑对养老服务的作用。一方面,应该从积极老龄化的视角出发,科技支撑养老服务体系建设可以对老年人的生理健康、认知功能、社会参与、主观幸福感和生活满意度等方面的不同需求给予回应与满足,并且产生积极的影响。另一方面,应从社会治理框架出发,智慧养老有助于实现多元养老主体的协同合作、多类养老资源的有效整合、多种养老方式的深度融合,以及满足养老的多样化需求,进而推动养老服务体系现代化。特别需要注意的是,科技部、工业和信息化部应加大对养老领域科技创新和信息化建设的政策扶持力度,重点解决老年人面临的数字鸿沟问题,提升老年人使用工具的便捷性和生活便利性的可达性,为构建老年友

好的社会环境提供有力的政策支撑和技术支持。

三、赋能老龄群体，坚持老有所为

本书认为时间银行不仅是赋能老龄群体的有力体现，而且也是中国积极应对人口老龄化、完善老龄社会治理的第三条道路。时间银行鼓励低龄老年人参与互助养老服务及社区治理，从积极老龄化的角度，能够挖掘老年人的潜能，鼓励老年人改变过去单向受助者的角色，主动参与志愿服务等活动，是老年人社会参与的重要形式，是老有所为新形式的积极探索。时间银行可以强化老年人在老龄社会治理中的治理主体地位，提升社会治理效能。

具体来说，赋能老龄群体，构建中国特色社会力量参与养老服务供给的行动路径，可以从以下几方面入手：优化养老社会力量的政策制度安排、营造养老社会力量发展的社会环境，以及以评促建，构建养老社会力量的融合平台。具体来说，党和政府应该立足于当前社会力量参与的现实环境，进一步优化政策布局，将政策文本进行整合优化，在现有的"鼓励型、方向型"政策的基础上，出台"具体支持性"政策；营造良性包容的社会环境，加强对社会力量参与养老服务的宣传力度，提升其传播价值；完善"服务—评估—服务改善—再评估"的机制，将"以评促建、评建结合"融入社会力量养老服务的标准制定中。

四、推进适老化和无障碍建设，塑造老龄友好环境

未来中国特色养老服务体系的构建将由多部门协作完成，需要充分发

挥既有制度优势，通过完善权益保障、社会保障、老龄经济发展和老龄文化体制机制不断地改革和创新，补齐制度短板，优化和创新现代化的治理关系，各部门共同协作，推进适老化和无障碍建设，塑造老龄友好环境。

科技部、工业和信息化部可以对养老领域的科技创新和信息建设给予政策倾斜，着重缓解老年人的数字鸿沟问题，提升老年人工具使用的便捷性、便利生活的可达性，为塑造老年友好的社会环境提供政策支撑。财政部、人力资源社会保障部应该在养老服务领域的财政和人力资源方面进行合理预测、规划和协调，确保到 2035 年，能够储存更加科学、足以应对人口老龄化的社会养老财富资源和人力资源。中国残疾人联合会、住房城乡建设部、退役军人事务部、国家医保局和国家中医药局等部门，应该特别关注特殊困难老年人在生活用品、住房出行和医药卫生等方面的实际需求，体现党和国家以人为本、共建共治共享的理念，确保我国能够实现从兜底型养老到普惠型养老转变的稳步实现。市场监管总局和金融监管总局应该起到监督管理的作用，警惕和预防诈骗老年人的案件发生，从制度和法律上维护老年人在生活、经济上的合法权益。广电总局和体育总局应该科学统筹规划中至 2035 年，远至 21 世纪中叶的老年人友好环境的建设，在出行、运动、信息等多维度，以及软件和硬件双方面进行适老化和无障碍改造。

党和国家各部门积极响应“十四五”规划和 2035 年远景目标的建议中提出的积极应对人口老龄化的战略意图，致力于实现“养老、安老、乐老、享老”的目标，特别注重老龄友好环境的建设，注重协调效率和公平。我国应推动老龄友好社区和基层单位老年活动平台的网格化、精细化建设；引导支持各类社会组织开展符合老年人特点及需求的活动和服务，营造互助、互爱、互亲的社会风气；引导家庭自觉承担起家庭养老责任，实现居家—社区—机构养老服务的相互协调与融合；在加大对特殊困难老年人群体帮扶和支持力度的同时，逐步推动养老服务从兜底保障向普惠型、高质量养老模式方向发展；引导老有所为，构建在养老服务领域多元主体共同参与和成果共同享有的良性互动体系。

参考文献

[1] AGREE E M, FREEDMAN V A, CORNMAN J C, et al. Reconsidering substitution in long-term care: when does assistive technology take the place of personal care? [J]. The Journals of Gerontology Series B, Psychological Sciences and Social Sciences, 2005, 60(5): S272 - S280.

[2] ALETRAS V H, KOSTARELIS A, TSITOURIDOU M, et al. Development and preliminary validation of a questionnaire to measure satisfaction with home care in Greece: an exploratory factor analysis of polychoric correlations[J]. BMC Health Services Research, 2010, 10: 189.

[3] ALLEN S M, FOSTER A, BERG K. Receiving help at home: the interplay of human and technological assistance[J]. The Journals of Gerontology Series B, Psychological Sciences and Social Sciences, 2001, 56(6): S374 - S382.

[4] American Association of Retired Persons. The Aging Readiness &

Competitiveness Report: Germany [M]. American Association of Retired Persons, 2017.

[5] HOROWITZ A, BRENNAN M, REINHARDT J P, et al. The impact of assistive device use on disability and depression among older adults with age-related vision impairments[J]. The Journals of Gerontology Series B, Psychological Sciences and Social Sciences, 2006, 61(5): S274 - S280.

[6] ANAND J C, DONNELLY S, MILNE A, et al. The covid - 19 pandemic and care homes for older people in Europe - deaths, damage and violations of human rights[J]. European Journal of Social Work, 2022, 25(5): 804 - 815.

[7] ANGUERA J A, BOCCANFUSO J, RINTOUL J L, et al. Video game training enhances cognitive control in older adults[J]. Nature, 2013, 501(7465): 97 - 101.

[8] ANHEIER H K, TOEPLER S. Nonprofit organizations [M]. London: Routledge, 2022.

[9] ELLIOT A J, MOONEY C J, DOUTHIT K Z, et al. Predictors of older adults' technology use and its relationship to depressive symptoms and well-being[J]. The Journals of Gerontology Series B: Psychological Sciences and Social Sciences, 2014, 69(5): 667 - 677.

[10] BALTES P B, BALTES M M. Psychological perspectives on successful aging: the model of selective optimization with compensation [M] //Successful Aging. Cambridge: Cambridge

University Press, 1990: 1－34.

[11] BLANCHET D, DUTREUILH C. Pensions past and present: same equation, new constraints[J]. Population, 2016, 71(2): 325－325.

[12] BORNSTEIN D. The price of a dream: the idea of the Grameen Bank and the idea that is helping the poor to change their lives[M]. New York: Simon & Schuster, 1996.

[13] BOROWIAK E, KOSTKA T. Comparative characteristics of the home care nursing services used by community-dwelling older people from urban and rural environments [J]. Journal of Advanced Nursing, 2013, 69(6): 1259－1268.

[14] BAER B, BHUSHAN A, ABOU TALEB H, et al. The right to health of older people[J]. The Gerontologist, 2016, 56(Suppl 2): S206－S217.

[15] BROWN D L, GLASGOW N, KULCSAR L J, et al. The multi-scalar organization of aging－related services in US rural places[J]. Journal of Rural Studies, 2019, 68: 219－229.

[16] YOO B K, KIM M, SASAKI T, et al. Economic evaluation of telemedicine for patients in ICUs[J]. Critical Care Medicine, 2016, 44(2): 265－274.

[17] CAJAIBA-SANTANA G. Social innovation: Moving the field forward. A conceptual framework[J]. Technological Forecasting and Social Change, 2014, 82: 42－51.

[18] ARAUJO DE CARVALHO I, EPPING-JORDAN J, POT A M, et

al. Organizing integrated health-care services to meet older people's needs[J]. Bulletin of the World Health Organization, 2017, 95(11): 756-763.

[19] DEFOURNY J. Concepts and realities of social enterprise: a European perspective [M] //Handbook of Research on Social Entrepreneurship. Cheltenham: Edward Elgar Publishing, 2010.

[20] KODNER D L. The quest for integrated systems of care for frail older persons[J]. Aging Clinical and Experimental Research, 2002, 14(4): 307-313.

[21] EDWARDS-SCHACHTER M, WALLACE M L. "Shaken, but not stirred": sixty years of defining social innovation[J]. Technological Forecasting and Social Change, 2017, 119: 64-79.

[22] EIG J. The birth of the pill: how four pioneers reinvented sex and launched a revolution[M]. London: Macmillan, 2014.

[23] KARAGIANNAKI E. Changes in the living arrangements of elderly people in Greece: 1974-1999[J]. Population Research and Policy Review, 2011, 30(2): 263-285.

[24] FUCHS J, SCHEIDT-NAVE C, HINRICHS T, et al. Indicators for healthy ageing: a debate[J]. International Journal of Environmental Research and Public Health, 2013, 10(12): 6630-6644.

[25] FULMER T, MATE K S, BERMAN A. The age-friendly health system imperative[J]. Journal of the American Geriatrics Society, 2018, 66(1): 22-24.

[26] GARUD R, KARNØE P. Bricolage versus breakthrough: distributed and embedded agency in technology entrepreneurship [J]. Research Policy, 2003, 32(2): 277 - 300.

[27] GLENDINNING C. Breaking down barriers: Integrating health and care services for older people in England[J]. Health Policy, 2003, 65(2): 139 - 151.

[28] GROENEWEGEN P P, Jurgutis A. A future for primary care for the Greek population[J]. Quality in Primary Care, 2013, 21(6): 369 - 378.

[29] GUINNANE T W, OKUN B S, TRUSSELL J. What do we know about the timing of fertility transitions in Europe? [J]. Demography, 1994, 31(1): 1 - 20.

[30] HECKHAUSEN J, SCHULZ R. A life-span theory of control[J]. Psychological Review, 1995, 102(2): 284 - 304.

[31] HOLMES W R, JOSEPH J. Social participation and healthy ageing: a neglected, significant protective factor for chronic non communicable conditions[J]. Globalization and Health, 2011, 7: 43.

[32] JEONG B G, KIM S J. The government and civil society collaboration against COVID - 19 in South Korea: a single or multiple actor play? [J]. Nonprofit Policy Forum, 2021, 12(1): 165 - 187.

[33] JÖNSSON I, DAUNE-RICHARD A M, ODENA S, et al. The implementation of elder-care in France and Sweden: a macro and

micro perspective[J]. Ageing and Society, 2011, 31(4): 625 - 644.

[34] KHAN F R, MUNIR K A, WILLMOTT H. A dark side of institutional entrepreneurship: soccer balls, child labour and postcolonial impoverishment[J]. Organization Studies, 2007, 28(7): 1055 - 1077.

[35] KHAN H T A, RAHMAN M A, MOLLA M H, et al. Humanitarian emergencies of rohingya older people in Bangladesh: a qualitative study on hopes and reality[J]. Ageing International, 2022, 47(1): 20 - 37.

[36] KIM J, LEE H Y, CHRISTENSEN M C, et al. Technology access and use, and their associations with social engagement among older adults: do women and men differ? [J]. The Journals of Gerontology Series B, Psychological Sciences and Social Sciences, 2017, 72(5): 836 - 845.

[37] KLIMCZUK A. Economic foundations for creative ageing policy, Volume II[M]. New York: Palgrave Macmillan US, 2017.

[38] KODNER D L. The quest for integrated systems of care for frail older persons[J]. Aging Clinical and Experimental Research, 2002, 14(4): 307 - 313.

[39] LAWRENCE T B, HARDY C, PHILLIPS N. Institutional effects of interorganizational collaboration: the emergence of proto-institutions [J]. Academy of Management Journal, 2002, 45(1): 281 - 290.

[40] MAYHEW L, RICKAYZEN B, SMITH D. Flexible and affordable

methods of paying for long-term care insurance[J]. North American Actuarial Journal, 2021, 25(sup1): S196 - S214.

[41] LESZKO M, ZAJĄC-LAMPARSKA L, TREMPALA J. Aging in Poland[J]. 2015, 55(5): 707 - 715.

[42] LEUTZ W N. Five laws for integrating medical and social services: lessons from the United States and the United Kingdom[J]. The Milbank Quarterly, 1999, 77(1): 77 - 110, iv - v.

[43] LLUCH M, ABADIE F. Exploring the role of ICT in the provision of integrated care: evidence from eight countries[J]. Health Policy, 2013, 111(1): 1 - 13.

[44] MacCallum D, HADDOCK S V. Social Innovation and Territorial Development[M]. London: Routledge, 2016.

[45] TRUJILLO M D, PLOUGH A. Building a culture of health: a new framework and measures for health and health care in America[J]. Social Science & Medicine, 2016, 165: 206 - 213.

[46] NIMROD G. Aging well in the digital age: Technology in processes of selective optimization with compensation[J]. The Journals of Gerontology Series B, Psychological Sciences and Social Sciences, 2020, 75(9): 2008 - 2017.

[47] OSTROM V, OSTROM E. Public goods and public choices[M]// SAVAS E S. Alternatives for delivering public services: toward improved performance. Boulder, Colo: Westview Press, 1977: 7 - 49.

[48] PEREK-BIAŁAS J, TUREK K. Organisation-level policy towards

older workers in Poland[J]. International Journal of Social Welfare, 2012, 21(s1): S101 - S116.

[49] CLARKE P J. The role of the built environment and assistive devices for outdoor mobility in later life[J]. The Journals of Gerontology Series B: Psychological Sciences and Social Sciences, 2014, 69(Suppl 1): S8 - S15.

[50] POWELL J L. Personalization and community care: a case study of the British system[J]. Ageing International, 2012, 37(1): 16 - 24.

[51] ROELANDS M, VAN OOST P, DEPOORTER A, et al. A social-cognitive model to predict the use of assistive devices for mobility and self-care in elderly people[J]. The Gerontologist, 2002, 42(1): 39 - 50.

[52] SOWADA C, SAGAN A, KOWALSKA-BOBKO I, et al. Poland: health system review[J]. Health Systems in Transition, 2019, 21(1): 1 - 234.

[53] SHOCKLEY G. The international handbook on social innovation: collective action, social learning and transdisciplinary research[J]. Journal of Regional Science, 2015, 55(1): 149 - 154.

[54] VAN DALEN H P, HENKENS K, HENDERIKSE W, et al. Do European employers support later retirement? [J]. International Journal of Manpower, 2010, 31(3): 360 - 373.

[55] ŚLUSARSKA B, BARTOSZEK A, KOCKA K, et al. Quality of life predictors in informal caregivers of seniors with a functional

performance deficit: an example of home care in Poland[J]. Clinical Interventions in Aging, 2019, 14: 889 - 903.

[56] SMETS M, MORRIS T, GREENWOOD R. From practice to field: a multilevel model of practice-driven institutional change [J]. Academy of Management Journal, 2012, 55(4): 877 - 904.

[57] SPICER J. Integrated care in the UK: variations on a theme? [J]. London Journal of Primary Care, 2015, 7(3): 41 - 43.

[58] MEDAISKIS T, EIROŠIUS Š. A comparison of Lithuanian and Swedish old age pension systems[J]. Ekonomika, 2019, 98(1): 38 - 59.

[59] VADLA D, BOŽIKOV J, ÅKERSTRÖM B, et al. Differences in healthcare service utilisation in elderly, registered in eight districts of five European countries[J]. Scandinavian Journal of Public Health, 2011, 39(3): 272 - 279.

[60] WESTLEY F R, McGowan K A, ANTADZE N, et al. How game changers catalyzed, disrupted, and incentivized social innovation: three historical cases of nature conservation, assimilation, and women's rights[J]. Ecology and Society, 2016, 21(4): art13.

[61] VAN WIJK J, ZIETSMA C, DORADO S, et al. Social innovation: Integrating micro, meso, and macro level insights from institutional theory[J]. Business & Society, 2019, 58(5): 887 - 918.

[62] 考斯塔·艾斯平-安德森. 福利资本主义的三个世界[M]. 郑秉文,译. 北京:法律出版社,2003.

[63] 卞国凤.近代以来中国乡村社会民间互助变迁研究[D].天津：南开大学,2010.

[64] 部娜.社会组织在国家治理现代化中的作用研究[J].社科纵横,2019,34(5)：85-88.

[65] 蔡玉梅,陈功.普惠型居家社区养老服务的模式创新：以北京市养老服务联合体为例[J].北京社会科学,2024(1)：118-128.

[66] 蔡雯波.健康老龄化趋势下昆明“医康养服务模式”战略研究[D].昆明：昆明理工大学,2020.

[67] 曹冲.城市社区居家养老模式的发展困境及对策[J].南京工程学院学报(社会科学版),2011,11(4)：6-10.

[68] 曹宪忠,杜江先.家庭养老：我国现阶段养老制度的必然选择[J].山东大学学报(哲学社会科学版),1998(4)：102-105.

[69] 曹新凤,徐楠,孙齐锋,等.智慧健康养老标准体系研究[J].信息技术与标准化,2019(6)：12-15.

[70] 曹瑜.商业银行养老金融发展路径研究[J].黑龙江金融,2021(10)：21-24.

[71] 柴化敏.英国养老服务体系：经验和发展[J].社会政策研究,2018(3)：79-96.

[72] 陈德君.人口老龄化与养老服务保障体系[J].人口研究,2001,25(6)：35-38.

[73] 陈功,杜鹏,陈谊.关于养老“时间储蓄”的问题与思考[J].人口与经济,2001(6)：67-73.

[74] 陈功,黄国桂.时间银行的本土化发展、实践与创新：兼论积极应对中

国人口老龄化之新思路[J]. 北京大学学报(哲学社会科学版),2017,54(6): 111 - 120.

[75] 陈功,赵新阳,索浩宇."十四五"时期养老服务高质量发展的机遇和挑战[J]. 行政管理改革,2021(3): 27 - 35.

[76] 陈功."时间银行"助力构建老龄社会治理新格局[J]. 国家治理,2021(39): 29 - 34.

[77] 陈海钰. 英国、日本社会养老服务体系研究及其经验借鉴[J]. 湖北经济学院学报(人文社会科学版),2017,14(6): 72 - 74.

[78] 陈虹霖,吴晓薇. 适老化科技的社会工作回应[J]. 社会工作,2019(1): 99 - 108.

[79] 陈杰,刘寅坤,张宇,等. 物业服务企业提供养老服务的意义、实施难点与对策建议[J]. 中国物业管理,2021(10): 49 - 54.

[80] 陈玲,Ingalill Rahm Hallberg,孙丽芳,等. 中国和瑞典养老现状之比较及启示[J]. 中国实用护理杂志,2014,30(8): 23 - 26.

[81] 陈露. 大数据驱动下智慧养老的内在价值与实现路径[J]. 大陆桥视野,2021(2): 51 - 54.

[82] 陈敏,牟海燕,秦健. 健康医疗大数据标准体系框架研究[J]. 中国数字医学,2018,13(4): 14 - 16.

[83] 陈敏."互联网+医疗健康": 打造智慧医疗服务新模式[J]. 中国党政干部论坛,2018(10): 30 - 33.

[84] 陈其林,韩晓婷. 准公共产品的性质: 定义、分类依据及其类别[J]. 经济学家,2010(7): 13 - 21.

[85] 陈伟涛."和而不同": 家庭养老、居家养老、社区养老和机构养老概念

比较研究[J].广西社会科学,2021(9)：144－150.
[86] 陈伟涛.农村互助养老的供需矛盾及供给侧改革策略分析：以中原地区为例[J].社会福利(理论版),2021(12)：22－29.
[87] 陈茵.产业链视角下养老地产融资体系构建[J].重庆交通大学学报(社会科学版),2021,21(4)：65－71.
[88] 陈颖颖,孙彩霞,杨莉芝,等.政府购买社区养老服务城乡供需现状比较分析[J].护理学杂志,2022,37(1)：84－86.
[89] 陈玉光.社区养老服务体系建设：国际经验与基本路径[J].新视野,2013(2)：76－78.
[90] 程亮.医养融合：养老机构发展新路径探究[J].中州学刊,2015(4)：78－82.
[91] 程坦,刘从红,刘奕杉.生活圈视角下的社区养老设施体系构建方法研究[J].规划师,2021,37(13)：72－79.
[92] 程雁,孙志明.供给侧改革视角下基于社区的“医养＋康养”新路径思考[J].卫生软科学,2021,35(3)：42－45.
[93] 崔树义,杜婷婷.居家、社区、机构养老一体化发展研究[J].东岳论丛,2021,42(11)：36－44.
[94] 崔月琴,胡那苏图.日本地域社会治理及社区志愿者组织发展的启示：以名古屋市“南生协”的社区参与为例[J].福建论坛(人文社会科学版),2019(12)：82－90.
[95] 单新颖,闫和平.中国康复辅具监管现状分析[J].社会福利(理论版),2015(1)：35－37.
[96] 党俊武.新时代中国老龄产业发展的形势预判与走向前瞻(上)[J].老

龄科学研究,2018,6(11):3-27.

[97] 邓国胜.一部具有里程碑意义的纲领性文件[J].中国社会组织,2016(17):22-23.

[98] 邓俊丽.社会治理创新视域下的互助养老及地方路径研究:一项对内蒙古农牧区幸福院的调查[J].前沿,2016(3):68-72.

[99] 刁鹏飞,臧跃,李小永.机构养老的现状、问题及对策:以上海市为例[J].城市发展研究,2019,26(8):98-103.

[100] 丁文均,丁日佳,周幸窈,等.推进我国智慧养老体系建设[J].宏观经济管理,2019(5):51-56.

[101] 丁志刚.论国家治理体系及其现代化[J].学习与探索,2014(11):52-57.

[102] 董红亚.我国社会养老服务体系的解析和重构[J].社会科学,2012(3):68-75.

[103] 董红亚.中国社会养老服务体系建设研究[M].北京:中国社会科学出版社,2011.

[104] 杜鹏.中国老龄化社会20年:成就·挑战与展望[M].北京:人民出版社,2021.

[105] 杜孝珍,孙婧娜.我国虚拟养老院发展的优势、风险及路径[J].上海行政学院学报,2020,21(4):74-85.

[106] 封冰,王丽晖.基于智慧养老理念的可穿戴设备承载方式研究[J].艺术工作,2017(5):76-78.

[107] 冯炳纯,邬小霞.数字经济对企业会计业务影响研究[J].北京财贸职业学院学报,2020,36(5):16-20.

[108] 冯桂平，谢雨红，刘文静. 服务链视角下的浙江省桐乡市乌镇智能居家养老服务模式[J]. 中国老年学杂志，2019，39(14)：3566－3571.

[109] 付瑞智，韦平美. 国外养老服务体系建设借鉴与思考[J]. 改革与开放，2014(11)：40－41.

[110] 高传胜. 社会企业与中国老龄服务供给[J]. 社会科学研究，2015(3)：115－120.

[111] 高梦希，范维，王燕，等. 国内外养老机构服务质量评价体系现状[J]. 护理研究，2019，33(20)：3526－3529.

[112] 高爽，杨陆，彭涛. 国外医养结合养老模式研究进展[J]. 护理学杂志，2021，36(3)：17－20.

[113] 龚晗. 美、新养老保险制度的比较与借鉴[J]. 劳动保障世界，2019(24)：30.

[114] 龚静怡. 居家养老—社区养老服务：符合中国国情的城镇养老模式[J]. 河海大学学报(哲学社会科学版)，2004，6(4)：72－74.

[115] 辜胜阻，方浪，曹冬梅. 发展养老服务业应对人口老龄化的战略思考[J]. 经济纵横，2015(9)：1－7.

[116] 辜胜阻，吴华君，曹冬梅. 构建科学合理养老服务体系的战略思考与建议[J]. 人口研究，2017，41(1)：3－14.

[117] 顾延善，张朝晖，赵萍，等. 完善小额贷款公司监管体系的构想[J]. 银行家，2012(10)：65－67.

[118] 郭竞成. 居家养老模式的国际比较与借鉴[J]. 社会保障研究，2010(1)：29－39.

[119] 郭林. 中国养老服务70年(1949—2019)：演变脉络、政策评估、未来

思路[J]. 社会保障评论,2019,3(3): 48－64.

[120] 郭鹏. 虚拟养老院里“实”服务[J]. 民生周刊,2022(6): 19－20.

[121] 郭雨艳,夏丽娜,王晨,等. 中医药特色“医康养”一体化养老模式探究[J]. 山西中医学院学报,2018,19(6): 68－69.

[122] 韩俊江,刘迟. 社区居家养老服务的多元体系建构[J]. 社会保障研究,2012(6): 36－40.

[123] 韩秋,王欢欢,沈山. 康养产业发展路径研究[J]. 经济师,2019(7): 15－16.

[124] 韩烨,沈彤. 中国特色养老服务体系建设的逻辑起点与规划远景: 从“积极老龄化”到“积极应对人口老龄化”国家战略[J]. 学习与探索,2021(3): 29－35.

[125] 郝彬,杨蓓,刘义兰,等. 国内外养老模式研究现状[J]. 护理研究,2019,33(20): 3530－3534.

[126] 郝晓宁,薄涛,塔娜,等. 我国医养结合的展望和思考[J]. 卫生经济研究,2016,33(11): 3－6.

[127] 郝晓宁,胡鞍钢. 中国人口老龄化: 健康不安全及应对政策[J]. 中国人口·资源与环境,2010,20(3): 73－78.

[128] 郝晓宁,朱松梅. 长寿风险治理: 健康、财务、照护资源的共同储蓄[J]. 人口与发展,2021,27(6): 79－94.

[129] 洪秋妹. 国内外农村养老保险制度及其模式的比较研究[J]. 世界农业,2015(12): 135－138.

[130] 侯淼. 长春市“医养结合”养老机构现状、问题及对策研究[D]. 长春: 长春工业大学,2019.

[131] 胡安安.如何避开“啃老院”雷区[J].检察风云,2018(17)：28-29.
[132] 胡芳,何逍遥,曹传碧.人口老龄化视域下寿险企业参与养老产业的模式、困境与对策[J].西南金融,2021(8)：38-49.
[133] 胡湛,彭希哲.应对中国人口老龄化的治理选择[J].高等学校文科学术文摘,2019(2)：54-55.
[134] 胡湛,宋靓珺,郭德君.对中国老龄社会治理模式的反思[J].学习与实践,2019(11)：81-91.
[135] 胡中艳,曹阳.老年产品设计中的心理学因素[J].包装工程,2008,29(5)：133-135.
[136] 黄奉毅,陈菲,陶红英,等.老年人“医养结合”服务需求的影响因素[J].中国老年学杂志,2017,37(1)：189-191.
[137] 黄佳豪,孟昉.“医养结合”养老模式的必要性、困境与对策[J].中国卫生政策研究,2014,7(6)：63-68.
[138] 黄鲁成,李晓宇,苗红,等.国外养老科技创新研究：趋势、主题与展望[J].科学学研究,2020,38(7)：1294-1303.
[139] 黄平.基于物联网技术的分级养老服务体系研究[J].中小企业管理与科技(中旬刊),2019(10)：182-183.
[140] 黄翔宇.基于意愿的农村居民养老模式研究：以湖北省宜都市为例[D].宜昌：三峡大学,2018.
[141] 姬媛媛,鞠长龙.养老服务体系建设：国际经验与中国特色[J].现代商贸工业,2016,37(8)：135-136.
[142] 江必新.以党的十九大精神为指导加强和创新社会治理[J].国家行政学院学报,2018(1)：23-29.

[143] 江国华,刘文君.习近平“共建共治共享”治理理念的理论释读[J].求索,2018(1):32-38.

[144] 江世银,张通.国外金融服务养老的管理、风险防范与模式[J].社会保障研究,2020(6):68-77.

[145] 江世银.国外典型国家金融服务养老实践及其启示[J].四川轻化工大学学报(社会科学版),2021,36(3):16-31.

[146] 姜腊,李运华.社区养老照顾服务供给主体作用分析:基于福利多元主义视角[J].江汉学术,2021,40(5):72-82.

[147] 姜美全.中日城市养老设施体系与空间布局对比研究:以天津和大阪市为例[D].天津:天津大学,2019.

[148] 姜英杰.先秦时期社会保障思想及启示[J].湖北教育学院学报,2006,23(10):56-57.

[149] 金红磊,董洁.探析融合型养老服务模式[J].中国国情国力,2021(2):55-58.

[150] 金仁仙.中日韩社会企业:发展生态与实践案例[M].北京:社会科学文献出版社,2022:100-129.

[151] 康越.日本社区嵌入式养老发展历程及其经验[J].北京联合大学学报(人文社会科学版),2017,15(4):110-117.

[152] 李彩宁,毕新华.智慧养老服务体系及平台构建研究[J].电子政务,2018(6):105-113.

[153] 李桂芹.哈尔滨市健康养老服务业发展思考[J].哈尔滨市委党校学报,2020(3):56-59.

[154] 李昊.天津市养老院智慧养老进程中的障碍及对策[J].管理观察,

2017(15)：132 - 134.

[155] 李健.社会企业政策：国际经验与中国选择[M].北京：社会科学文献出版社,2018.

[156] 李静.福利多元主义视角下社会企业介入养老服务：理论、优势与路径[J].苏州大学学报(哲学社会科学版),2016,37(5)：9 - 15.

[157] 李丽君.养老服务体系建设的国际经验及其启示[J].中国社会工作,2018(32)：50 - 51.

[158] 李璐.面向基本现代化创新社会建设的总体思路与建议：基于上海市公共服务和社会治理的调研[J].中国经贸导刊,2019(16)：65 - 67.

[159] 李璐.社区养老服务业发展的两个角度和五个判断[J].中国经贸导刊,2019(14)：65 - 66.

[160] 李璐.我国70年养老模式的变迁[J].中国经贸导刊,2019(18)：44 - 46.

[161] 李璐.我国养老服务业发展的重点领域[J].中国经贸导刊,2014(18)：56 - 59.

[162] 李萌.养老服务体系中政府责任的国际借鉴[J].老龄科学研究,2013,1(5)：74 - 80.

[163] 李娜.新时期机构—社区—居家一体化养老服务模式的构建路径探索[J].经济论坛,2021(7)：139 - 142.

[164] 李倩,梁立君.智慧居家养老破解养老难题[J].人民论坛,2017(26)：80 - 81.

[165] 李俏,许文.农村养老服务供给侧改革的研究理路与实现方式[J].西北人口,2017,38(5)：51 - 57.

[166] 李翔.社会嵌入理论视角下城市社区居家养老问题研究[J].广西社会科学,2014(4):131-134.

[167] 李学斌.我国社区养老服务研究综述[J].宁夏社会科学,2008(1):42-46.

[168] 李颖,孙长学."互联网+医疗"的创新发展[J].宏观经济管理,2016(3):33-35.

[169] 李玉玲.我国居家、社区、机构养老服务融合模式发展研究[J].学术探索,2016(9):61-65.

[170] 李长远.社区居家养老服务的国际经验借鉴[J].重庆社会科学,2014(11):21-27.

[171] 连祎晓,贾晓灿,鲁锋,等.河南省农村居家养老服务需求的影响因素[J].郑州大学学报(医学版),2016,51(5):606-610.

[172] 廖梦玲.乡村振兴战略下农村养老服务供给模式研究[J].质量与市场,2021(21):130-132.

[173] 廖芮,张开宁,王华平,等.我国健康老龄化背景下的医养结合:基本理念、服务模式与实践难题[J].中国全科医学,2017,20(3):270-277.

[174] 林宝.党的十八大以来我国养老服务政策新进展[J].中共中央党校(国家行政学院)学报,2021,25(1):91-99.

[175] 林宝.对中国长期护理保险制度模式的初步思考[J].老龄科学研究,2015,3(5):13-21.

[176] 林宝.积极应对人口老龄化:内涵、目标和任务[J].中国人口科学,2021(3):42-55.

[177] 凌瑾. 以时间银行引领志愿服务新模式：由英国时间银行说开去[J]. 湖北经济学院学报(人文社会科学版),2018,15(10)：77 - 79.

[178] 刘迟,韩俊江. 社区居家养老服务的多元体系构建[J]. 税务与经济,2013(2)：48 - 51.

[179] 刘芳. 德国社会长期护理保险制度的运行理念及启示[J]. 德国研究,2018,23(1)：61 - 76.

[180] 刘华超. 中国特色社会主义制度的独特优势与治理效能[J]. 湖北行政学院学报,2022(1)：50 - 55.

[181] 刘慧,李文见. 欧洲福利国家危机的政治经济学分析[J]. 政治经济学评论,2022,13(1)：183 - 208.

[182] 刘利君. 国外老年人整合照料实践及启示[J]. 医学与哲学(A),2016,37(9)：58 - 60.

[183] 刘鹏程. 科技赋能造福老人[J]. 中国社会工作,2020(20)：1.

[184] 刘庆. 智慧赋能："互联网＋养老"的现实经验和未来向度[J]. 决策与信息,2022(4)：69 - 80.

[185] 刘伟祎. 国外智慧养老的发展现状及对我国的启示[J]. 中国集体经济,2019(7)：166 - 168.

[186] 刘晓楚,顾立,蔚坤妍,等. 基于改进 Kano 模型的四川省医养结合型养老机构老年人服务需求分析[J]. 中国卫生事业管理,2021,38(2)：155 - 160.

[187] 刘雪萍,陈子卓,黄文,等. 成功老化内涵及影响因素分析[J]. 心理发展与教育,2018,34(2)：249 - 256.

[188] 刘酉华,骆金铠. 法国医养结合模式对我国养老体系建设的启示[J].

中国护理管理,2016,16(7):930-933.
[189] 刘振山,赵祥瑞,张志强.基于“互联网+”的社区居家养老服务体系构建[J].山东科技大学学报(社会科学版),2017,19(6):84-91.
[190] 鲁丽萍.美国医养结合养老模式对我国养老服务业发展的启示[J].卫生职业教育,2021,39(1):142-144.
[191] 鲁迎春,唐亚林,数字治理时代养老服务供给的互动服务模式:特质、问题及其优化之策[J],南京社会科学,2020(7):51-59.
[192] 陆杰华,郭冉.从新国情到新国策:积极应对人口老龄化的战略思考[J].国家行政学院学报,2016,5:27-34.
[193] 陆杰华,周婧仪.基于需求侧视角的城市社区居家养老服务满意度及其对策思考[J].河北学刊,2019,39(4):166-171.
[194] 栾云波,田珍都.我国“互联网+医疗”存在问题及对策建议[J].行政管理改革,2017(3):59-63.
[195] 罗定生,吴玺宏.浅谈智能护理机器人的伦理问题[J].科学与社会,2018,8(1):25-39.
[196] 罗教讲.大数据时代社会治理的科技支撑[J].社会发展研究,2020,7(1):1-3.
[197] 吕晓洋.英国医院将首次使用“机器人护士”打杂[J].今日科苑,2011(15):132.
[198] 吕永久.浅析美国养老制度及对我国的启示[J].中国老年保健医学,2011,9(3):94-95.
[199] 吕元喜,吕元泉.完善福利院管理手段的探索与实践[J].商讯,2019(11):167.

[200] 马捷，李璐，耿寒冰，等. 智慧居家养老服务三级应急响应信息协同体系构建[J]. 图书情报工作，2019，63(15)：33－43.

[201] 牟新渝，董彭滔. 新常态下的积极老龄观[J]. 中国老年学杂志，2017，37(7)：1812－1814.

[202] 穆光宗，姚远. 探索中国特色的综合解决老龄问题的未来之路："全国家庭养老与社会化养老服务研讨会"纪要[J]. 人口与经济，1999(2)：58－64.

[203] 穆光宗. 我国机构养老发展的困境与对策[J]. 华中师范大学学报(人文社会科学版)，2012，51(2)：31－38.

[204] 宁雅静. 基于公共住房制度的新加坡"就地养老"政策[J]. 国际城市规划，2023，38(5)：153－158.

[205] 潘丹丹. 泰康之家·豫园社区医养服务模式研究[J]. 合作经济与科技，2020(21)：174－175.

[206] 齐天骄. 欧洲福利国家长期照护服务变迁及对我国的启示[J]. 社会保障研究，2021(6)：55－64.

[207] 秦岭. 我国养老服务设施用地政策的完善和落实研究[J]. 当代经济管理，2016，38(7)：52－55.

[208] 秦笑. 老龄化背景下智慧养老的发展现状及对策研究[J]. 商业经济，2021(10)：39－41.

[209] 秦寅霄. 论美国第三部门发展中的政府作用问题[J]. 行政科学论坛，2018，5(2)：45－50.

[210] 青连斌. "互联网＋"养老服务：主要模式、核心优势与发展思路[J]. 社会保障评论，2021，5(1)：115－128.

[211] 邱丽玲. 积极老龄观下的人口老龄化策略研究[J]. 商场现代化,2011(22): 53 - 54.

[212] 任素娟. 日本智慧养老发展经验及对我国的借鉴[J]. 未来与发展,2021,45(4): 57 - 60.

[213] 山娜. 人口老龄化背景下新加坡康养保障体系研究[J]. 中国保险,2020(10): 60 - 64.

[214] 上海市民政局养老服务处. 上海市: 力促居家社区机构养老服务形态的融合发展: 解读《上海市开展家庭照护床位试点方案》[J]. 社会福利,2019(12): 14 - 15.

[215] 邵思齐. 日本社区综合照护服务体系的构建与借鉴[J]. 东北财经大学学报,2018(6): 69 - 76.

[216] 陈玉光. 社区养老服务体系建设: 国际经验与基本路径[J]. 新视野,2013(2): 76 - 78.

[217] 申喜连,王玲. 医养结合何以助力健康扶贫? 基于青海省 H 州 G 县的实践[J]. 湖北民族大学学报(哲学社会科学版),2022,40(1): 76 - 88.

[218] 石琤. 居家养老概念辨析、热点议题与研究趋势[J]. 社会保障研究,2018(5): 56 - 63.

[219] 石龙,赵盘珍. 全民健康覆盖视角下"互联网+医疗健康"的机遇和挑战[J]. 医学与社会,2018,31(10): 8 - 10.

[220] 黄石松,纪竞垚. 深化养老服务供给侧结构性改革[J]. 前线,2019(7): 44 - 47.

[221] 史娜,张茂刚. 日本养老服务体系对我国养老服务体系建设的启示:

以日本三重县津市为例[J]. 无锡商业职业技术学院学报,2018,18(1)：29－32.

[222] 史云桐. 网络化居家养老：新时期养老模式创新探索[J]. 南京社会科学,2012(12)：59－64.

[223] 司富春,宋雪杰,高燕,等. 我国中医“医养结合”养老模式探析[J]. 中医研究,2016,29(8)：1－3.

[224] 宋慧慧. 医养康养相结合机构养老服务的问题及对策研究：以安徽省为例[D]. 合肥：安徽大学,2021.

[225] 宋晓敏. 试析20世纪90年代以来希腊养老金制度的改革[J]. 经济社会体制比较,2017(6)：118－127.

[226] 睢党臣,曹献雨. 芬兰精准化养老服务体系建设的经验及启示[J]. 经济纵横,2018(6)：116－123.

[227] 孙计领,刘尚君,索浩宇,等. 社会治理视角下科技发展支撑养老服务的理论思考[J]. 人口与发展,2022,28(1)：50－58.

[228] 孙建娥,张志雄. “互联网＋”养老服务模式及其发展路径研究[J]. 湖南师范大学社会科学学报,2019,48(3)：46－53.

[229] 孙梦楚. 基于杭州萧山的智慧养老产业园区规划研究[D]. 杭州：浙江农林大学,2016：7.

[230] 孙晓莉. 多元社会治理模式探析[J]. 理论导刊,2005(5)：7－9.

[231] 孙泽宇. 关于我国城市社区居家养老服务问题与对策的思考[J]. 中国劳动关系学院学报,2007,21(1)：98－101.

[232] 孙作文. 老龄化背景下日本居家养老服务体系的构建及启示[J]. 当代经济,495(3)：158－159.

[233] 唐诗棋. 贵阳市医养结合养老机构服务质量评价研究[D]. 贵阳：贵州财经大学,2019.

[234] 唐伟. 对构建农村小额信贷体系相关问题的研究：基于孟加拉国乡村银行的经验[J]. 世界农业,2012(2)：74-78.

[235] 田雨同,张艳,刘珍,等. 农村养老院老年人医养结合服务需求现状及影响因素分析[J]. 中国卫生事业管理,2021,38(4)：289-293,297.

[236] 同春芬,马阳. 从古代养老制度的变迁看我国现代养老面临的困境与出路[J]. 山东行政学院学报,2014(4)：38-43.

[237] 同春芬,汪连杰,耿爱生. 中国养老保障体系的四维供给主体与职责定位：基于福利多元主义范式的分析框架[J]. 湘潭大学学报(哲学社会科学版),2015,39(3)：28-32.

[238] 同春芬,张健. 居家养老概念辨析[J]. 社会福利(理论版),2018(1)：9-13.

[239] 托克维尔. 论美国的民主[M]. 马丽仪,译. 北京：国家行政学院出版社,2013.

[240] 汪国华,张登国. 健全养老社会服务体系与机制：基于中外比较视角[J]. 现代经济探讨,2014(9)：83-87.

[241] 汪连新. 医养康护一体化社区养老服务：理念、困境及借鉴[J]. 学习论坛,2019,35(4)：83-88.

[242] 汪四红. 中国养老机构法律监管研究[D]. 合肥：安徽大学,2015.

[243] 王碧英. 城市居家社区养老服务的现实困境与对策研究[J]. 湖北经济学院学报(人文社会科学版),2018,15(7)：65-67.

[244] 王承慧. 美国社区养老模式的探索与启示[J]. 现代城市研究,2012,27

(8)：35－44.

[245] 王桂云.多元化社会养老服务体系建设对策研究[J].中国人口·资源与环境,2015,25(12)：166－170.

[246] 王海燕.发展城市社区养老应对人口老龄化[J].理论学刊,2002(3)：67－69.

[247] 王会生.以国有资本为支撑加快发展养老产业[J].市场观察,2014(6)：47－49.

[248] 王笳旭,王淑娟.人口老龄化、技术创新与经济增长——基于要素禀赋结构转变的视角[J].西安交通大学学报：社会科学版,2017,37(6)：27－38.

[249] 王丽.人口老龄化背景下我国养老模式的思考[J].当代经济管理,2012,34(4)：52－55.

[250] 王莉莉,吴子攀.英国社会养老服务建设与管理的经验与借鉴[J].老龄科学研究,2014,2(7)：61－70.

[251] 王莉莉.基于"服务链"理论的居家养老服务需求、供给与利用研究[J].人口学刊,2013,35(2)：49－59.

[252] 王莉莉.新时期我国老龄服务产业发展现状、问题与趋势[J].兰州学刊,2020(10)：186－198.

[253] 王天夫,郭心怡,袁从珊.社会企业：社会治理创新的新动力[J].社会政策研究,2017(2)：94－106.

[254] 王雪珍."互联网＋社区养老服务"发展路径研究[J].湖南行政学院学报,2020(4)：102－111.

[255] 王阳.支持老龄产业发展的对策研究：对上海市和江苏省苏州市、常

州市的调查发现[J]. 上海城市管理,2021,30(6): 11-19.

[256] 王泽淮. 时间银行: 社区志愿者服务的新形式[J]. 社区,2003(12): 23.

[257] 王争亚,吕学静. 福利多元主义视角下我国养老服务供给主体问题解析[J]. 中国劳动,2015(4): 73-78.

[258] 王子飞. "互联网+养老服务"模式供需评估与发展对策[J]. 中州学刊,2020(3): 81-86.

[259] 韦艳,徐赟. 智慧健康养老产业发展的困境与路径: 以陕西省为例[J]. 西安财经大学学报,2020,33(3): 37-45.

[260] 魏娜. 我国志愿服务发展: 成就、问题与展望[J]. 中国行政管理,2013(7): 64-67.

[261] 邬沧萍. 积极应对人口老龄化理论诠释[J]. 老龄科学研究,2013,1(1): 4-13.

[262] 邬沧萍. 社会老年学[M]. 北京: 中国人民大学出版社,1999.

[263] 吴汉东. 国家治理能力现代化与法治化问题研究[J]. 法学评论,2015,33(5): 1-9.

[264] 吴侃,胡晓,杨展,等. 成都市居民对"医养结合"养老需求分析[J]. 医学与哲学(A),2016,37(12): 52-54.

[265] 吴璐,李富昌. 论格莱珉银行的经营模式及盈利因素[J]. 时代金融,2017(23): 123.

[266] 吴舜泽. 加快环境社会治理体系建设[J]. 社会治理,2015(3): 60-64.

[267] 吴玉韶,党俊武,奥彤,等. 中国老龄产业发展报告(2014)[M]. 北京:

社会科学文献出版社,01－Sep－2014.
[268] 吴玉韶,王莉莉,孔伟,等.中国养老机构发展研究[J].老龄科学研究,2015,3(8)：13－24.
[269] 吴元元.认真对待社会规范：法律社会学的功能分析视角[J].法学,2020(8)：58－73.
[270] 向小娜,曾旭,蒋佼佼,等.康养融合,应对老龄化社会新战略[J].华西医学,2019,34(5)：586－590.
[271] 项久雨.新发展理念与文化自信[J].中国社会科学,2018(6)：4－25.
[272] 萧放."人情"与中国日常礼俗文化[J].北京师范大学学报(社会科学版),2016(4)：43－48.
[273] 谢虔.国外智慧养老的经验与启示[J].北京经济管理职业学院学报,2018,33(3)：3－7.
[274] 徐宏,商倩.中国养老服务资金缺口测算及PPP破解路径研究[J].宏观经济研究,2019(2)：161－175.
[275] 徐君.我国"医养结合"养老模式研究[D].济南：山东中医药大学,2017.
[276] 徐玲玲,郭培栋.技术视角下我国智慧养老的发展现状及启示[J].科学发展,2020(8)：108－113.
[277] 徐倩,常秀丽.青岛市养老机构医养结合养老服务绩效评价研究[J].青岛科技大学学报(社会科学版),2018,34(4)：1－9.
[278] 徐硕,惠宇,黄小玲.国外长期照护服务体系的建设经验及对我国的启示：基于典型国家和地区的比较研究[J].劳动保障世界,2020(23)：68－70.

[279] 徐勇,吕楠.热话题与冷思考：关于国家治理体系和治理能力现代化的对话[J].当代世界与社会主义,2014(1)：4－10.

[280] 许典利.农村空巢老人养老模式创新[J].人民论坛,2014(2)：160－162.

[281] 薛亮,裘文洁.推进“医养融合”养老模式的困境与对策建议：基于南京市秦淮区养老机构医疗服务现状分析[J].中共南京市委党校学报,2017(2)：108－112.

[282] 严运楼,严宇珺.印度人口老龄化及养老保险制度改革策略研究[J].人口与社会,2018,34(6)：89－96.

[283] 杨博维,薛晓.我国养老产业发展的思考与对策[J].天府新论,2013(1)：77－81.

[284] 杨成虎.我国社区居家养老政策发展研究：基于1982—2018年国家政策文本的分析[J].安徽行政学院学报,2019,10(2)：104－112.

[285] 杨芳.智慧养老发展的创新逻辑与实践路向[J].行政论坛,2019,25(6)：133－138.

[286] 杨红燕,郭荣荣,陈鑫.老年人民生问题感知：现状、分类及影响因素：基于CFPS与统计数据的主客观考察[J].江淮论坛,2020(6)：121－130.

[287] 杨建军,汤婧婕,汤燕.基于“持续照顾”理念的养老模式和养老设施规划[J].城市规划,2012,36(5)：20－26.

[288] 杨璐,陈舒,吴学彦,等.我国“康养结合”养老体系建设研究[J].财富时代,2020(7)：239.

[289] 杨茹侠,谢红.京津冀社区嵌入式小规模多功能养老机构人力配置现

状及影响因素研究[J].中国护理管理,2020,20(2)：205-209.
[290] 杨宜勇,韩鑫彤.提高我国养老服务质量的国际经验及政策建议[J].经济与管理评论,2020,36(1)：5-14.
[291] 杨宜勇,张本波,李璐,等.及时、科学、综合应对我国人口老龄化研究[J].宏观经济研究,2016(9)：3-19.
[292] 于凌云,李易颖.社区智慧养老资源配置协同度评价研究[J].经济与管理评论,2021,37(4)：149-160.
[293] 余桔云.养老保险：理论与政策[M].上海：复旦大学出版社,2015.
[294] 余立新."医养康"打造养老服务新模式[J].北京观察,2016(5)：30-31.
[295] 余婉燕,欧阳奕,罗雪萍.老年人网络消费行为调查：以南昌市为例[J].时代农机,2015,42(2)：107.
[296] 余晓艳,赵银侠.我国智慧养老政策发展及实践问题研究[J].西安建筑科技大学学报(社会科学版),2018,37(5)：42-48.
[297] 郁建兴,社会治理共同体及其建设路径[J],公共管理评论,2019(3)：59-65.
[298] 袁晓航."医养结合"机构养老模式创新研究[D].杭州：浙江大学,2013.
[299] 原新,刘志晓,金牛.从追赶到超越：中国老龄社会的演进与发展之路[J].新疆师范大学学报(哲学社会科学版),2020,41(2)：91-99.
[300] 原新,万能.缓解老龄化压力,推迟退休有效吗？[J].人口研究,2006,30(4)：47-54.
[301] 张博,韩俊江."互联网+"下智慧健康养老服务研究[J].宏观经济管

理,2018(12): 40 - 44.

[302] 张博.智慧健康养老产业发展困境与出路:基于有效供给视角[J].兰州学刊,2019(11): 179 - 188.

[303] 张程,李洁.国内外智慧养老现状及标准化研究[J].中国标准化,2018,532(20): 201 - 203.

[304] 张程,李洁.国内外智慧养老现状及标准化研究[J].中国标准化,2018(20): 199 - 201.

[305] 张晖."居家养老服务"中国本土化的经验审视[J].西北大学学报(哲学社会科学版),2013,43(5): 140 - 146.

[306] 张佳慧.养老服务体系的国际经验及对我国的启示[J].中国科技投资,2014.12 - 15.

[307] 张静.医养结合服务的国际经验与启示[J].西部学刊,2021(11): 134 - 136.

[308] 张丽,严晓萍.智慧养老服务供给与实现路径[J].河北大学学报(哲学社会科学版),2019,44(4): 96 - 102.

[309] 张丽.国外倒按揭养老模式给我国的启示[J].产业与科技论坛,2006,5(9): 127 - 128.

[310] 张丽雅,宋晓阳.信息技术在养老服务业中的应用与对策研究[J].科技管理研究,2015,35(5): 170 - 174.

[311] 张乃仁.社会化养老服务体系建设研究综述[J].南阳师范学院学报,2013,12(4): 6 - 12.

[312] 张奇林,赵青.我国社区居家养老模式发展探析[J].东北大学学报(社会科学版),2011,13(5): 416 - 420.

[313] 张泉,李辉.从“何以可能”到“何以可行”：国外智慧养老研究进展与启示[J].学习与实践,2019(2)：109-118.

[314] 张婷,张啸.上海市静安区：让老年人在家也能享有“类机构”服务[J].中国社会工作,2022(5)：33-34.

[315] 张文显.新时代中国社会治理的理论、制度和实践创新[J].法商研究,2020,37(2)：3-17.

[316] 张向峰.曲阜:“居家医康养”新模式[J].中国卫生,2016(8)：70.

[317] 张小靓.日本“介护保险”养老制度对中国养老政策的启示[J].齐齐哈尔大学学报(哲学社会科学版),2016(3)：40-44.

[318] 张晓林.文化康养：老年人的智慧选择[J].智慧中国,2019(1)：4-6.

[319] 张旭,陈功.老龄化背景下的康复辅助器具利用与需求研究进展[J].中国康复理论与实践,2016,22(11)：1350-1353.

[320] 张映芹,冯亚江.人口新常态下的积极老龄观：健康、参与、生产和权益[J].老龄科学研究,2019,7(4)：51-60.

[321] 张永梅.我国失能老人医养康护养老服务问题研究：基于青岛市的调查[D].沈阳：沈阳师范大学,2016.

[322] 赵萌,郭欣楠.中国社会企业的界定框架：从二元分析视角到元素组合视角[J].研究与发展管理,2018,30(2)：136-147.

[323] 赵万里,李谊群.中国多元养老服务模式研究：基于中外养老服务模式的比较分析[J].天津师范大学学报(社会科学版),2019(2)：61-67.

[324] 赵小兰,孟艳春.社区“嵌入式”养老服务模式：优势、困境与出路[J].河北大学学报(哲学社会科学版),2019,44(4)：89-95.

[325] 赵晓芳. 健康老龄化背景下“医养结合”养老服务模式研究[J]. 兰州学刊,2014(9): 129-136.

[326] 赵晓芳. 日本的综合性居家养老: 制度效应与困境[J]. 社会福利(理论版),2017(8): 20-26.

[327] 赵雅欣,钟清玲,吴蓓. 中美老年痴呆患者养老或长期照护研究现状与前景分析[J]. 中国老年学杂志,2022,42(5): 1266-1270.

[328] 郑永杰,刘亚辉,张月. 疫情影响下智慧居家养老模式的发展前景: 以阜阳市为例[J]. 百科知识,2022(3): 44-45.

[329] 重庆市民政局. 高质量发展农村养老服务的重庆创举[J]. 社会福利,2021(5): 17-19.

[330] 周红云. 全民共建共享的社会治理格局: 理论基础与概念框架[J]. 经济社会体制比较,2016(2): 123-132.

[331] 周明,李亚军. 面向中国特色养老服务的产品交互适老化设计研究[J]. 艺术百家,2017,33(1): 233-234.

[332] 周秋光,徐美辉. 道家、佛家文化中的慈善思想[J]. 道德与文明,2006(2): 4-8.

[333] 周瑞乐,石岩涛. 我国社区养老研究综述[J]. 合作经济与科技,2016(3): 180-182.

[334] 周燕,党瑞英,徐亮,等. 医养结合社区居家养老的影响因素[J]. 中国老年学杂志,2016,36(23): 6000-6002.

[335] 周媛也,周德. 国外社会养老服务体系对我国的启示[J]. 湖南城市学院学报,2013,34(5): 52-56.

[336] 朱凤梅. 新加坡养老保障体系: 制度安排、政府角色及启示[J]. 社会

政策研究,2018(1)：26－46.

[337] 朱勇.中国智能养老产业发展报告.2015[M].北京：社会科学文献出版社,2015：28－43.

[338] 朱正清.马克思的供求理论与价格理论[J].当代经济研究,1997(3)：43－46.

[339] 庄禹.移动互联网化时代人力资源管理变革的思考[J].现代经济信息,2017(12)：132.

后记

党的十八大后，党和国家对基本养老服务体系的理解进一步深入，从法律法规和政策层面上作出了全面战略部署，至今已经初步建成具有中国特色的养老服务体系。中国特色养老服务体系建设完善的成功经验，不仅是独属于我国的中国方案，也是世界范围内积极应对人口老龄化的重要经验部分。本书作为“中国特色养老服务体系研究丛书”(项目批准号：20ZDA076)的总论性著作，是本人作为国家社科基金重大项目“中国特色养老服务体系建设研究”的首席专家，领衔成果转化，形成的国内养老服务体系研究领域内的一份系统、全面的学术成果。

本书具体写作分工如下：第一章绪论，陈功、刘敏、郭彬、孙晶晶；第二章中国特色养老服务体系建设的理论基础，陈功、莫腾飞、汪洋；第三章居家社区机构相协调的养老服务体系研究，张帅一、康宁、索浩宇；第四章医养康养相结合养老服务体系构建，郝晓宁、王黎、郑研辉；第五章养老服务和产品供给研究，李璐、熊伊伊、郭彬；第六章社会力量参与养老服务供给研究，梁春晓、刘丰睿、赵钊、张承蒙；第七章养老服务的科技支撑研究，刘岚、李玥、马璐岩；第八章国际养老服务体系建构的理念、模式及启示，刘尚君；第九章中国特色养老服务体系的构建，陈功、冉晓醒、蔡玉梅；第十章总结与展望，陈功、蔡玉梅。全书由陈功拟定框架，统领写作并审订全稿。

北京大学人口研究所教授
陈　功
2024 年 7 月